교회가 꼭 알아야 할 장례 지침서
: 존엄한 죽음

교회가 꼭 알아야 할
장례 지침서: 존엄한 죽음

2018년 5월 3일 · 제2판 1쇄 발행

지은이 | 신성호
펴낸이 | 이요섭
펴낸데 | 요단출판사
　　　　07238 서울특별시 영등포구 국회대로 76길 10

기　획 | (02)2643-9155
영　업 | (02)2643-7290~1　Fax (02)2643-1877
등　록 | 1973. 8. 23. 제13-10호
ⓒ 요단출판사 2018

기　획 | 권혁관
편　집 | 송수자
디자인 | 박지혜
제　작 | 박태훈
영　업 | 김승훈 김창윤 이대성 정준용
　　　　이영은 김경혜 최우창 백지숙 박헌규

인터넷서점 | 유세근
요단인터넷서점 www.jordanbook.com

값 15,000원
ISBN 978-89-350-1687-7 03230

이 책의 한국어판 저작권은 요단출판사가 소유하고 있습니다.
출판사의 사전 승인 없이 책의 내용이나 표지 등을 복제, 인용할 수 없습니다.

교회가 꼭 알아야 할 장례 지침서
: 존엄한 죽음

요단
JORDAN PRESS

야곱의 사닥다리 91x116.8cm(2ea), 2012

설치미술가 김명희 씨는 야곱의 사닥다리(창 28:12-22)를 통해 야곱이라는 한 인물이 꾼 꿈의 산물로서 삶의 여정을 통해 빚어내는 생의 모습을 작품으로 형상화했다. '존엄한 죽음'을 생각하며 야곱의 사닥다리와 천국의 이미지를 연결해보았다.

추천사

아직도 장례가 고민인 모든 성도와 교회에게
이 책을 기쁨으로 천거합니다.

최근 우리 사회의 화두는 '존엄한 죽음'입니다. 자신과 공동체의 존엄한 죽음을 준비해야 합니다. 여기에는 의학적인 법률적인 준비도 필요합니다. 그러나 실제로 어떻게 장례를 진행할 것인가가 중요합니다.

신성호 장로님은 지구촌교회 평신도 지도자이십니다. 그러나 어느 목회자도 못할 헌신으로 장례 사역에 헌신해 오셨습니다. 지구촌교회 성도들의 장례에는 언제나 그가 계셨습니다. 그리고 장례의 알파에서 오메가까지를 도우셨습니다.

이런 헌신의 경험을 반추하여 기독교 장례의 모든 것을 담으셨습니다. 여러 형태의 죽음에 따른 장례식의 유형들, 그리고 실제적인 장례 사례 등. 그리고 실제로 장례를 집행하기 위한 경제적인 문제에 이르는, 모든 충고와 제안, 심지어 설교의 유형들도 담았습니다.

아직도 장례가 고민인 모든 성도와 교회에게 이 책을 기쁨으로 천거합니다.

이동원 목사 _ 지구촌교회 원로

FUNERAL HANDBOOK

교회의 장례사역팀에 가장 좋은 안내서가 될 것을
확신하며, 이 책을 적극적으로 추천합니다.

대부분 사람들은 죽음을 상실이며, 단절, 그리고 끝이라고 생각합니다. 그래서 죽음을 두려워합니다. 죽음에 대한 부정적 사고에 얽매이게 됩니다. 이 막연한 두려움과 부정적 이해는 죽음에 대한 준비를 어렵게 하고, 오늘의 삶을 의미있게 사는 것을 방해하게 됩니다.

그러나 기독교인들에게 있어서 죽음은 단절이나 상실이 아닙니다. 오히려 영원한 생명이 있는 천국으로 돌아가는 것입니다. 본향을 향한 마지막 한 걸음이 바로 죽음인 것입니다.

전도서 7장 2절에 보면 "초상집에 가는 것이 잔치집에 가는 것보다 나으니 모든 사람의 끝이 이와 같이 됨이라 산 자는 이것을 그의 마음에 둘지어다"라는 말씀이 있습니다.

이 말씀은 잔치 집에는 공허한 웃음과 축하들이 난무하여 인생의 참 의미를 발견하기가 쉽지 않지만 초상집은 깊은 절망과 슬픔 속에서 우리 인생의 참 의미를 발견하게 된다는 말씀입니다. 그래서 고인을 바라보며 우리가 어떤 삶을 살아야 하는지를 배울 수 있기에 잔치집 보다 초상집을 가는 것이 낫다는 지혜의 말씀입니다.

   그렇습니다. 우리가 일상생활 속에서는 죽음을 잊고 살 때가 많습니다. 그러나, 우리의 이웃이자 가족이었던 고인의 장례식을 맞이하게 될 때, 죽음에 대한 깊은 이해와 그 준비를 어떻게 할 것인가에 대한 지혜를 얻을 수 있습니다. 이 죽음을 가장 가까이서 바라보며, 죽음을 맞이하는 이들을 날마다 돕고 계신 분이 있습니다. 상실의 아픔 속에서 내일의 만남을 바라보도록 돕는 장례사역을 자신의 거룩한 사명으로 인식하며 밤낮없이 헌신하시는 분이 계십니다. 바로 신성호 장로님이십니다. 유가족의 아픔을 이해하며, 다시 만날 소망을 갖게 하는 이 일에 헌신하며, 유가족들을 마음을 다해 섬기시는 분이십니다.

   이번 책은 신성호 장로님의 그간의 사역을 뒤돌아보며, 장례 사역에 관한 내용을 총망라하여 집필하였습니다. 아무쪼록 이 책이 많은 독자들과 기독교 장례를 준비하는 모든 성도들, 그리고 교회의 장례사역팀에 가장 좋은 안내서가 될 것을 확신하며, 이 책을 적극적으로 추천합니다.

   앞으로의 신성호 장로님의 삶과 사역 위에 하나님이 늘 함께 하시길 기도하며 책 출간을 축하드립니다.

진재혁 목사 _ 지구촌교회 담임 목사

FUNERAL HANDBOOK

한국교회 안의 '장례 사역'에 귀한 디딤돌로
쓰임받기를 기도합니다.

대부분의 사람들은 잘 살고 싶은 것에는 관심이 많지만 잘 죽는 것에는 관심이 없습니다. 왜냐하면 죽음이 두렵기 때문입니다. 그러나 '웰빙'보다 더 중요한 건 '웰다잉'이라고 생각합니다. 죽음은 먼 나라 남의 이야기가 아니라 언제라도 나에게 찾아올 수 있는 하나님의 부르심입니다.

사실 삶과 죽음, 하나님의 나라와 우리의 인생은 종이 한 장 차이에 불과할 뿐입니다. 일생의 관점에서 보면 죽음은 끝이지만, 영생의 관점에서 보면 죽음은 영원한 삶을 위한 새로운 시작이기 때문에 부활의 소망을 가진 하나님의 자녀들에게는 오히려 기쁨입니다. 그래서 우리는 유한한 시각이 아닌 무한한 시선으로 우리의 삶과 죽음을 받아들여야 합니다.

이 책은 지난 39년간 신성호 장로님의 수많은 장례 사역에 대한 모든 눈물과 열정, 그리고 경험을 녹아낸 책입니다. 소중한 사람들과 육신의 이별을 통해 아파하는 많은 사람들에게 귀한 사역으로 힘과 위로를 주신 신성호 장로님께 진심으로 감사와 존경을 드립니다.

누구에게나 죽음이 있듯이 누구나 장례를 경험하게 됩니다. 이 책은 대부분의 사람들에게 생소한 '장례'에 관하여 A-Z까지 실제적이고 구체적인 사항들을 매우 쉽고 정확하게 설명하는 교과서와 같습니다. 저는 목회를 준비하는 신학생뿐만 아니라 현역 목회자들이 꼭 읽어야 할 필독서로 추천하고 싶습니다. 아울러 귀한 책을 펴내신 신성호 장로님의 출간을 진심으로 축하드리며, 한국교회 안의 '장례 사역'에 귀한 디딤돌로 쓰임받기를 기도합니다.

안희묵 목사 _ 기독교한국침례회 총회장, 꿈의교회 대표목사

**목회자뿐 아니라 가정에도
비치해두어야 할 책으로 추천하는 바입니다.**

우리가 가진 문화유산 가운데 서민생활과 가장 밀접한 관계를 가진 것들 중 하나가 장례문화일 것입니다. 우리 민족은 조상 대대로 사자(死者)를 매장하는 관습을 지키고 있어서 국토 어디에서나 고개를 들면 무덤이 보입니다. 묘 하나를 쓰려면 작은 불도저가 숲을 파헤쳐 길을 내고 묘 주위의 숲을 제거한 뒤에도 시야를 트기 위해 크고 작은 나무들을 모두 잘

FUNERAL HANDBOOK

라냅니다. 묘 하나를 쓰려면 수십 그루의 나무들이 희생되며 숲과 자연경관 또한 이만저만 훼손되는 것이 아닙니다.

현재 한국은 국토의 1%를 묘지가 차지하고 있는데 이것은 우리나라에서 가동되는 공장 면적의 3배에 해당하는 면적입니다. 현행 장묘제도에 의하면 개인 묘지는 1기당 9평 이하로 제한되어 있어서 일견 합리적인 것 같이 보이지만 이것은 우리 국민 한 사람이 차지하고 있는 주택 면적의 3배에 해당합니다. 최근의 한 통계에 의하면 매년 여의도 면적의 1.2배(900ha) 너비의 땅이 묘지로 잠식된다고 하니 심각한 현상입니다.

또한, 일부 기독교인들이 화장을 반대하는 이유는 화장이 육체의 부활에 지장을 초래한다는 잘못된 믿음에서 비롯된 것 같습니다. 하나님께서는 흙으로 사람을 지으시고(창 2:7) 아담과 하와에게, "너는 흙이니 흙으로 돌아갈 것"이라고 명하셨습니다(창 3:19). 인간은 어떤 형태로든 흙으로 돌아가게 되어있으므로 죽은 후의 형체를 염려할 필요가 없는 것입니다. 뿐만 아니라, 장례절차 또한 어렵고 반복적이어서 '장례식'이란 말만 들어도 겁부터 내는 이가 많은 실정입니다.

차제에 평생을 '장례'에 종사한 신성호 장로님이 장례 총감(摠監) 같은 책을 펴내 주어서 참으로 감사합니다. 이 책은 장례의 기독교적 의미로부터 절차와 의례, 관련 설교와 기도문, 존엄사 문제, 장례에 필요한 집기, 비품까지를 망라해서 설명해주었습니다. 목회자뿐 아니라 가정에도 비치해 두어야 할 책으로 추천하는 바입니다.

도한호 교수_ 침례신학대학교 총장

장례는 죽은 자와 산 자에게 최고의 가르침을 주는 교실임을 보여준 신성호 장로님은 지혜자입니다.

이 책은 40년 동안 장례지도에 노고를 아끼지 않으신 신성호 장로님의 경험에 기초하여 장례에 관한 모든 것을 망라하고 있어서 가히 완판 매뉴얼이라고 부를 수 있을 것 같습니다. 우선 이 책은 건전한 장례를 위한 전반적인 사항을 제시하고 있습니다.

우리나라는 오랜 시간 여러모로 보기에 좋지 않은 장례문화를 답습해 왔습니다. 미신적인 요소가 너무 강한 것은 말할 것도 없고, 과시용 사치 행각도 만만치 않으며, 불필요한 경비 지출로 몸살을 앓기도 하고, 조문을 빌미로 음주와 노름을 즐기다가 일상의 리듬이 파괴되는 일도 적지 않습니다. 이미 장례의 많은 문제점들을 개선한 경험을 가진 신성호 장로님은 이 책에서 실제적인 예들을 들어가면서 건전한 장례문화를 세밀하게 지도해주고 있습니다.

또한 이 책은 기독교 장례를 위한 매우 중요한 생각을 정리해주고 있습니다. 한편으로는 기독교인들도 자칫하면 우습기 짝이 없는 미신이나 오래 몸에 배인 전래 종교의 틀 속에서 무의식적으로 장례를 치를 가능성이 높습니다. 다른 한편으로 지나치게 의식화된 기독교인들 가운데는 장례절차를 따르는 것을 경시할 뿐 아니라 장례를 아예 무의미한 것으로 여기는 풍조도 보입니다. 신성호 장로님은 이 책에서 이런 양극단의 문제점을 지적하면서 기독교의 장례 방식을 적절하게 소개하고 있습니다.

모든 사람은 언젠가 반드시 끝을 맞이합니다. 초상집에서 우리는 자신의 삶을 돌이켜보게 됩니다. 과연 끝을 제대로 맞이할 수 있을지 말입니다. 그리고 우리는 장례에 참석할 때 이 땅의 삶이 끝이 아님을 확인하고 영원한 삶을 내다보게 됩니다. 신성호 장로님은 장례지도 40년 경험에 바탕을 두고, 장례는 죽은 사람을 위한 것을 넘어 산 사람들을 위한 것임을 우리에게 알려줍니다. 장례는 죽은 자와 산 자에게 최고의 가르침을 주는 교실임을 보여준 신성호 장로님은 지혜자입니다.

조병수 목사 _ 합동신학대학원대학교 前 총장

이 책을 읽는 분들마다 예수님의 생명이 그 영혼 속에 스며들고 구원받는 역사가 이루어지길 기도합니다.

우리의 인생은 만남에 의해서 만들어져 갑니다. 위대한 믿음의 신학자였던 칼 바르트는 인생에서 가장 중요한 만남을 "절대 타자와의 만남"이라고 표현했습니다. 우리가 누구를 만나고 누구와 사귀었느냐가 나의 인생이 되기 때문입니다. 우리는 이 세상을 나그네로 살아가면서 어떤 분과의 만남이 꼭 필요할까요? 바로 예수 그리스도와의 만남이라고 생각됩니다. 이 예수님과의 만남은 전도서 7장 2절 "초상집에 가는 것이 잔칫집에 가는 것보다 낫다"고 하신 말씀처럼 초상집에서 죽음과 영혼과 사후에 대한 고민을 해 볼 수 있기 때문에 훨씬 수월할 수 있습니다.

오랜 세월 신성호 장로님의 섬김을 옆에서 보며 살았습니다. "인자의 온

FUNERAL HANDBOOK

것 은 섬김을 받으려 함이 아니라 오히려 섬기려 하고"라고 말씀하신 예수님을 꼭 닮아가시는 귀한 삶을 증인으로 지켜보며 왔습니다. 남들이 싫어하고 회피하는 그 장례 현장에서 정말 본인의 장례처럼 섬기는 그 모습 속에서 많은 분들이 예수님을 믿게 되고 불신자 전도가 일어나는 것을 봐왔습니다.

이제 그동안 구원받은 분들과 그리고 장로님의 섬김에 감사하여 보답하고자 했지만 어떤 보답도 고사하시던 장로님의 손을 잡고 눈물을 흘리시며 어찌할지 모르시던 분들의 마음이 이 책 속에 녹아들기 소원합니다. 이 책을 읽는 분들마다 예수님의 생명이 그 영혼 속에 스며들고 구원받는 역사가 이루어지길 기도합니다. 모든 영광을 죽임을 이기시고 부활하신 어린양 예수님께만 올려지기를 기도하면서 이 책을 기쁨으로 추천합니다.

조상훈 목사 _ 만방샘목장교회 목사

프롤로그

천국 입성하는
잔치를 준비하는 장례!

하나님의 백성이 이 땅에서 영원한 나라로 가는데 거쳐야 하는 과정 중에 가장 필요한 일이 있다면 그것은 천국환송예배다. 천국환송예배는 이 땅에 남겨진 가족과 친지들에게 작별의 슬픔을 달래기 위한 행사이자 돌아가신 분의 삶을 경건하고 아름답게 보내고자 하는 남은 자의 배려라 할 수 있다.

나는 지난 39년간 5,000여 건의 장례지도를 했다. 창립 23년이 된 지구촌교회에서만도 3,200명의 장례를 주관했다. 직접 염습을 한 경우도 900명이 된다. 이 일로 사람들이 보내온 감사편지와 문자도 거의 1,200통에 달한다. 나는 이 일이 오직 하나님이 나에게 주신 사명으로 생각하며 최선을 다해 기도하며 해왔다. 그 경험을 살려 2005년 6월에 《준비된 장례의 축복》을, 2011년 8월에 《죽음에서 천국까지 섬김》이란 책을 출판하였다.

이 책을 통해 한국 기독교의 천국환송예배의 형식이 통일되도록 했다. 각 교회마다 장례의 중요성을 느끼며 장례식이 가장 복된 전도의 자리라는 것을 실감하도록 했다. 나는 세상에서 방황하며 하나님을 알지 못하는 자들이 하늘나라 소망의 길을 열어 천국환송하는 그 예배의 현장에서 하나님께로 돌아오는 모습을 많이 봤다.

하나님을 알지 못하고 이 세상이 마지막이라는 의식 속에서 치러지는 장례와 천국 입성하는 잔치를 준비하는 장례는 하늘과 땅만큼 큰 차이가 있다. 그 모습 속에서 세상 사람들은 많은 것을 느낄 수 있으며 자신의 신분에 대해 깊이 생각하게 된다.

 나는 내 생애의 마지막이라는 생각으로 이 책을 집필했다. 이 책에는 장례에 대한 모든 자료가 망라되어 있다. 이 책 한 권이면 천국환송예배의 모든 과정을 알 수 있다고 믿는다. 이 책은 천국환송예배의 현장이 가장 놀라운 전도의 현장이라는 것을 알게 될 것이다. 이 땅을 떠나는 사람에게 진정한 예우를 갖추어 보내는 것이 어떤 것인지를 다시 한번 느낄 수 있을 것이다. 《교회가 꼭 알아야 할 장례 지침서: 존엄한 죽음》이라는 제목은 죽음을 준비하며 경험하는 나의 이야기이며, 우리의 이야기이며, 우리의 자손에게 물려 줄 이야기이다.

신성호

목차

추천사
프롤로그

PART 1 하늘 가는 밝은 길을 바라보며 22

PART 2 기독교 장례는 이래야 한다 44

PART 3 교회 안에 장례 봉사팀을 만들려면 64

PART 4 장례를 치르면서 느꼈던 것들 90

PART 5　보내 온 감사와 사랑의 서신　138

PART 6　장례예배를 위한 설교와 기도문　156

PART 7　장례 자료들　254

에필로그
특별 참고 자료

너희는 마음에 근심하지 말라
하나님을 믿으니 또 나를 믿으라 요 14:1

PART
1

PART

1

하늘 가는 밝은 길을 바라보며

76년 인생을 회고하다

유년에서 소년 시절

우리 외할머니는 교회를 열심히 다니셨다. 나는 외할머니가 신앙생활 하시는 모습을 보면서 어머니의 손을 잡고 처음으로 교회를 다니게 되었다. 우리 외가는 전라남도 곡성이다. 외가 가문은 원래 이 땅에 천주교가 들어오면서부터 하나님을 믿고 온갖 박해를 인내하며 신앙을 지켜온 집안이다.

나는 10남매 중 4째이며 차남으로 태어났다. 6.25 전쟁이 발발하기 전 잠시 외가에서 초등학교를 다녔다. 나중에 아버지가 광주로 이사하셔서 어머니와 함께 온 가족이 광주시 북동에 함께 모여 살게 되었다. 초등학교를 다니면서 외할머니를 통해 처음으로 믿음에 대해 접하게 되었다.

광주에서 가족이 모여 살게 되면서 나는 광주 수창초등학교 3학년에 편입학하게 되었고, 아버지는 광주 수창초등학교 강당 신축을 위한 내장공사와 장의자를 도급받아 북동집의 넓은 공터에 공장을 짓고 많은 기술

자들과 함께 작업을 했다. 공사가 거의 마무리 되어가는 단계에서 6.25 전쟁이 발발했다. 형님과 나는 함께 곡성 외숙모 집으로 피난길에 올랐다. 그때 당시 외삼촌은 경찰이어서 먼저 마산 쪽으로 후퇴하였고, 경찰 가족은 인민군에게 발각되면 죽는다 하여 신분을 감추라고 하신 말씀이 기억난다.

그후 아군이 들어와 광주는 안정을 찾기 시작하였고 우리는 학교도 갈 수 있었다. 나는 북동집에서 십리가 넘는 충장로에 있는 광주 중앙교회 주일학교에 가기 위해 주일날이면 새벽 4시에 일어나 누나와 형 그리고 동생, 나 이렇게 다섯 명이 교회에 가서 예배드리곤 했다.

내가 중학교에 입학하고 얼마 안 되어 아버지는 혼자 서울 회현동에 건축공사를 맡아 상경하시고, 2년 후에 우리 가족은 전부 서울로 이사를 와서 종로구 신교동에 자리를 잡고 살게 되었다.

청년시절

고등학교 시절에 나는 연극에 미쳐 있었다. 학업은 등한시하고 배우 전문학원에 입학을 하려고 했으나 합격을 하고서도 다닐 수가 없었다. 그러다가 고등학교를 졸업하면서 충무로에 있는 한국시청각교육원 연극영화반에 들어가 열심히 공부하여 한국극예술동인회에서 소극장활동을 하며 당시 을지로에 있는 원각사에서 배우 겸 조연출 무대감독을 했다.

그후 나는 화성영화사 제작부에 들어가 정창화 감독, 김지미 주연의 한국 최초 천연색영화 '춘향전' 제작부에서 일했으며, 이어서 조긍하 감독의 '아카시아 꽃잎 질 때', 정창화 감독의 '인간의 조건' 김석훈 주연, 정일몽

감독의 '빼앗긴 일요일' 임권택 감독의 '망부석' 이경희, 신성일, 최남현 주연의 영화 작업을 했다.

그 촬영이 끝난 후 논산훈련소에 입소하여 훈련소 교회에 나가기 시작했으며, 25연대에서 훈련을 마치고 28연대에 입소하였다. 그런데 군에서 반공극 시범회가 2군사령부 정훈 부대 주관으로 진행되었다. 마침 연극하다 입대한 병사를 차출한다고 하여 지원하여 주인공으로 뽑혔다. 2개월간 연습으로 장성 및 장병 그리고 대구 시민 5천 명이 모인 대공연이었는데, 성공리에 마쳐 14일간의 포상휴가와 표창을 받고 전국을 순회공연하며 군 생활을 마쳤다. 우리는 1년에 약 180개 읍, 면을 순회공연하였다.

군복무를 마치고 국제영화사의 제작부장으로 내로라하는 배우, 감독과 함께 일을 했다. 그리고 영화배우 최은희 여사를 주연으로 한 영화의 감독으로 데뷔를 준비하다가 취소되는 바람에 최은희 여사의 매니저로 신상옥 감독의 수행 비서로 활동을 했다. 그러다가 '카츄샤'(최은희, 남궁원 주연, 신상옥 연출)가 시민회관(지금의 세종문화회관)에서 공연의 막이 올랐다. 나는 총진행을 맡아 서울 시내의 40군데에 있는 예매소와 시민회관 매표소의 관리 등을 맡아서 총괄하였다. 공연은 성공하여 매회 만석이었으며, 5일간 공연을 했으나 밀려온 관중의 요청으로 2일간 연장공연을 하고 성황리에 막을 내렸다.

그 이후에 신필름 안양촬영소의 예그린 레코드사 문예담당으로 일을 했다. 마침 신필름 수입영화 '스잔나'의 주제곡을 레코드로 제작해서 극장에서 판매해보라는 요청이 있어 가수 정훈희를 수소문하고 작곡가 박현우에게 편곡을 하게 하여 부리나케 3일 만에 레코드가 나올 수 있도록 만반의 준비를 했다. 그리고 신상옥 감독과 만나 판권 및 저작권을 양도 받고 작업에 들어가서 당시 낙원동 허리우드극장에서 판매가 시작되어 지방 극장과 레코드 상을 통해 판매된 수량이 150만 장에 이르렀다.

그 당시 나는 레코드 제작이 정말 아무 것도 아닌 것 같은 생각에 충무로에 사무실을 내고 레코드 제작에 들어가기 시작했다. '스잔나'로 벌었던 그때 당시(1970년)에 2억에 가까운 돈이 1년도 안 되어 바닥이 났다. 레코드 제작비, 각 방송국에서 진행한 홍보비는 가히 상상을 초월했으며, 신인 가수 등용을 위해 회사가 홍보비용을 부담하는 그런 경영이 문제가 되었으며, 레코드 특약점(도매점)에 나간 신규 레코드가 히트를 못할 경우 거의 한 장도 팔리지 않은 채로 몇 개월 후 모조리 반품되어 제작비는 완전히 허공에 날려버렸다.

시골로 낙향

나는 더 이상 영화나 연예계에서 활동하는 것이 자존심상 허락되지 않아 안양촬영소 관리자의 도움으로 안양시 외곽에 위치한 물왕저수지 근처인 물왕리로 아내와 4살 된 아들과 2살 된 딸을 데리고 무작정 내려오고 말았다. 그리고는 밭 400평을 임대하여 우선 거주할 방 하나, 부엌하나 그리고 토끼를 기르기 위한 막사를 짓기 위해 3개월간 새벽부터 밤늦게까지 쉬지 않고 일했다. 토끼를 구하러 자전거를 타고 장날 장터로, 인근 동리로 돌아다니며 어미 토끼 50마리를 마련하여 키우기 시작하자 다음 해 봄에 수백 마리가 되어 먹이용 풀을 베어오는 데도 하루 4~5시간이 걸렸다.

이제 토끼를 팔아야 하는데 판로를 찾는 것이 쉽지 않았다. 할 수 없이 인근 장터로 가져갔으나 기껏 팔아야 4~5마리 정도이고 가격도 생산가의 절반도 되지 않았다. 토끼는 계속 번식을 하고 지닌 돈도 다 떨어져 더 이상 지탱할 수 없을 때, 이웃 동네에서 소문이 나서 토끼를 사러 사람들이 오기 시작했다. 나는 헐값에 토끼를 처분하여 한 달 만에 다 정리를 하고 1972년 8월 이삿짐을 꾸려 서울 종로구 옥인동 산중턱에 월세방을 얻었다.

다시 서울로

그때 아내는 9월에 셋째 아이를 출산할 예정이었다. 만삭의 아내와 어린 아이 둘을 데리고 무엇을 어떻게 해야 할지 앞이 보이지 않는 길 앞에 서서 몹시도 당황스럽고 답답하였다. 무작정 돈을 벌기 위해 일자리를 찾았으나 마땅한 일자리가 나에겐 주어지지 않았다. 다행히 어머니가 나의 사정을 알고 기저귀와 아기 옷 등 출산 준비를 해주셨다.

1972년 9월 15일 아침에 일자리를 찾기 위해 나가려 하자 아내가 오늘은 나가지 말고 옆에 있어 달랜다. 그리고 큰애(정수)에게 동생을 데리고 할머니 집에 가라고 부탁하고는 나에게 "여보, 연탄불 좀 보고 큰 솥에 물을 한 솥 부어서 올려놓아 줘요." 하는 것이다. 나는 부엌으로 나가 큰솥에 물을 한 솥 부어 올려놓고 방으로 들어가니 아내의 눈에 눈물이 고여 있었다. 나는 아내에게 몹시 미안하고 죄스러웠다. 누워있는 아내 옆에 앉으며 손을 잡으며 "여보 미안해. 그래도 아직 영화계는 나가기 싫어. 나의 자존심이 허락하지 않아. 조금만 참아. 안정된 좋은 일자리 찾아볼게." 하자 아내는 고개를 끄덕였다. 한참 후 시계를 보니 오전 11시, 아내는 진통을 시작한 것 같았다.

다행히 아내는 순산을 했다. 나는 아내를 방에 눕혀 놓고 며칠 전 어머니가 사다주신 미역을 물에 담구며 밥을 하려고 쌀통을 열어보니 쌀이 하나도 없다. 할 수 없이 부리나케 어머니 집으로 향하여 집 마당에 들어서니 아이들이 먼저 반긴다. 내 얘기를 들은 어머니는 나보고 앞장서라며 쌀을 한 바가지 퍼서 들고 나오신다.

집에 도착하자 우선 어머니는 부엌으로 가서 밥을 안치고 미역국을 끓였다. 어머니는 아내를 돌보아주셨고 나는 무조건 막노동판에 나가 목수 보조 일을 하며 생계를 이어나갔다. 목수 일을 한지 5일째 되는 날 너무 피곤하여 누워있는데 한밤중에 갑자기 코피가 나기 시작했다. 지혈을 해도 되지 않고 감당하기 어려울 정도로 코피가 쏟아져 병원으로 실려가 입원할 수밖에 없었다. 삼일을 입원하고 퇴원하던 중에 한국일보 장기영 회장이 국회의원에 출마하여 인사를 다니다 나를 만났다. 장 회장과 나의 인연은 '카추샤' 공연을 할때 후원을 해주시면서 맺었다. 장 회장은 반갑게 악수를 하며 내일 아침에 신문사 사무실로 오라고 한다.

다음 날 아침 장 회장은 그간의 나의 이야기를 듣더니 선뜻 10만 원 권 보증수표 3장을 지갑에서 꺼내주시며 우선 안정을 취하고 안정되거든 선거사무실로 한번 나오라 하셨다. 나는 다음 날 아침 일찍 선거사무실로 가서 국회의원 후보 장기영의 명함을 종로구 곳곳을 다니면서 누구보다 열심히 나누어주었다. 장기영 회장은 선거가 끝날 때까지 수시로 나를 불러 돈을 주었다. 참으로 고맙고 고마우신 장 회장이시다. 장 의원의 은혜는 일생을 두고 잊을 수가 없다.

나는 이제 자존심을 버리고 영화계로 다시 들어갔다. 마침 절친이자 선배인 강범구 감독을 만나 동아수출과 관련된 사업을 시작하며 마음속으로 이젠 열심히 욕심없이 가족을 위하여 살아야겠다고 다짐을 했다. 동아수출에서 작품을 계약해 줘서 우선 집을 일하는 곳에서좀 멀지만 강동구 거여동으로 방 1개의 전셋집으로 옮겼으며, 가족들의 생활이 안정되기 시작하여 아내는 거여동에 있는 동부침례교회 상설유아원에 딸을 입학시키며 신앙생활을 시작했다. 그 후 아내의 권유로 나도 동부침례교회에 등록하고 신앙생활을 다시 시작하게 되었다.

동아수출에서 임예진 주연의 '진짜 진짜 좋아해' 강범구 감독의 '애수의 샌프란스코' 등 5,6편 영화의 제작부장을 하고, 1975년 강남구 논현동에 점포를 얻어 '한림부동산'이란 간판을 걸고 부동산중개업을 시작하게 되었다. 처음 생각보다 중개업은 잘 되어 건설업을 겸임하게 되었는데 마침 강남개발 붐이 일자 '㈜한림 주택'이란 상호를 걸고 연립주택을 짓는 사업을 했는데 사업이 정말 잘되었다.

우리는 논현동으로 이사하고 신앙생활을 열심히 하기 시작했다. 그러던 중 담임 목사이신 이윤섭 목사님이 나에게 "집사님, 집사님은 작은 우리 교회에서 봉사하는 것보다 큰 교회로 가는 것이 낫겠어요. 강남에 있는 큰 교회 담임 목사가 내 친구인데 거기로 가서 마음껏 봉사하며 하나님 주시는 사명 받아 충성해보세요." 하며 당장 다음 주일부터 강남구청 앞 강남중앙침례교회로 나가라 하시며 김충기 목사에게 전화해 놓겠다고 하신다. 나는 "아직 그런 생각해보지 않아 사양하겠습니다." 하자 "집사님, 집사님은 교계를 위해서도 큰일을 할 분이시니 이런 작은 교회에 계실 분이 아닙니다. 더구나 강남으로 이사했는데 이 목사 말을 들어요. 이것도 하나님이 나를 통해 집사님을 쓰시겠다고 하는 것이라 생각하시고 하세요." 하신다.

이윤섭 담임 목사님의 말씀대로 주일날 집에서 가까운 강남중앙침례교회의 11시 예배에 참석하고 예배가 끝난 후 목양실로 찾아가 김충기 목사님에게 인사를 하자 반가이 맞아주셨다.

몇 주 안 되어 우리 집으로 김충기 목사님이 심방을 오셨으며 심방오신 후 바로 주일날부터 봉사하라 하시며, 우선 교회학교에서 교사를 하라고 하신다. 나는 중등부 교사로, 2부 호산나 성가대 대원으로 봉사하기 시작했다. 다음 해부터는 중등부 총무로, 호산나 성가대 총무로 봉사를 했으며, 1979년 송구영신예배가 끝나자 1980년 첫 새벽에 교회 봉사자 명단이 호명되는데 경조위원회 총무 신성호 집사하고 호명이 되었다. 나는 경조위원회 총무라는 호명에 당황했으나 옆에 서 있던 집사님이 "신 집사님 하늘나라 상급이 많이 쌓이는 좋은 봉사 맡게 되어 축하합니다." 하고 손을 내밀어 악수를 청한다. 그러자 나는 용기가 났다. 한번 최선을 다해 힘껏 하면 되겠지 하고 결단을 하자 당황함과 두려움은 사라지고 기쁨이 찾아왔다.

이러던 중, 하던 사업은 날로 번창하여 역삼동, 대치동 등에 연립(빌라)을 지어 분양하자 분양은 아주 잘 되었으며 주위로부터 부러움과 신임을 받게 되었다.

1980년 5월 18일 광주혁명으로 사회의 경기는 움츠러들고 어렵게 되자 부동산 경기도 주춤하던 차 한국콘도의 정회장을 만나 경주 보문단지의 콘도 사업에 뛰어들게 되어 우리 회사 한림은 한국콘도 강남 사무소를 겸임하여 많은 성과를 내었다.

강남중앙침례교회 장례지도와 경조위원회 총무

교회에서는 매월 두 서너 건의 장례가 났으나, 경조총무로 위원장을 대신하여 장례식을 마칠 때까지 상가에 조금도 불편함이 없이 모든 장의용품은 제작하거나 공장에서 직구매하여 장의사의 10분의 1가격으로 장례를 치르도록 도와드렸다.

한 번은 청와대 경호실 근무 직원의 딸이 우리 교회에 출석하여 할머니 장례를 치르게 되었다. 장례비용으로 30만원을 청구하니 그 딸의 아버지가 고개를 갸우뚱하며 2년 전에 아버님 장례비용은 300만원이 들었다고 하며 고맙다는 것이다. 그리고 장례를 치른 다음 주에 바로 부인과 함께 교회에 등록을 했다. 그는 담임 목사님을 만나 장례비용도 절약해주시고 너무 장례를 잘 치르도록 도와주셔서 감사하다고 하며 아껴주신 비용을 감사헌금으로 드리겠다고 했다. 이에 김충기 목사님은 나를 불러 고맙다고 격려해주셨다. 강남중앙교회는 1년이면 40~50건의 장례식이 치러졌다.

졸음 운전과 교통사고

1982년 여름방학이 시작되어 8월 초 중등부 학생 250여 명을 데리고 양수리수양관에 마련된 대형텐트 임시수양관에서 수련회를 하였다. 우리는 모든 학생들이 다 출연하도록 배려한 '골고다 언덕길을 십자가를 지고 가는 예수님'이란 성극을 했다. 예수님이 골고다 언덕길로 십자가를 메고 가는 것과 십자가에 매달리신 것, 그리고 양옆에 매달린 강도와 그들의 회개, 예수님이 마지막 숨을 거두는 순간을 연출하여 학생들 저마다 감동을 느끼며 성극을 마무리 했다. 그리고 밤 1시에 교사평가회를 가지고 밤 3시에 잠이 들었다가 새벽 5시에 일어나 새벽 예배와 행사를 마무리하고 우리는 오후 2시에 서울로 출발했다.

나는 내차로 학생들보다 20분 일찍 강사님을 모시고 출발했다. 팔당 강변도로를 지나 덕소 역을 앞두고 나 있는 급커브 길에는 미루나무 두 그루가 우뚝 서 있다. 나는 그곳을 도는 순간 깜빡 졸아 내 차는 그대로 가드레일을 넘어 미루나무 두 그루 사이를 지나 팔당 강을 향해 돌진해서 20미터 정도를 날아 추락했다. 차는 자갈밭으로 굴러 떨어지면서 앞에 놓인 바위에 부딪치며 섰다. 조수석의 김상은 목사님은 같이 잠이 들었다가 깨셨고, 뒤에 앉으신 장순흥 목사님은 처음부터 체험하셔서 '하나님' 하고 고함을 치는 순간 땅으로 떨어졌다고 나중에 말씀에 주셨다. 김상은 목사님은 조수석으로 내리시고 나는 문이 열리지 않아 조수석으로 내려서 우선 두 목사님과 두 교사에게 어디 다친 곳은 없느냐고 물었다. 다들 서로를 바라보며 팔다리를 움직여 본 후 뒤를 돌아보며 저 미루나무를 어떻게 통과했지 하며 한마디씩 하며 언덕 위 큰길로 올라왔다.

올라오니 우리 뒤를 따라오던 이상학 집사님 부부는 이 광경을 지켜보고 '아이고, 큰일 났다.' 하며 차를 세우고 발이 떨어지지 않아 차마 차에서 내리지도 못하고 멍청히 언덕 밑을 주시하고 있었다. 우리가 올라오자 차에서 내리며 "아니 어디 다친 데는 없어요?" 하며 다가온다. 나는 다친 곳은 없는데 "우선 강사 목사님 차 시간이 급하니 집사님이 모셔다 드려요." 하자 "그래요." 하고 떠났다. 나는 아는 카센타에 연락을 해서 렉카차를 보내달라고 부탁을 하자 소식을 들은 경찰이 찾아와서 상황을 살핀다. 다친 사람이 없다는 말에 이 상황에 다친 사람이 없다는 것이 믿을 수 없다는 듯이 전후좌우를 살핀다. 그리고 경찰은 정말 저기서 떨어졌는데도 다친 사람이 없는 것을 보니 하나님을 믿는 사람인가 보다고 하는 것이다. 나는 너무나 감격스러워 "하나님 감사합니다. 우리 모두에게 이렇게 큰 은혜를 내려주사 털끝 하나 다치지 않게 해주셨으니 하나님이 저에게 주신 은사를 사명으로 알고 이 세상 떠날 때까지 충성을 다해 섬기겠습니다." 라는 기도를 계속하고 있었다. 차는 저렇게 부서졌는데 사람은 하나도 다치지 않은 기적을 우리는 체험한 것이다.

나는 그 후로 더욱 주님의 일에 매진하며 경조총무 겸 위원장으로 봉사하면서 강남중앙교회에서 발행하는 잡지인 은혜 지 문서선교위원회 총무, 중등부 총무로 호산나 성가대 총무로 후일 초등부 부장으로 열심을 다해 봉사하며 교인들로부터 많은 신망을 받으며 신앙생활을 했으며 하는 사업 또한 잘되었다.

하나님께 약속한 서원을 잊자 불어닥친 환란

1983~1984년 장례를 치르고 나면 감사하다고 돈을 가지고 찾아오시는 성도가 있었다. 극구 사양하면 장례식 내내 섬김에 감탄했다면서 예수님을 믿기로 작정했다고 하면서 인도자로 신성호 집사로 해달라는 부탁을 한다고 한다. 그 덕인지 나는 2년 연속 전도대상을 받기도 했다. 사업은 날로 잘되어 한국콘도에 뒤이어 명성콘도 강남대리점을 하게 되었다. 그러나 명성콘도가 문제가 되어 국세청의 조사를 받고 결국은 (주)한림주택 법인을 팔고 1985년 봄에 사무실을 폐업했다.

사실 교회 일을 태만히 하고 믿지 않는 친구들을 만나 정당 활동을 하다보니 친구들이 내가 교회에서 봉사로 하는 일을 보고 장의사를 하느냐고 자꾸 묻는 것이다. 한두 번도 아니고 자꾸 듣다보니 듣기가 싫어 하나님이 나에게 주신 사명 따위는 잊어버리고 장례 봉사를 점점 회피하고 믿지 않는 친구들과 어울렸다.

그러던 차에 영화계 선배인 길 박사라는 별명을 가진 선배가 서독 서커스를 수입해서 중지도(제1한강교 중앙에 있는 땅) 땅을 빌려 6월부터 공연을 하는 데 도와 달라는 것이다. 나는 우선 공연장을 정리하고 서울 시내 영업소(예매표 파는 곳)를 설치하고 포스터, 예매입장권 인쇄 등을 확인하고 배분하기 시작했다.

서독서커스는 생각 외로 손님이 몰려오기 시작했다 서울에서의 두 달 동안 공연은 대성공을 거두었다. 나는 서울연장공연권을 2억원에 사고 잠실실내체육관을 계약했다. 그런데 그 후 서독서커스는 광주광역시에서 대구로, 대전으로 공연을 했지만 다 실패로 끝나고 서울에서 번 돈마저 모두 없애고, 부산으로 장소를 옮겼으나 결국 공연도 하지 못하고 단원들은 자기 나라로 뿔뿔이 흩어지고 말았다. 나는 돈 2억을 받을 길이 없었고 서커스를 들여온 선배도 자취를 감추고 말았다. 그러나 나는 다시 홍콩에서 지퍼필드 서커스가 공연 중이라는 소식을 듣고 친구인 국제변호사를 통해 공연을 할 수 있도록 모든 계약을 체결하고 3월경에 서울에서 공연을 하도록 서류상 절차를 마쳤다.

주식회사 한림흥행과 영국 지퍼필드 서커스단과의 계약된 계약서를 가지고 문화공보부에 공연단체 수입허가를 제출하였으나 부결되었다. 알고 보니 서독서커스가 잘못된 것이 문제라는 것이다. 그러나 재심을 통해 수입공연 허가를 받아놓고 광장역 앞에 있는 현대건설 부지를 임대하여

5,000명을 수용하는 임시 막사를 지었다. 그리고 대형 트레일러 45대, 카라반 10대에 동물들을 싣고 경부고속도로를 60Km로 올라오니 그 사건이 뉴스로 보도되기도 했다.

공연 날짜를 3월 21일로 했는데 그 당시 영상이 20도여서 우리는 온풍기를 설치하지 않았다. 그런데 공연 당일에 영하 10도로 내려간 기온으로 관람객들은 추위에 떨었으며, 1회 공연에 적어도 3,000명이 들어와야 적자를 면하는데 추운 날씨 탓에 고작 7~800명밖에 오지 않았다. 결국 공연은 중단되고 눈덩이처럼 불어난 적자를 감당하기 어려워 회사는 문을 닫을 수밖에 없었다.

강남중앙침례교회
양수리수양관 총무 겸 공사 총 감리감독

그렇게 회사를 정리하고 집에서 두문불출 누워있기를 한 달이 지났을 때 담임 목사인 김충기 목사님이 심방을 오셨다. 특별히 기도를 해주시고 나에게 양수리수양관에 올라가서 기도하며 앞으로 신축할 수양관 구상을 해 보면 어떻겠냐고 물으신다. 나는 그 길로 간단히 갈아입을 옷을 몇 벌 챙겨 들고 교회에서 장례용으로 사준 베스타를 운전하여 수양관으로 올라갔다.

나는 매일 새벽기도로 시작하여 성경읽기에 몰두했으며 낮에는 18만 평이 넘는 수양관을 돌아다니며 앞으로 신축할 수양관 부지를 결정하기 위해 모든 정신을 쏟았다. 그리고 그 근처에서 가장 지형이 좋은 사슴농장을 매입하고 그 일대를 교회부지로 편입하여 교회 건축 및 숙소허가를 양평군에 제출하였다. 우여곡절 끝에 허가를 얻어 양수리수양관이 신관과 종합숙소, 개인숙소 등을 신축하여 현재에 이르고 있다.

나는 양수리수양관 총무와 공사현장 총감독, 감리를 맡았다. 당시 교회는 담임 목사님과 장로 몇 분과 의견차로 몹시 갈등이 있었다. 그러던 차에 공사는 막바지에 치달아 다음 해 3월에 준공하기로 되어 있었다. 미국에 가셨던 목사님과 사모님이 귀국하신 지 며칠 뒤 교회 사무실 여직원이 전화가 와서 목사님이 수양관을 가는 중이시니 무조건 잘못했다고 하라고 한다. 나는 잘못한 것이 없는데 잘못했다고 해야 하나? 하니 무조건 잘못했다고 하라는 것이다. 그리고 목사님이 들어오셔서 "신 집사 그만두겠다고 했다며?" 하시는 것이다. 나는 어안이 없어 "네, 여름에 한번 그만두겠다고 했습니다." 라고 했더니 "그럼 12월 31일자로 그만 두게." 하시는 것이다. 나는 "네, 알았습니다." 했다. 그리고 그간의 모든 업무를 정리하고 산을 내려왔다.

결국 봉사하던 성가대와 경조위원회 일도 정리하라는 압력이 거세어 나는 4월에 모든 것을 내려놓고 강남중앙교회를 떠나게 되었다. 그리고 함께 나온 송 장로가 주축이 되어 대치동에 교회를 개척하여 같이 나온 교인 약 300여 명이 함께 예배를 드리기 시작했다. 이 교회가 영문교회다. 그러나 나와 송 장로는 2년 뒤에 이동원 목사님이 귀국하자 함께 수지에 교회를 개척했다. 그 당시 우리는 이동원 목사님이 속히 오기를 간절히 기도했으며 마침내 1993년 11월 13일에 수지에 있는 스매트 복지관 4층에서 첫 예배를 드리고 교회 명을 지구촌교회라고 명하고, 다음 해 2월에 1,000명이 모여 교회출범을 정식으로 알리게 되었다. 지구촌교회는 스매트 복지관 4층과 강남 YMCA에서 예배를 드리다가 정신여고에서 예배드리고 지금은 분당과 수지 두 군데에서 예배를 드리며 현재에 이르게 되었다.

그간 같이 개척에 주동이 된 송 장로가 갑자기 교통사고로 사망하자 지구촌교회 창립 후 첫 번째 장례식이 발생했다. 개척 만 2년을 넘기지 못하고 장례식이 열린 것이다. 그 장례가 지구촌교회에서 한 나의 첫 번째 장례지도이다.

그 이후 지구촌교회 장례위원회는 2017년 8월에 창립 23년을 맞이했으며 3,200여 명의 장례와 장례지도를 했으며 유토피아에 지구촌 추모관을 마련하는데 앞장을 서서 1관, 2관, 3관, 약 4,000기의 납골당을 마련하는 데 최선을 다했다.

납골당을 마련하고 안치된 교인과 교인 가족의 안치가 시작되어 300기가 넘어서면서 2009년에 나는 교회에 설날연합추모예배를 건의하여 이동원 목사님은 쾌히 승낙하셨다. 2010년은 설날추모예배를 담임 목사이신 이동원 목사님의 집례로 교인 가족 400여 명이 참석하여 예배를 드렸다. 그 후 설날추모예배는 매년 성대히 드려졌으며 2016년부터 추가로 추석명절추모예배를 드리기 시작하여 앞으로 계속 설날과 추석추모예배를 교회에서 드리기로 선포되었다.

정치를 하면서 얻게 된 교훈

1981년 민주당 강남 갑 지구당 이중재 국회의원 위원장님의 권유로 지구당 부위원장으로 입당하여 그후 김대중, 김영삼, 노태우 대통령 출마에서 노태우 대통령 당선과 아울러 이중재 의원님이 민주당을 떠나시고 다음 김영삼, 김대중 대통령이 출마해서 김영삼 대통령 당선과 민주당의 지구당 재정비와 함께 강남 갑지구당 위원장으로 강동연 위원장이 오게 되었으며 곧이어 총선이 시작되어 지구당이 개편되며 나는 수석 부위원장을 맡게 되어 총선을 치렀다.

그리고 곧 중앙당 중소기업 위원회 부위원장으로 다음 해 종로 보궐선거에 출마하는 노무현 선거의 중앙당 선거 지원 부위원장으로 당선의 기쁨을 나누고 중앙당으로 복귀하여 15대 대통령선거를 위해 금융 특위 부위원장을 맡았다.

15대 대통령선거가 공고되면서 민주당 부정선거 감시단 강원도 단장으로 자민련에서 지원된 자민련 청년부장과 함께 강원도 일대를 순회하며 밤낮을 가리지 않고 최선을 다했으며, 선거 10일을 앞두고 속초에서 지원 유세를 나와 연설을 마치고 저녁에 숙소에서 쉬고 있는데, 김옥천 전 의원과 최정식 속초시 지구당 위원장인 전 국회의원의 죽음이 발표되었다. 나는 중앙당의 지시로 곧바로 속초 사고 현장으로 달려갔다. 사건의 사항을 중앙당에 보고하고 민주당 강원도 부정선거 감시단장으로 사건을 검찰과 합동으로 조사에 임했으며 국과수반장의 감식 등을 입회하고 법적으로 합법이 아닌 발언과 발표는 하지 말 것을 당부했다. 이 내용을 국과수와 검찰에 통보하자 국과수반장은 그렇게 하려면 국과수로 가서 해부하기 전엔 결론을 내릴 수 없다고 한다. 국과수 해부 후 법의학적으로 발표하기까지 며칠이 있어야 하느냐고 물으니 15일이 걸린다 한다.

그러나 나는 중앙당 사무총장이신 김충조 의원에게 보고하고 국과수 해부를 택했다. 투표일까지는 9일 남았으며 그때까지는 의문사 선거에 야당으로 표 얻는 데는 손해 볼 것이 없다고 판단한 것이다. 나는 정당대표로 국과수 감식의 입회를 위해 고인 두 분을 모시고 서울 국과수 검시장에서 밤을 새웠다.

아침 8시 감식에 들어가서 12시경 감식이 끝나 김옥천 전 의원은 바로 가족에게 인계하고 최 의원은 강원도 속초로 가서 인계되었으며 일단 기자회견을 마치고 본연의 임무로 돌아갔다. 선거의 결과는 아주 좋았다. 국과수의 발표는 선거 후 5일이 지나서 가스중독사로 나왔다. 두 분이 주무신 곳은 준공된 지 한 달 정도 된 신축 모텔로 공사부실로 드러나 건축한 건설 회사를 상대로 피해보상 신청을 해서 법이 정한 한도의 보상을 받을 수 있었다.

고건 서울시장이 당선 되고 나서는 서울 시정 자문회의 수석부위원장을 1년간 역임하고, 제16대 대통령 선거를 위한 준비에 들어가 당내 경선을 위해 나는 제주도 첫 경선에 후보참모로 참여하여 제주경선에서 노무현 후보의 승리를 얻었다. 나는 내가 참여한 후보 진영에서 손을 떼고 경선이 끝날 때까지 기다리기로 하고, 경선이 끝나자 16대 대통령 선거 조직국 부위원장으로 경기도 이천, 성남, 용인, 수원, 오산, 평택, 안성지역의 선거 지원단장으로 최선을 다하였으며, 노무현 대통령 영부인의 수원 지원 인사 시 동행하였다. 선거결과는 민주당이 수원에서 1위의 득표란 획기적인 결과를 얻는데 최선의 노력으로 함께할 수 있었다. 나는 주위의 동료들로부터 또한 중앙당으로부터 '이번 총선에서 의원 뺏지를 달게 될 거야.' 하며 축하 인사를 받았다.

그러나 하나님께 무릎 꿇고 한 달간 기도 끝에 응답 받은 것은 과욕은 아니 '욕심은 죄를 잉태하고 그 죄는 사망에 이르니' 라는 것이었다. 그 말씀이 나도 모르게 내 입에서 흘러 나와 나는 담임 목사이신 이동원 목사님에게 "정계를 떠나기로 했습니다." 하고 말씀을 드리니 "정치하는 사람이 정계를 떠난다고 한 이후 진짜 떠난 사람 못 봤다 하시며 기도해 보라." 하신다. 나는 그 후 탈당계를 낸 후 주위의 만류에도 불구하고 16대 대통령 선거를 마친 후 은퇴하였다. 세상의 법을 따르는 것보다 하나님의 법을 따르는 것이 나에게는 더 중요한 일이었다.

다시 삶을 주신 하나님

2017년 4월 9일 아침에 일어나니 몸이 몹시 좋지 않았다. 주일인데도 교회를 갈 수 없을 정도로 몸이 좋지 않아 경조팀에서 이전에 팀장을 했던 민 팀장에게 분당성전에서 상담을 대신해 달라고 부탁을 하고 목욕물을 받아 탕 안에 들어갔다. 그런데 왼쪽으로 마비가 와서 탕 밖으로 나오려니 몸이 움직여지지 않는다. 소리를 쳐서 아내를 불러 약 30분 동안 탕 밖으로 나오려고 노력해도 되지가 않아 아내가 낮은 의자부터 조금씩 높은 의자로 몸을 올려놓아 겨우 탕 밖으로 나올 수가 있었다.

그때 전 경조 팀장을 하던 황 집사가 집으로 찾아와서 119를 불러 서울대 응급실로 갔다. 응급실에 도착하여 MRI촬영을 하고 CT촬영을 하고 담당 교수가 왔다. 교수는 지금부터 6시간 밖에 여유가 없으니 급히 수술을 받으라는 것이다. 그런데 서울대에는 입원할 방이 없으니 인근의 잘 아는 병원으로 이송을 하라고 하면서 잘 아는 병원이 있으면 말하라 한다.

그러자 나는 서울대병원으로 왔으니 다른 병원으로 이송은 안 가겠다 하자, 6시간이 지나면 평생 불구가 되든지 그렇지 않으면 사망할 수도 있다 하며 이송할 병원을 이야기하라는 것이다. 나는 이송하지 않겠다고 하며 서울대에 주치의도 있고 하니 죽어도 좋으니 서울대에 있겠다고 하면서 완강히 이송을 거절했다. 그러고는 서울대병원장례식장으로 전화를 해서 "나 지구촌 교회 신 장로입니다. 3호실에 예약 좀 해 주십시오. 내가 6시간 밖에 살 수 없다 하니 6시간 후에 가게 될 겁니다." 하고 전화를 끊었다.

그 후 시간은 흘러가는데 밤 열시가 다 되어 삼성병원 신경과 교수이며 지구촌교회 장로님이 전화가 와서 자초지종을 말씀드렸다. 장로님은 잘하셨다고 하면서 곧 수술을 할 수 있도록 도움을 주셨다. 머리를 삭발하고 수술이 끝나 병실로 올라와서 의식을 찾았다. 많은 교인들이 찾아와 주었으며 이동원 원로목사님과 사모님이 문병 오셔서 "장로님, 하나님이 아직 하실 일이 남아서 안 데려가신거니 열심히 봉사하세요." 하며 예배를 드리고 위로해주시고 다음날 진재혁 담임 목사님이 오셔서 병문안과 예배를 드려주셨다.

극도의 스트레스에 의한 뇌출혈로 쓰러져 뇌수술을 받고 만 4일 만에 퇴원하고 수술 8일째 되는 날 병원에 들려 실밥을 제거하고 10일째 되는 날부터 장례지도를 했다. 그러다 6월부터는 본격적으로 천국환송예배부터 참여하며 오늘에 이른 것이다. 그동안 나는 책을 두 권 저술했다. 《준비된 장례의 축복》, 《죽음에서 천국까지 섬김》이다.

나는 살아계신 하나님을 한 번도 아닌 매일 생활에서 체험하며 살아가고 있다. 이번에 기독교인의 장례예식과 장례지도 상담을 위한 교육을 하기 위해 "기독교인을 위한 장례지도학교"를 개설하기로 수지지구촌교회에 있는 교회 목사님과 합의를 보고 적극 지원을 해주시겠다는 약속도 받았다. 프로그램은 다음과 같다.

1. 기독교인의 봉사자세.

2. 장례준비(상담).

3. 임종예배.

4. 장례의 시작 장례 연락을 받고(병원 사망 시 자택과 시설 사망 시).

5. 장례식장 선정과 장의품 선정.

6. 장례의 진행(위로예배, 입관예배, 천국환송예배, 하관(화장, 매장) .

   안치예배(납골).

7. 입관과 입관예배(장묘지 매장, 납골, 수목장, 산골 등의 결정) .

8. 장례 후의 첫 예배, 추도예배, 추모예배.

9. 사망신고, 상속 등 관계기관의 사후 처리 등이다.

이르시되 때가 찼고 하나님의 나라가 가까이 왔으니
회개하고 복음을 믿으라 하시더라 막 1:15

PART
2

PART

2

기독교 장례는 이래야 한다

 ## 살아가며 하는 준비

우리가 세상에 태어날 때는 어머니의 산고 끝에 태어나는 순서를 가지고 세상에 나오나 이 땅에서 죽음을 맞이하는 것은 질서와 순서가 없이 이루어진다. 부모보다 자녀가 먼저 죽기도 하고 불의의 사고나 질병은 어느 누구도 피해 갈 수 없는 것이다. 물론 죽음에 이른 당사자는 알 수가 없다. 그러므로 내가 떠난 후에 우리 가족이 겪게 되는 뒤처리를 어떻게 할 것인지를 미리 생각해 보는 것이 지혜로운 것이다.

그래서 유언장을 남기는 것이 필요하다. 유언장에는 재산 관계, 채무 관계 등등을 상세히 기록하는 것이 중요하다. 어느 날 갑자기 죽음을 당해 당황하는 가족을 생각해보자. 물론 누가 이렇게 죽는다고 생각했겠는가? 우리의 삶이 하루 24시간이라는 것을 알지만 그 시간이 내 것이라고 내 마음대로 다스릴 수 없다. 누구에게나 죽음이란 것은 갑자기 닥칠 수 있다.

그러므로 우리는 유언 일기를 쓰는 습관을 가져보면 좋겠다. 요즈음 송길원 목사님은 "웰빙 다잉"에 대해 말씀해 주시고 이동원 목사님은 "아름다운 늙음"이란 세미나를 통해 죽음을 준비하도록 해주신다. 이동원 목사님은 세미나에서 "죽음이 한 달 밖에 남지 않았다고 생각하고 30일간 나의 삶을 정리하는 일기를 써보십시오. 여러분이 지금 이 순간을 한번 생각하고 글로 써보세요."라고 말씀하셨다.

유언 일기를 쓰며 지금까지의 삶과 앞으로 한 달 밖에 남지 않은 나의 삶을 정리하고 나의 가족에게 이웃과 친구, 친지에게 아름다운 추억을 남기고 마지막을 정리하고 떠난다면 얼마나 아름답고 좋은 일인가 생각해본다.

그리고 내가 만약 사고로 소생할 수 없다거나 소생하더라도 의식을 회복하지 못한다든지, 식물인간으로 계속 삶을 이어간다거나, 치유할 수 없는 암, 심장병, 뇌종양 또는 노인성 질환 등으로 의식을 잃었을 때 심폐소생술을 할 것인지, 아닌지를 결정하는 것도 어쩌면 나 자신이 할 수 있다. 자녀는 부모에게 효도하는 마음으로 조금이라도 생명을 연장하고 싶어 하지만 경제적으로나 심정적으로 얼마나 힘이 들고 고통스럽겠는가? 중환자실이나 노인요양병원에서 한달이든, 1년이든 의식 없이 살아간다면 본인 역시도 고통스러울 것이다.

나 자신의 조그만 배려가 가족이나 나 자신에게 오히려 자유를 주는 것이 되는 것이다. 그러므로 다음과 같은 사전연명의료의향서를 통해 자신의 삶을 잘 정리할 수 있을 것이다.

사전연명의료의향서를 작성하자

2014년 1월 2일, 101세가 되신 어머니가 갑자기 뇌출혈로 쓰러져 자녀들은 연락을 받고 노모를 모시고 119 구급차로 아주대병원 응급실에 도착하였다. 검사결과 뇌에 출혈이 있어 급하게 수술을 한 후 산소호흡기를 부착한 채 중환자실에게 회복되기를 기다렸다. 그러나 3주가 되도록 회복이 되지 않아 결국 산소호흡기를 부착한 채로 노인 요양병원으로 옮겼다. 그러나 노모는 의식을 회복하지 않고 심장만 뛰고 있었다. 자녀들은 의료비 지출이 너무 과다하여 힘들어하면서 의료보험의 의료비 지출 사전연명의료의향서만 건강하실 때 작성해 두셨으면 평안하게 하늘나라에서 영생을 누리실 것을 하며 안타까워했다.

2014년 2월 13일 다급한 전화 목소리가 나를 불렀다. "장로님 저희 시아버님이 갑자기 숨을 안 쉬셔서 119를 불렀는데, 심폐소생술을 했는데도 심장이 멎었어요. 아무래도 돌아가실 것 같아요." 나는 소생이 어려울 것 같아 장례식장을 잡고 기다리는데 연락이 없다. 전화를 해보니 서울대학병원에서 심폐소생술로 심장은 움직이는데 폐동맥이 막혀 개복하여 혈관조형시술을 해야 한다는 것이다. 환자는 이제 83세인데 어떡하면 좋으냐는 것이다. 나는 나 같으면 수술을 하지 않을 것 같다고 했다. 이 환자는 한 달 이상이 지났는데도 아직 중환자실에 있다. 이런 일이 매월 한 두 건씩은 발생한다. 환자는 고통 속에서 몇 개월에서 일 년 이상을 식물인간으로 요양병원에 계시니 요양병원의 병실도 입원할 데가 없는 것이다.

그러므로 살아 있을 때 과도한 의료 행위를 방지하고 의료비 지출로 인해 가족에게 어려움을 주지 않으려면 사전연명의료의향서를 꼭 작성하는 것이 좋다.

사전연명의료의향서(事前延命醫療意向書)란 대단히 낯선 용어다. 선진국에서는 Advanced Medical Directives라 하여 일반화된 용어다. 글자가 뜻하는 그대로 내가 죽음에 임박하였을 때, 4가지 연명치료 즉, 심폐소생술과 인공호흡기 착용, 항암제 투여, 혈액투석을 받지 않는다는 의사를 미리 밝히는 서류다. 19세 이상 성인이라면 전문가와의 상담을 통해 누구나 작성 가능하며 오직 본인만이 작성 가능하다. 과거에 사람들은 집에서 가족이 모인 가운데서 임종을 맞이하였다. 그러나 가족의 크기가 소가족으로 줄었고, 도시생활과 공동주거형태가 보편화되면서, 장례절차를 집에서 치르기 어려워졌으며, 전과 달리 병원치료를 지속적으로 하다가 죽음을 병원에서 맞이하게 되었다. 그래서 사전연명의료의향서를 미리 작성해 두는것이 꼭 필요하다.

사전연명의료의향서는 다음과 같다.

사전연명의료의향서

주소:

성명:

주민등록번호:

여기에 나의 자의적 "사전연명의료의향" 소망을 밝히고자 한다. 어떤 부득이한 사정으로 인해 나의 자의적인 의사 표시가 불가능해질 경우 대비하여 오늘 맑은 정신으로 나를 치료하는 담당의사와 가족들에게 다음과 같은 의료의향서를 남기니 본인의 소망대로 실행해 주기를 바란다.

1. 내가 의식이 없어진 상태가 되더라도 기도삽관이나 기관지 절개술 및 인공기계 호흡치료법은 시행하지 말 것.

2. 내가 악성질환에 대한 항암화학요법이 필요하다는 의료진의 판단이 있더라도 항암화학요법은 시행하지 말 것(이는 항암화학요법의 불신에서가 아니라 나의 연령과 체력의 한계 때문임을 이해해 줄 것).

3. 그 외 인공영양법, 혈액투석, 침술적인 치료술도 시행하지 말 것.

4. 그러나 탈수와 혈압유지를 위한 수액요법과 통증관리 및 생리기능 유지를 위한 완화의료의 계속은 희망하며 임종 시 혈압상승제나 심폐소생술 또는 인공호흡기 부착은 시행하지 말 것.

5. 그 외 여기에 기술하지 않은 의료 내용은 대한의학회에서 공표하고 있는 최근의 임종 환자 연명치료 중간에 관한 의료지침에 따라 결정하고 의료기관과 가족 그리고 법의 집행인은 나의 이상의 소망과 환자로서의 나의 권리를 존중해 주기를 바란다.

6. 나의 이 의료의향서 내용이 누구에 의해서도 변경되지 않기를 원하며 이 선언이 법적인 효력을 유지하고 담당 의료진에 법적 면제와 보호조건을 구비하는데 도움 되기를 소망하고 있으며 사전연명의료의향서를 통해 내가 바라는 사항을 충실하게 실행해 주신 분들께 깊은 감사를 드린다.

아울러 나의 요청에 따라 진행된 모든 행위의 책임은 나에게 있음을 분명히 밝힌다.

년   월   일   시

서명자 : 성 명   (인)

입회자 : 성 명   (인)

(의사표시불가시)

대리자 : 성 명   (인)

유언장을 작성하자

이 세상에서 살다보면 하루 동안에도 생각지 못한 일이 일어나곤 한다. 그래서 우리 선조들은 "밤새 안녕하셨습니까?" 하고 아침인사를 주고 받았다. 뉴스가 신속히 보도되는 요즈음은 밤사이에 정말 많은 사건, 사고가 일어나는 것을 볼 수 있다. 인간의 생명은 나 자신의 의지로 지켜지는 것이 아니다. 물론 조심하고 안전을 기한다면 다소의 어려움은 모면할 수 있으나 하늘에서의 부르심은 피할 수 없는 것이 현실이다. 그러므로 여행할 때 먼 길을 떠날 때 유언을 남겨 놓는 것이 지혜로운 삶의 태도이다.

우리는 최첨단 시대에 최고의 혜택을 누리며 살아가고 있다. 그러나 혜택이 많을수록 위험 속에 살아간다. 안락함을 누리는 대가로 적게는 안전사고, 교통사고, 열차사고, 비행기사고, 선박사고가 있고 자연재해로 인한 지진, 해일 등의 사고를 겪기도 한다. 또한 현대의 삶이 복잡해질수록 암과 심장병, 희귀병도 날로 새로워져 형용하기 힘든 병마는 끊임없이 우리를 괴롭힌다. 이 모든 것이 남의 일이 아니다. 언제 나에게 닥쳐올 지 그 누구도 알 수 없다. 그렇기에 유언장은 필요하며 그것은 남은 가족에게 큰 힘이 되어 줄 것이다. 유언장은 작성 후에 반드시 공증을 받아놓는 것이 좋다.

유언장

1. 주 소

2. 가족에게 전하는 말

3. 재산분배에 대해서

4. 기 타
(1) 가업 및 장례에 대해서
(2) 남아있는 분들께 드리는 말씀

※ 위의 내용은 내가 사후에 효력이 발생한다.

20   년   월   일

서 명: (인)

우리의 장례문화

장례는 조선시대 성종 때가 되어서야 평민과 천민을 포함하여 모든 사람이 장례를 치를 수 있었다. 그 이전에는 양반이 아니면 장례를 치를 수 없었다. 그러다 조선 말엽에 가서야 상인과 평민이 장례를 치르는 데 3일장, 5일장을 택했다. 그러나 관혼상제를 중시하는 유교문화권에서 자본이 부족한 평민은 3일장 치르는 것도 벅차 빚을 내서 치르는 경우도 있었고 부모의 장례를 치르고는 평생 빚을 갚기 위해 살아야 하는 삶이 되어버리기도 했다. 장례식을 치르는 동안 그 동리에는 동네사람이 상갓집에서 밥과 술을 마시고 한쪽 방에서는 투전판이 벌어졌으며 상주와 유족은 장례가 끝날 때까지 "아이고 아이고" 하고 곡을 해야 했고 조문객이 올 때마다 서로 엎드려 맞절을 했다. 부의는 닭, 계란, 쌀, 보리 등 현물로 했으며 개화기가 되어가면서 조의금이 생겨 서로 품앗이를 했다.

장례는 보통 집에서 치렀으며 6.25전만 해도 조문하면 조의금은 거의 없었고 도회지나 일부 상위층에서 조의금을 내는 정도였다. 국민의 생활이 점차 나아지면서 사오십 년 전부터 조의금이 생활화되기 시작했으며 조화가 상가에 놓이게 되었다. 그러다 조화도 이제는 점차 늘어나 상가의 골칫거리가 되었다. 크고 작은 장례식장이 생겨나면서 조화는 사회의 계급, 부, 권력 등의 상징이 되었고, 사회의 문제가 되어 한 상가에 조화를 5개로 제한한 법이 생기기도 했다. 이로 인해 화훼업자의 항의와 끈질긴 저항으로 정부는 자율적으로 맡기게 되었는데 이제는 악덕업자의 농간으로 화환이 재탕, 삼탕 하면서 이루 말할 수 없이 되돌리는 현상까지 나타났다.

또한 조의금은 거래의 온상이 되고 분에 넘치는 조의금을 하여 청탁을 하기도 하여 인사치레로 하던 조의금이 상호 거래처럼 되어 얼굴을 붉히는 일이 벌어지기도 한다.

이런 모습을 보면서 우리는 다시 한번 장례문화를 생각하고 기독교인인 우리들은 좀 더 성숙한 모습으로 자신을 내려놓고 검소하게 본이 되는 장례문화를 형성하도록 노력해야겠다.

대형병원 장례식장은
돈벌이에 급급하지 말고 서비스에 충실하라

대형병원이 장례식장을 통해 돈벌이를 해서 사회의 물의를 빚은 일은 한 두 번이 아니다. 물론 몇 년 전보다 많이 나아졌다고 하지만 아직도 시정하기에는 너무 멀었다.

장례가 발생하여 장례식장에 도착하여 처음 영안실에 안치하고 상담실에 안내되어 상담이 시작된다. 호실과 빈소의 크기에 따라 사용 계약이 이루어진다. 제단에 꽃장식과 수의를 제외한 장의용품이 외부와 장례식장과 가격차이가 많이 나는데도 장례식장에서는 무조건 자신들의 물건을 사용하도록 강요한다. 영구차나 리무진도 무조건 자체 것을 사용하도록 하고 음료나 주류를 외부에서 반입할 시 항의하는 장례식장 업주들의 횡포에 상주는 때로 가격을 제시하고 타협안을 내놓기도 하는데 무조건 따르라는 식으로 하는 경우가 많다.

그러다보니 장례식장을 가면 빈소 사용료, 입관실 사용료, 안치실 사용료, 식사요금, 매점 이용료 해서 이것만으로도 적게는 400만 원부터 1,200만 원이 되고 손님이 많을 때는 3,000만 원에서 5,000만 원 이상이 나오기도 한다. 이것이 보통 2일간 지불되는 금액이며 나머지 부분은 장례식장이나 상조회사의 일부 상품이나 영구차(버스, 리무진), 꽃제단, 장의용품(수의, 관, 입관 부속 일절), 상복, 영정사진, 염습비의 비용으로 화장 시에는 350만~700만 원, 매장 시에는 500만 원~1,500만 원이 든다. 여기에 시설 및 식사요금을 합산하면 보통 일반인이 삼일장이나 이일장에 사용하는 경비이다.

그러나 시장에서 직접 구입하거나 종교단체가 운영하는 단체에서 장례를 할 경우는 화장할 때 최저가가 180만 원~350만 원이면 되고, 매장 시에는 300만 원~700만 원이면 된다. 몇 백만 원씩 차이가 나는 것은 대형병원 장례식장이든 규모가 작은 장례식장이든 꽃제단을 하는 업자, 영구차 업자로부터 몇십 퍼센트의 수수료를 받고 장례식장의 임대료를 지나치게 높게 받기 때문이다. 지나치게 높은 임대료 이거야말로 대형병원, 대학병원이 죽은 자를 놓고 해야 할 짓인지 생각해 보아야 한다.

어떤 때는 장례 행사를 마치고 하관을 위해 영구차를 따라가야 하는데 주차비로 인해 영구차를 놓치는 일이 생기기도 한다. 이것이 과연 잘하는 일인가? 우리나라는 고가의 장례식 비용이 드는 곳이다. 장례를 2일 치루면서 고가의 식대와 사용료를 내야 하기에 적어도 500만 원~3,000만 원이 들며 평균 1,200만 원을 지불하는데, 장지로 출발하는 차량에게 주차비를 받느라고 혼잡을 이루는 것은 어불성설이다.

종교행사를 마치고 영구차를 따르는 차량은 아무리 많아도 10대를 넘는 것은 극히 드물다. 사회 저명인사나 대기업 임원이 아니면 그런 경우는 없다. 그러나 그런 장례식에서도 비용이 3천에서 최대 1억까지 지불되는데 그렇게 영구차를 따라 나가는 관계 차량에 주차비를 받느라 혼잡을 이루며 인색해야 되겠는가?

　서울 삼성의료원장례식장은 장례차량의 출차 시에 특별한 배려를 한다. 그리고 삼성의료원 직원의 친절 또한 칭찬받을 만하다. 또한 장례행렬이 발인장을 떠날 때 직원들이 도열하여 정중히 머리 숙여 배웅하는 자세는 본받을 만하다. 삼성의료원은 장례기간 중 수시로 여직원이 순찰하며 어려운 사항이 발생하면 상주나 상가의 어려움을 처리해주는 친절도 역시나 다르다. 1등 기업이 되는 데는 다 이러한 고객을 섬기는 자세가 있구나 하는 생각이 들며 이런 배려가 오늘 삼성을 세계 1등 기업으로 만들었구나 하는 마음이 든다.

　그와 반대로 대학병원 장례식장의 고객 대하는 모습은 정말 안타깝다. 모든 것이 이윤 창출을 추구하기에 장의품에서 폭리를 취하고, 주차비에 인색하다. 그러나 방문객에게 30분 무료로 해주고 예의를 갖추고 장례행렬을 따라가는 차량을 선의로 베푸는 대형병원은 분당 서울대병원장례식장, 수원 아주대병원, 삼성병원 세 곳뿐이다. 장례식장 방문객이나 장례차량 출차 시 뒤따르는 유족이나 장지를 따르는 차량에 가장 인색하여 가능하면 그 장례식장을 회피하려는 장례식장은 분당의 C병원(단 일분이라도 주차비를 이유 없이 징수하는)이라는 기업과 대학의 얼굴이며 이미지라는 것을 잊어서는 안 될 것이다.

장례 이후 해야 할 일

1) 사망신고
- 신 고 인: 친족 및 동거인이 한다.

- 신고기간: 사망일로부터 1개월 이내(신고기간 경과 시 5만원의 과태료 부과).
- 신고장소: 전국 호적관서(구, 읍, 면, 동사무소).

2) 사망자 재산조회
- 신 청 인: 상속인 또는 대리인.
- 신청기관: 금융감독원(금융 소비자 보호 센타 전화1332).
- 조회대상: 사망자의 예금, 대출, 보증, 증권, 보험계약 등.
- 처리절차: 금융감독원에서 각 금융협회로 조회 요청을 하면 20일 이내에 각 금융협회에서 문자메시지 등으로 조회 결과를 통보하고 홈페이지에 게시.

3) 자동차 소유권 이전 등록신청
- 신 청 인: 상속인 또는 대리인.
- 신청절차: 상속인의 주민등록지 관할 자동차 등록관청(시, 군, 구).
- 신청기간: 상속개시일로부터 3개월 이내
- 과 태 료: 신청기간 경과 시 50만 원 과태료 부과. 신청기간 만료 일로부터 10일 이내 경과 시 10만 원 과태료 부과. 10일을 초과한 경우 매 1일 초과 시마다 과태료 1만 원.
- 상세문약: 주소지 자동차 등록사업소.

4) 화장 지원금 신청
- 지급조건: 일정기간 해당 시, 군에 주소를 둔 자가 사망하여 화장한 경우.

- 상세문의: 지급금액 주민등록 요건 등 해당 시, 군에 따라 조건이 상이함으로 하늘장사정보(www.ehaneul.go.kr) 또는 해당 시, 군에 직접문의.

5) 상속
- 일반효과: 사망자의 일신에 전속하는 것을 제외한 모든 권리와 의무를 포괄적으로 승계.
- 순 위: 1순위 배우자와 직계비속(자녀, 손자, 손녀 등).
  2순위 배우자와 직계존속(부모, 조부모 등).
  3순위 형제, 자매.
  4순위 4촌 이내의 방계혈족.
- 승인포기
- 단순승인: 상속인이 단순승인 한 때에는 사망자의 권리 의무를 제한 없이 승계.
  단. 한정승인 상속포기를 하지 아니하거나 상속재산을 처분한 때는 단순승인 한 것으로 본다(법정단순승인).
- 한정승인: 상속으로 인하여 취득할 재산의 한도에서 사망자의 채무 변제를 조건으로 상속을 승인.
- 상속포기: 상속 재산에 속한 모든 권리의무 승계를 포기.
- 승인포기기간: 상속 계시한 날로부터 3개월 이내.
- 상 속 세:
  - 신고 및 납부기한: 상속개시일이 속하는 달의 말일부터 6개월 이내 일반의 무신고 가산세 산출세액의 20%.
  - 납부 불성실 가산세: 미납세액 미납일수 가산세율

(1일3/10,000)

- 유의사항: 선순위 상속권자의 포기로 후순위 상속권자가 상속할 시 채무까지 상속될 수 있으므로 후순위 상속권자도 상속 포기 신고를 해야 채무부담에서 벗어남.

6) 공중위생영업 영업자 지위승계 신고
- 신고기간: 사망일로부터 1개월 이내.
- 신고기간 경과 시 6월 이하의 징역 또는 500만 원 이하의 벌금.
- 신청방법: 인터넷, 방문, 우편.
- 접수기관: 시, 군, 구, 민원24시(www.egov.go.kr).
- 상세문의: 관할시, 도, 또는 시, 군, 구. 공중위생업무 담당 부서.

7) 국민연금 신청
- 종류: 유족연금, 반환일시금, 사망일시금 등.
- 청구자격: 해당 연금을 받을 수 있는 권리를 가진 자.
- 청구기관: 전국국민연금공단 지사 어디든지 방문하여 청구 (전화1355).
- 청구기한: 급여 지급 사유발생일로부터 5년.

8) 식품영업 영업자 지위승계 신고
- 신고기한: 사망일로부터 1개월 이내.
- 신고기간 경과 시: 3년 이하의 징역 또는 3천만 원 이하 벌금.
- 신청방법: 인터넷, 방문, 우편.
- 접수기관: 당초 허가 및 신고 기관(www.egov.go.kr).

- 상세문의: 각 지방 식품의 약품안정청 및 관할시. 군. 구. 식품위생업무 담당부.

기독교 장례예배

임종예배

임종은 이 세상에서 마지막 숨을 거두는 고인을 지켜보는 것이다. 죽는 사람 입장에서는 '운명' 이라는 용어를 사용하고 타인의 입장에서는 '임종' 이라 한다 .

임종예배의 시점은 의사가 더 이상 진료가 필요하지 않다고 하며 가족에게 연락하여 준비하라 할 때이며, 환자의 상태는 이마에 진땀이 나고 눈동자가 흐려질 때, 발목이 차가워 질 때, 항문이 열리고 변이 쏟아지고, 숨이 많이 차고 몰아쉴 때, 곡기를 끊고 3일 이상 되었을 때가 임종이 임박한 시기이다. 이때 흩어져 있는 가족을 다 모으고 온 가족이 함께 참석하여 예배를 드리는 것이다. 집례는 교회 목사님이 집례한다.

위로예배

환자가 돌아가시고 난 후 드리는 예배이다. 교회의 규모에 따라 대형교회는 교구나 지구 단위로, 작은 교회는 교회 전체로 고인이나 고인의 자녀가 속한 교회나 교구 봉사기관 별로 각각 드리거나 연합으로 드리면 된다.

입관예배

교파나 교회마다 예배드리는 방식이 다를 수 있다. 그러나 보통 대다수가 입관을 마친 후 드린다. 염을 하며 드리기도 한다. 그러나 요즈음 염하는 시간이 한정되어 있어서 입관 후나 입관 전에 빈소에서 드리는 교회가 대다수이다. 종교행사를 거절하는 염습실도 있는데 이는 염습하는 염사들이 정신집중이 안되기 때문이다. 또한 염습실이 종교행사에 적합한 시설을 갖춘 장례식장이 많지 않기 때문이다.

천국환송예배

발인예배, 영결예배라고도 하며 교회마다, 교파마다 부르는 명칭이 다르나 매장지로 가기 전 혹은 화장장으로 가기 전 장례식장에서 마지막으로 드리는 예배다. 유족과 친척, 친지, 교우들이 함께 드리는 예배다.

하관예배

매장일 경우 묘지에서 하관 후 관 위 횡대 일곱 쪽 중 머리로부터 세 번째 횡대를 두 번째 위에 올려놓고 드리며, 화장장에서는 화구 앞 관망실에서 또는 유족대기실에서 드리는 예배다.

안치예배

화장 후 유골을 유골함에 담아서 납골당이나 납골묘지 납골탑에 안치할 때 마지막으로 가족을 위로하기 위해 드리는 예배다.

기독교 제례예배

삼우예배(장사 후 첫 예배)

불교, 유교, 무속 신앙(미신숭배)인은 삼우제라 하며 장사 지낸 지 삼일 만에 지내는 제사다. 지금은 화장을 많이 하지만 옛날에는 묘지를 써서 장사를 지냈기에 묘지가 잘 정리가 되었나를 확인하고 처음 제를 올리는 제사다. 그러나 기독교인은 삼우제, 49제 자체가 무의미하나 우리의 풍속을 어느 정도 받아드려 삼우제를 삼우예배 또는 장사 후 첫 예배라 하여 드린다. 그렇기에 꼭 장사 후 삼일에 드리지 않고 가족의 시간이 허락 되는 날에 같이 모여 묘지나 납골당을 참배하고 드리는 예배다.

그러나 사회가 혼탁해지는 요즈음에는 이 삼우예배의 중요함이 간절해진다. 우선 예배의 진행을 설명하고 부수적인 이야기를 나눌까 한다. 가족이 모여 장사 후 첫 예배를 드림으로 예배순서대로 사도신경(교파에 따라 생략해도 무방), 찬송(고인이 즐겨 불렀던 찬송으로), 기도(가족 중에서), 말씀(가족 중에서. 신약이나 구약 말씀 중에서), 간결하게 찬송하고 마무리로 주기도문을 한다. 2부에서는 식사를 하고, 식사를 마치고 다과회를 하면서 고인의 유품정리나 상속에 관한 의견과 토론 그리고 덕담과 서로의 피로와 슬픔을 위로하는 시간을 갖는다. 여기에서 서로의 단점과 고인의 단점을 말해서는 안 된다. 이 예배를 드릴 때는 부모일 경우 자녀, 며느리, 사위, 모두는 새로 태어났다는 마음으로 시작하라. 그리고 그리스도를 믿는 하나님의 백성은 하나님의 백성답게 모든 것을 내려놓고 임하시길 간곡히 부탁한다.

추도예배

추도예배는 믿지 않는 자들은 탈상이라 하며 1년 탈상, 3년 탈상이라 하나 우리 기독교인은 딱 1회에 걸쳐 드리는 예배다. 돌아가신 그날이며 꼭 목사님을 모시고 드리는 예배가 되어야 한다. 초청은 가족 친지 중 장례식에 오신 분 중에서 초청하여 예배가 끝난 후 식사나 다과회를 형편이 허락하는 범위 안에서 하면 된다. 준비사항은 고인의 영정 사진과 꽃바구니를 준비하면 좋겠다.

추모예배

고인이 출생한 날, 고인이 소천하신 날, 추석, 한식날(매장 시), 설날에 드리는 예배로서 인도는 가족 중 교회에서 직분 받은 분이 인도하면 되나, 연장자의 순으로 하면 된다.

단 하나 꼭 지킬 것은 제사상을 차려서는 안 된다. 준비된 음식은 예배가 끝난 후 가족이 둘러앉아 나누고, 서로 덕담을 주고받는 자리로 형제자매간의 우의를 돈독히 한다. 단, 덕담을 나눌 때 서로의 장점만 이야기하고 서로를 칭찬만 해야 한다.

내 아버지 집에 거할 곳이 많도다
그렇지 않으면 너희에게 일렀으리라
내가 너희를 위하여 거처를 예비하러 가노니 요 14:2

PART

3

PART
3

교회 안에 장례 봉사팀을 만들려면

 ## 기독교 신자의 봉사

성경에 봉사와 관련된 많은 구절이 있으나 "이는 성도를 온전하게 하며 그리스도의 몸을 세우게 함이라" 엡 4:12, "각각 은사를 받은 대로 하나님의 여러 가지 은혜를 맡은 선한 청지기 같이 서로 봉사하라" 벧전 4:10, "인자가 온 것은 섬김을 받으려 함이 아니라 도리어 섬기려 하고 자기 목숨을 많은 사람의 대속물로 주려함이라" 마 20:28 는 말씀이 마음에 와 닿는다.

지금부터 15년 전만 하더라도 많은 교회는 봉사자로 차고 넘쳐 교회나 교단에서 하는 행사나 지구(교구), 마을, 목장에서 큰일에서부터 작은 일까지 모두가 합심하여 이루었다. 그러나 요즈음은 기독교인들은 봉사를 멀리하기 시작한다. 지금 현실은 교회 안의 각 부서의 봉사자가 줄어 기관의 명맥을 유지하기가 어려울 정도이고 각 부서의 팀장을 임명하기도 힘들고 어려워지는 것이 현실이다. 지구에는 마을장, 목자 세우기도 힘들다는 현실을 볼 때 우리들의 신앙이 얼마나 나태하고 잠들어가고 있는지 다시금 생각하게 된다.

봉사란 나와 하나님의 관계 속에서 교회의 주인이신 하나님의 성전을 세우기 위한 일을 하는 것이다. 우리는 하나님의 자녀라 하면서 하나님의 절대 명령인 나와 내 이웃을 위해 무엇을 봉사하고 있는가? 그리고 진실로 우리가 세상을 살아가면서 교회를 가든, 모임을 가든, 내 이웃에게 봉사하러 가는 것인가 아니면 나 자신이 대접받으려고 가는 것인가를 생각해보자. 날로 봉사를 기피하고 교회에서 맡겨주는 직분을 벼슬로 생각하지 않나 반성해보아야 할 것 같다.

오히려 세상에서 대형 사고나 사건이 발생할 때 믿지 않는 사람들이 자신의 시간과 물질을 드려 최선을 다해 봉사하고 수고하는 것을 발견하고는 한다. 우리는 믿는 사람이면서 과연 그런 수고를 하는가? "내 이웃 사랑하기를 내 몸 같이 하라"고 하신 성경구절을 읽으면서 그 구절이 나에게는 해당되지 않는다고 생각하는 것은 아닌지? 생각해 보게 된다. 세상이든 교회이든 나를 필요로 하는 사람이 있을 때 어디든지 달려가는 기독교인이 되기를 소망해 본다.

봉사현장에서는 항상 예수님은 나를 위해 목숨까지도 버리셨는데 하는 생각을 잊지 말고 내가 봉사하는 대상이 교회이든, 사회 봉사기관이든 상관없이 한결같이 예수 닮는 삶의 자세로 봉사하는 사람이 되기를 소망해 본다. 오히려 나 자신에게 이득이 되지 않는 봉사가 하나님이 주신 거룩한 뜻을 행하고 하늘에 순종하는 것이라 생각하면 즐거움과 감사로 할 수 있을 것이다.

봉사를 할때 나 자신의 희생이 없이 하는 봉사는 소일거리에 불과하다.

봉사는 나 자신을 위함보다 상대를 위함이기에 우리는 예수님이 살아온 삶의 발자취를 따라 사는 것이 되는 것이다. 우리는 봉사해달라는 요청이 올 때 얼마나 많은 핑계를 대는가? 피곤하다, 교통편이 만만치 않다, 알지 못하는 교인이다, 등등 이유가 많다. 이런 저런 이유로 봉사의 기회를 기피한다면 정말 행함이 없는 믿음이요 십계명 중에 "내 이웃을 사랑하라"는 계명을 어긴 것이라 할 수 있지 않을까?

특히 경조(慶弔) 중 조(弔)를 위한 봉사는 더욱 힘들고 어렵다. 우리 민족은 무속신앙이 몸에 배인 민족이라 장례식에서 봉사하는 것은 더욱 더 어렵다. 또한 죽음이란 때와 장소 또한 시간이 정해진 것이 아니고 수시로 일어나고 행해지는 일이기도 하고, 사회 풍속 상 장례에 관련된 일은 천민이 하는 것으로 여겨왔기에 더욱 봉사자가 없는 것이다.

오늘 우리가 살아가는 믿음의 삶과 신앙의 선배인 어쩌면 우리 어머니, 아버지가 살았던 신앙생활을 비교해 보자. 우리 선배들은 봉사에 몸을 아끼지 않고 귀천을 가리지 않고 교회에서의 봉사는 곧 내일이라 생각하고 하나님께 순종하고 행해왔다. 요즘 우리는 봉사는 남의 일이고 그나마 하는 봉사에는 자신을 앞세우고 자기의 마음에 들지 않으면 불평하고, 봉사현장에서 섬기려고 하기보다는 자기 목소리를 내며 끼리끼리 당을 짓고 오히려 불편하게 할 때가 너무나 많다.

봉사는 그날 나에게 주어진 봉사에 충실하는 것이다. 봉사는 '하나님이 나에게 주신 명령이다'라고 생각하고 주어진 각자의 업무에 충실이 행하는 것이라 생각한다.

봉사현장에서 상대가 잘못 한다고 성질을 부려서도 안 되고 더더욱 욕을 해서도 안 되며 쌍소리를 하는 것은 봉사를 아니함보다 더욱 못하다.

마지막으로 예수님은 우리 모두의 죄를 안고 우리를 구원하기 위해 자기의 목숨까지도 내주시질 않으셨는가?

기독교 장례, 봉사는 이렇게 하는 것이다
봉사자의 자세(마음가짐)

1) 봉사자는 말 그대로 봉사하는 것이다. 특히 교회 안에서 하는 봉사는 하나님만 바라보고 하는 것이다. 봉사자가 자기를 나타내고자 한다거나 또한 금전적인 이익을 취한 봉사는 절대 해서도 안 되고 마음속으로 생각해서도 안 된다. 마음 속으로 생각하면 언젠가는 반드시 곧 자신도 모르는 사이에 실천에 옮겨지게 된다. 그것이 우리들의 습관이고 버릇이다.

2) 봉사하기 전 나 자신이 오늘 하고자 하는 봉사가 무엇인가를 생각하고 그 봉사에 충실히 최선을 다하며, 즐기며 상대에게 기쁨이 넘치도록 해야 한다. 고마운 마음이 넘치도록 하라. 교회에서 하는 봉사에 계급이 있는 것이 아니다. 예를 들어 팀장, 총무, 위원장 등의 호칭을 사회 직업의 계급이라 생각지 말라. 교회에서 주는 직분은 더 많은 봉사와 섬기라는 것이지 직분이 권력을 가지는 것이 아니다. 오직 섬김의 자세로 교회에서 주시는 헌금을 정확하게 계산하고, 우리를 바라보고 계시는 하나님의 뜻을 어기지 말고 잘 정리하여 팀원들의 불편이 없게 최선을 다하는 것이 진정한 섬김이다.

3) 봉사자는 오늘 하는 봉사에 만족감을 가져라. 그러기 위해서는 다른 생각을 하지 말고 주어진 봉사에 최선을 다하라.

4) 봉사자는 서로 자기의 의견이 옳다고 하지 말고 선임자의 말과 행동에 절대 이의를 달지 말고 따르라. 교회라고 선, 후도 모르고 행동하지 말자.

5) 단체적인 봉사에서는 절대 개인적인 행동을 해서는 안 되며 선임자나 인도자의 뜻에 따라야 하며 좋은 의견이 있을시 선임자나 인도자에게 찾아가 조용히 의견을 이야기하되 선임자나 인도자가 아니다라고 할 경우 더 이상 이의를 달아서는 안된다.

6) 자기의 의견이 받아들여지지 않는다고 불평, 불만을 해서는 안 되고 견디기 힘들 때는 봉사를 잠시 멈추고 자신을 되돌아보고 그래도 넘어갈 수가 없을 때는 그 봉사에서 조용히 사라질 줄 알아야 한다.

7) 교회 안에서 하는 봉사는 학벌과 사회의 경력을 앞세워 리더가 되려거나 선임자를 무시하는 행위는 질서를 문란하게 하는 아주 나쁜 관례를 남기게 된다.

8) 마음에 없는 봉사는 안 하는 게 낫다. 마음에 없는 봉사는 불평만 늘어놓고 시기, 질투만 갖게 하기 때문이다.

9) 봉사는 나와 하나님과의 사이에서 이루어지는 것이기에 하나님만을 바라보고 해야 한다.

10) 봉사는 섬기러 온 것이지 섬김을 받으러 온 것이 아니다. 발끝에서 머리 위까지 기쁘고 즐겁게 섬김으로 행복감을 느껴야 건강한 마음과 건강한 육체를 보전받을 수 있다.

봉사자가 버려야 할 행동

1) 장로, 권사, 집사, 또는 나보다 연배인 어른을 무시하는 행동을 해서는 안 된다.
2) 언어를 조심하고 봉사하면서 상대에게 기분 상하게 하는 행동을 버려라.
3) 너무 잘난 척하지 말고 겸손하라.
4) 할 일을 눈치 보지 말고 하고 불성실하게 남에게 미루지 말라. '눈치껏'이란 단어를 마음에서 지우라.
5) 시기와 질투를 버리라. 자기를 버려라(자신을 내려놓으라).
6) 절대 금물은 팀원 간에 평가를 하지 말고 없는 데서 비방하거나 욕된 말을 하지 말고 남의 말을 전하지 말고 편을 가르는 말을 해서는 안 된다.
7) 불평하지 말고 불만이 있거든 조용히 쉬어라.

장례를 표현하는 성경구절

좋은 이름이 좋은 기름보다 낫고 죽는 날이 출생하는 날보다 나으며 초상집에 가는 것이 잔칫집에 가는 것보다 나으니 모든 사람의 끝이 이와 같이 됨이라 산 자는 이것을 그의 마음에 둘지어다 슬픔이 웃음보다 나음은 얼굴에 근심하는 것이 마음에 유익하기 때문이니라 지혜자의 마음은 초상집에 있으되 우매한 자의 마음은 혼인집에 있느니라 지혜로운 사람의 책망을 듣는 것이 우매한 자들의 노래를 듣는 것보다 나으니라 우매한 자들의 웃음 소리는 솥 밑에서 가시나무가 타는 소리 같으니 이것도 헛되니라 탐욕이 지혜자를 우매하게 하고 뇌물이 사람의 명철을 망하게 하느니라 일의 끝이 시작보다 낫고 참는 마음이 교만한 마음보다 나으니 급한 마음으로 노를 발하지 말라 노는 우매한 자들의 품에 머무름이니라 옛날이 오늘보다 나은 것이 어찜이냐 하지 말라 이렇게 묻는 것은 지혜가 아니니라 전 7:1-10

사람이 세상에 태어나면 영원할 수 없으며 언제, 어떻게, 어디서 이 땅의 삶을 마감하고 영원히 하늘나라로 떠나갈 줄은 아무도 알 수 없으나 이 세상을 창조하신 하나님은 우리들의 수명을 정해놓고 계신다.

사명을 갖자

우리가 교회에서 봉사하는 것이 얼마나 귀한 일인가? 그런데 요즈음 기독교에는 봉사를 하는 것을 짐으로 생각하는 경우가 많다. 나 아니라도 얼마든지 있는데 왜 하필이면 나인가? 하는 생각을 한다. 또 한편에서는 봉사보다는 자기를 앞세우려 하는 무리가 있다. 이런 일들이 언제부터인가 우리 주변에서 일어나고 있으며 봉사를 하더라도 쉽고 얼굴 나는 곳에서 하려는 무리들이 많다. 그래도 묵묵히 힘들고 험한 곳에서 상대를 위해 헌신하는 무리도 없지 않다. 하나님께서 우리를 지켜보시며 사명을 주신다는 것을 잊어서는 안 된다.

사명을 받은 사람은 봉사를 할 때 보면 알게 된다. 우선 자기를 내려놓고 하는 봉사가 무엇인가를 확인하고 상대에게 최선을 다하는 자세가 되어야 하며 어떠한 악조건에서도 불평하면 안 된다. 봉사란 섬기러 간 것이지 섬김을 받으러 간 것이 아니다. 봉사란 언제나 최악의 조건이기 마련이

봉사란 상대가 있기 마련이다.

1. 상대를 섬기는 자세가 익숙해지도록 최선의 노력을 다하라.
2. 오늘 하러 온 봉사가 무엇인가 망각하지 말라.
3. 다른 생각을 하지 말라.
4. 맡겨진 일에만 최선을 다하라.
5. 남이 하는 일에 참견하지 말라.
6. 위계질서를 지켜라.
7. 나보다 연장자를 배려하라.
8. 예의를 지켜라.
9. 현장에서 일어난 잘못을 밖으로 나가 타인에게 전하지 말라.
10. 현장에서는 행동을 적게, 말은 조용히 최소한의 대화만을 하라.
11. 농담이나 잡담을 하지 말라. 오해의 소지를 불러 올 수 있다.

위 사항은 우리가 항상 봉사현장에서 가장 쉽게 알면서도 지켜지지 않고 있다. 그 부작용은 상대에게(봉사 받는 사람) 불쾌감을 주고 팀원(봉사자)간에 불신의 벽을 쌓게 하고 심지어는 서로 편가르게 하는 현상을 가져옴으로써 공신력과 신의를 잃게 한다.

장례 발생 시 주의사항

사전상담(사망 전 위급 시)

1. 위독하신 분과 상담하러 오신 분과의 관계, 상담 오신 분의 교구, 개인전화, 지구목사나 지구 및 목장을 기록 후 상담에 응한다.

2. 위독하신 분이 교인인지 본 교회 출석하고 있는지 확인이 되면 몇 교구 소속인지 교구목사가 심방했는지 확인하고 미흡한 것이 있으면 확인하고 상대에게 메모나 구두로 이해할 수 있도록 설명해 준다.

3. 위독하신 분이 비성도일 경우 담당교구 목사님에게(상담자) 사정을 알리고 주님을 영접할 수 있도록 하여 마지막 인간의 죄를 사할 수 있도록 기회를 주는 것은 기독교인의 의무이며 책임이라는 것을 일깨워 준다.

4. 가족관계, 위독하신 분의 연령, 형제자매, 자손으로 자녀는 몇남 몇녀인지 확인하고 메모한다. 연세가 많아 손자, 손녀가 성년일 경우 상세히 알아 두라.

5. 장례를 당할 때, 기본적으로 필요한 준비물은 첫째, 영정사진 둘째, 수의. 이 두 가지는 가장 먼저 필요한 물건이며 필요 이상의 돈이 들 수 있다. 영정사진이 없을 경우 가족사진첩에서 가장 자연스럽고 보기 좋은 사진으로 B4 사이즈로 가까운 이마트나 롯데마트 사진관에 가서 확대하여 액자에 넣어 보관하라고 하고, 화장 시 수의는 여자는 한복이 있으면 한복, 한복이 없을 경우 바지가 필수이고 상의는 가디건, 정장 속에 바쳐 입을 수 있는 블라우스, 티셔츠, 속옷으로 하고 남자는 한복이나 양복일 경우 와이셔츠, 넥타이, 속옷, 콤비 등도 무방하다. 매장일 경우 대마나 저마 수의로 준비하면 좋으며, 구입 알선처를 요구할 경우 알려 드리면 좋다.

6. 만약 위독하신 분께서 운명하시면 장례식장은 어느 지역에서 할 것인지 혹시 마음에 둔 곳이 있는지 물어보면서 고인이 생활하던 지역

과 자녀가 생활하는 지역 중 어떤 곳을 생각하는지 알아두고 마지막에 그에 맞는지 확인하고 상담자가 생각이 다를 경우 조심스럽게 권면하라. 권면할 경우 상담자와 지역이 비슷한 지역 안에서 구하라. 상담자에게 어떤 조건에서 좋은지 상세히 설명해야 한다(예: 장례식장의 교통, 주차장, 빈소의 환경[지하, 지상], 장의품값의 차이, 빈소의 크기와 빈소 사용료 등 전체적인 장례 비용 등을 잘 설명하여 차후 가족이 만족을 느낄 수 있도록 해야 한다).

상담을 할 경우 가족관계의 어려움 등 남이 알아서 흠이 되는 가족간의 비밀스런 상담이 될 경우나 그렇지 않더라도 상담 내용이 밖으로 알려져서는 절대 안 된다는 것을 상담자는 명심하고 상담 후 절대 타인에게 발설해서는 안 된다.

전화상담(소천 시)

1. 고인 성명과 주민번호를 확인하고 주민번호를 모를 경우 전화가 끝난 즉시 문자로 넣어달라 하라. 화장장 예약 관계로 필요함을 알려라.
2. 고인의 주거지 주민 등록상 주소를 확인하라.
3. 전화한 사람과 고인이 어떤 관계인지 확인 메모하라.
4. 영정사진이 준비돼 있는지 확인하라. 없으면 영정사진으로 확대할 수 있는 사진을 준비해서 고인이 올 때 가져올 수 있도록 알려 주라.
5. 수의가 준비되어 있나 확인하고 준비되어 있으면 역시 고인과 함께 가져오게 하고 없으면 여자는 한복, 남자는 한복이 있으면 한복으로, 없으면 고인이 가장 아끼며 즐겨 입던 옷과 속옷, 와이셔츠, 넥타이,

양말을 준비해 오도록 한다.
6. 병원에서 진단서 10부 발행 받을 것. 집이나 요양원에서 사망 시 병원응급실에서 병사나 노환으로 사망 시 시체검안서를 10부 발행 받아온다.

장례식장 선택

1. 고인과 상주의 생활 근거지가 다를 경우 우선 상주의 문상객을 위주로 하되 고인의 문상객이 상주의 문상객을 능가하다고 판단될 때는 고인의 생활 근거지나 문상객이 문상하기 편리한 곳, 대중교통, 자가용의 주차장이 불편하지 않는 곳으로 대학병원, 대형병원 그리고 장례식장으로 악평이 나 있지 않는 곳으로 결정하도록 유도한다. 그러기 위해서는 시간이 허락할 때 사전 방문하여 메모해 두고 시간 있을 때마다 확인하여 머리에 암기해 두어야 한다.
2. 고인이 지방일 경우에는 요즈음 시골에서의 장례식은 잘못하면 상주와 문상객이 몹시 어려움을 겪게 하는 사례가 있으므로, 상주의 생활근거지로 이동하여 장례를 치르는 추세다. 농촌에는 세대수가 줄어있고 노인 인구만 남아있어 결례되지 않게 입원했던 병원이나 요양병원에서 바로 상주가 있는 곳으로 이동하는 것도 좋은 일이다.
3. 결정된 장례식장에 빈소가 없을 시나 해외에 자녀들이 있을 경우에는 고인이 돌아가신 시간이 대체적으로 오후 6시 이후이면 늦춰 잡아도 된다. 장례가 많이 나는 늦가을부터 초여름까지 사이는 대체적으로 빈소가 부족하다.

대형병원일수록 그런 현상이 많다. 이럴 경우 우선 고인을 안치실로 모시고 다음 날 장례가 치러지는 빈소를 확인 후 그중에서 상주의 형편(문상객의 예상인원)을 고려하여 결정하는 것이 좋다. 다음 날 입실로 결정하면 우선 제단꽃을 준비시킨 다음 기본적인 상담을 마친 다음 귀가한 후 입실시간에 맞춰 부고를 띠운다.

상주와 가족은 빈소 입실 30분 전에 도착하여 전일 상담내용을 확인하고 정정할 것은 정정하고 문상받을 준비를 갖춰라. 문상은 3일장으로 할 경우 하루밖에 문상을 받을 수 없으므로 입관은 오전 11시 이전이나 오후 3시가 가장 좋은 시간이다. 이런 경우 빈소사용료가 다소 절약되나 문상객이 많을 경우 문상객을 다 받을 수 없으므로 4일장을 치루거나, 해외 거주하는 자녀들이 장례식 참석을 응하기 위해서는 4일장, 5일장이 부득이 함으로 오후 3시 이후 돌아가시면 아예 다음 날 아침 빈소를 차리는 것이 비용절감도 절감이지만 상주들의 건강을 위해서 여유있는 장례식을 치르는 비결이다.

임종을 지키자

병원이나 요양병원

아버지, 어머니, 남편, 부인, 자녀 등을 먼저 보내기 위해 병상에 계시는 분이 나와 직접 관계가 된다면 가능한 한 의사가 마지막을 알리게 되어 있다. 가족을 불러 이제 보시고자 하는 분을 불러 오시라든지 마지막 임종하실 분이 있으시면 임종을 보시게 연락하라 하면 이 세상과의 마지막

임을 알리는 것이다. 이때 가족에게 연락하고 교회목사에게 알리고 곧 임종예배를 드려라.

시간이 허락되면 그때 참석하여 장례지도를 하면 좋다. 그럴 경우 가족의 범위와 장례준비의 모든 것을 의논하고 타협할 수 있으며 가족의 분위기도 파악할 수 있다. 임종예배를 드린 후 빠르면 한 두 시간 늦어도 5시간 이내 숨을 거두신다.

숨을 거두신 고인을 의사는 마지막 사망확인을 한다. 그리고 간단히 의사와 간호사의 조치가 끝나면 행정적인 조치가 이루어진다. 보호자는 수납실에 가서 그간 병원비 정산과 사망진단서 교부(10부)가 끝나면 장례식장으로 운구를 위한 조치를 하고 운구용 차량으로 운구한다. 그때 걸리는 시간은 특별한 조치를 필요로 하지 않는 한 한 시간에서 두 시간이 소요된다.

보통 장례식장 안치실에 도착은 가까우면 사망 후 3시간 정도 걸리고, 거리가 50~70키로 내면 4시간이 소요된다. 그러는 사이 상담할 수 있는데 임종예배에 참석하였으면 장례에 대한 상주나 가족으로부터 장례 절차가 파악되리라 믿는다.

집이나 요양병원에서 노환이나 중병에서의 임종

양로원에서는 임종이 가까웠을 때 가족에게 알린다. 그때 가서 임종을 해도 되고 119구급차를 불러 요양병원이나 일반 대형병원 응급실로 옮겨 임종해도 된다. 가정에서도 마찬가지다. 그러나 요양원, 가정에서 운명했을 때는 우선 마음에 두고 있는 병원 장례식장이나 일반 장례식장에 연락하여 운송차량을 요청하여 병원 응급실로 운구하여 시체 검안서를 발급

받아야 한다. 그러기 위해서는 고인이 생전에 병원에서의 진찰기록이나 진료 영수증, 처방전 등을 준비하여 같이 가지고 가서 검안 의사에게 제출하여 노안이나 병사로 시체검안서를 받아야 한다.

집에서 갑자기 심장마비나 취침 중 사망, 자진 투신했을 때

관할 파출소나 경찰서 112에 신고하여 경찰관의 현장 검시를 마친 후 경찰관의 지시에 따라 가까운 대형병원 영안실(장례식장)에 안치하고 경찰서에 가서 처음 발견하신 분이나 상주 또는 부모가 경찰에 진술하고 관할 경찰서 담당 검사의 지휘를 받아 검사지휘서를 받아야 입관을 할 수 있다. 경찰이나 지휘검사가 타살이나 범죄에 의한 수사상 필요 시 부검을 지시할 수 있다. 이런 경우 부검이 끝나야 입관할 수 있다.

검사지휘서가 발급되기 전에는 어떠한 일이 있어도 고인을 지정된 곳에서 옮겨서도 안 되며 더구나 입고 있는 옷을 갈아 입힐 경우 형사상 책임을 져야 한다. 단, 사법경찰관의 지시나 확인 입회 시는 괜찮다.

영안실(안치실)

영안실에 도착하면 영안실에는 염사(장례지도사)가 시신을 살펴본 후 장례식장에서 기본으로 사용하는 고인을 덮는 이불을 깔고 위생도구를 이용하여 코와 항문을 통해 나올 수 있는 불순물을 막기 위해 사용되는 차단제와 냄새를 막기위한 방향제를 몸에 뿌려 냉장실에 안치한다.

그때 고인이 복수가 차지 않았을 적에는 위생제 사용을 금지시키고 이불을 사용하는 것은 고인을 존경하는 뜻에서 하나 이것 역시 불필요하다. 그러나 자녀들의 입장이나 유족의 입장에서 차가운 스텐레스 판 위에 그대로 시신을 안치하는 것이 도리가 아닌 것 같아 보여 그대로 사용하는 것 또한 무방하다.

이렇게 안치가 끝나면 명패에 고인의 인적사항을 기록하여 고인이 안치된 냉장고 앞에 부착한다. 기록한 용지와 사망진단서를 가지고 안내하는 직원과 함께 상담실에 와서 분양소를 결정하고 사용계약을 체결한 후 필요한 제단꽃을 선정한다. 그 다음에 빈소로 가서 우선 마음을 안정 한 후 다른 상담을 받는 것이 좋다.

이때 가족이나 친척, 친지 중에 장례를 총괄할 호상을 결정하여 상주의 의견을 잘 수행하여 원만한 장례가 진행되도록 해야 한다. 호상은 상주의 뜻에 따라 장의품, 음식, 기타 모든 사항을 점검하며 선택해야 한다.

장례지도사는 호상의 역할을 대신 수행할 수도 있으나 교회의 장례지도는 호상과 협의 하에 장례의 필요사항을 상담 및 지도를 해야 하며 장례절차와 비용을 간단하게 또 절약하며 원만하고 가장 엄숙하며 호화롭게 진행할 수 있도록 지도한다.

음식은 가짓수를 많이 하기보다는 가장 보편적인 음식으로 하되 격식에 필요한 다섯 가지에서 여섯 가지 정도로 한다. 매점에서 올라오는 물품 중에 필요치 않는 물건은 한쪽에 잘 쌓아두었다가 반품처리 해야 한다.

장례 준비

오늘날은 도회지에서는 90%이상이 화장을 선호한다. 준비는 화장과 매장이 다를 수밖에 없다. 장례가 발생하면 운명하기 전 우선 담당 목사님에게 연락하여 임종예배를 드려라.

영정사진을 준비하자

　영정사진을 미리 준비되지 않았을 경우 고인이 운명하기 전에 가족사진이나 증명사진 중에서 가장 자연스럽고 평안한 사진을 골라 가까운 사진관에 가서 미리 준비하면 좋다. 3만 원 내외면 액자까지 해준다. 사이즈는 B5 사이즈이면 아주 좋다. 장례식장에서는 17만 원부터 21만 원이다.

수의를 준비하자(화장)

고인이 여자일 경우: 고인이 입던 한복, 치마저고리, 속적삼, 속바지(고쟁이), 속치마, 버선, 흰 면장갑, 두루마기(없어도 무방함), 목도리(두루마기가 있을 시). 정장일 경우에는 바지, 상의, 정장 속 블라우스, 양말, 팬티, 면장갑을 준비한다.

고인이 남자일 경우: 한복이 있으신 분은 한복 바지저고리, 조끼, 마고자, 두루마기, 목도리(두루마기 있을 시), 버선이 없으면 양말, 팬티, 런닝셔츠, 허리띠, 댓님, 면장갑을 준비한다.

정장일 경우: 고인이 가장 즐겨 입던 정장(양복) 상하, 와이셔츠, 넥타이, 팬티, 런닝셔츠, 허리띠, 양말, 외투는 있어도 좋고, 없어도 무방함. 면장갑을 준비한다.

수의를 입힐 경우: 오랫동안 요양병원에 입원하여 몰골이 뼈만 앙상할 경우, 추락사 또는 의문사로 국과수에서 해부했을 때, 교통사고로 시신이 훼손되었을 경우에는 수의를 입히는 것이 좋다. 가격은 8만 5천원(퀵서비스포함 031-761-4226 대림장재)이면 충분하다.

　관은 오동나무 두께 1치(3cm)관이나 6푼(2cm) 또는 1단관이니 시신이 키 172cm이상일 경우는 2단관을 사용해야 한다. 시중 병원가격은 1치관 17만 원~19만 원, 6푼관은 14만 원~16만 원이 적정가격이나 그 이상을 요구 시는 폭리이다(상주는 대림장재로 연락하여 사용하여도 우리나라 공정거래에 의한 법률에 따라 소비자 보호법에 의해 보호된다). 운명하기 전에 미리 준비해야 당황하지 않는다.

매장일 경우

수의는 별도 준비한다. 교회에 장례지도를 받는 과정에서 선택하면 된다. 관은 오동나무 1.5치 통나무관이면 충분하다. 횡대 또한 1.5치 오동나무(일곱쪽)관 가격은 41만 원~43만 원이며 횡대는 8만 원~10만 원이면 된다.

만약 직접 구입 시 대림장재에 연락하여 구입 시 퀵서비스료(3만 5천원)를 지불하여도 장례식장에서 구입가 보다 훨씬 싸게 구입된다.

장례식장을 사전 답사한다: 가능한 한 대형병원 장례식장으로 조문객이 찾아오기 쉽고 주차가 용이하다.

운명하였을 때: 교회에 연락한다. 지구촌교회는 24시간 연락대기 전화가 있다. 교회의 장례지도를 받으면 유족이 편하게 장례를 치를 수 있으며 필요 이상의 지출을 막아 재정적으로 절약하고 더욱 화려하고 엄숙한 장례를 치를 수 있다.

지방에서 사망할 때: 서울 수도권을 벗어난 지방이나 장례지도가 준비되지 않은 교회교인은 장례식장에 전화하여 운구차를 부른다. 사망 장소가 자택이나 양로원인 경우 병원 응급실에 들러 시체검안서에 병사나 노환으로 검안서를 발급받는다. 10통을 발급받는다. 병사나 노환이 아니면 경찰에 신고하여 검사지휘서를 받아야 장례를 치를 수 있다. 지병이 있는 경우 병원 진료 영수증을 챙겨두었다가 검안 시 참고자료로 보여준다. 장례

식장 영안실에 도착하여 냉장실로 옮기는 과정에서 가능한 한 아무 조치도 하지 않는 것이 좋으나 부득이할 경우 이불만 사용하는 것이 좋다.

상담: 누구나 장례식장에 오게 되면 당황해서 어쩔 줄 모른다. 장례에 대한 경험이 없을 경우는 더 심하다. 그러나 장례는 누구나 치르는 것이니 모를수록 느긋하게 행동해야 한다. 접견실을 결정하고 여유를 가지라. 제단꽃을 결정할 때는 너무 화려하지 않은 것으로 50만 원~80만 원을 초과하지 않는 것이 좋으나 대형장례식장에서는 예외일 수 있다.

지구촌교회 제단꽃 금액은 1호 35만 원, 2호 40만 원(접견실 40평) 3호 50만 원(접견실 45평~55평), 4호 60만 원(접견실 60평), 5호 80만 원(접견실 65평 이상) 100평 이상의 대형방에서는 100만 원, 200평 이상 400평은 150만 원이다. 그 이상의 금액은 요구할 수 없으니 걱정할 것이 없다(조이플라워 010-8828-3983 02-2238-3201 김광진[서울 수도권]).

헌화용 국화 1송이 1,000원, 보통 3일장이면 50송이가 소요되나 80평 이상의 대형접견실에서도 100송이~150송이면 충분하다.

입관에서 장의품 결정: 관 오동나무 1치나 6푼관 관보, 염보, 결관포(소창), 보공, 안치대, 알코올, 탈지면, 한지(염지), 습신, 하대, 명정을 화장 시는 쓰지 않는 것이 좋다. 이유는 화장장에 가면 고인의 함자를 쓰레기통에 버리므로 화장 시 절대 사용하지 말 것을 권유한다.

수의는 준비한 한복이나 정장으로 할 것: 꼭 수의가 필요하다면 대림장재에 전화하여 화장용 면수의를 저렴하게 구입할 수 있다. 대림장재에(주문시간은 오전 8시~오후 5시이며 031-761-4226) 주문 하면 우단 관보 8천원(관을 씌우는 것), 염보 2만 5천 원, 여자 생활고급한복 1벌 1만 원(여자상복 주문시 여자 옷 치수 55,66,77,88,99,100사이즈로) 주문 시 2시간이내 받을 수 있다. 상복은 입관 시부터 입어도 된다.

수의는 고인이 운명하기 전에 준비해야 한다. 오늘 주문하면 내일 중으로 받을 수 있다. 화장용 수의라 하면 5만 5천원에 구입할 수 있으며 퀵으로 주문하면 장례식장에 도착하여 입관하는데 지장이 없다.

입관할 때 사용되는 부속품이나 수의 등을 이유로 자체 입관(상주가 직접 하는 경우)하라 할 경우 010-3715-8304 신성호 장로에게 연락하면 해결해 준다. 단 수도권지역 장례식장에서 필히 사용해야 할 물건, 식사, 매점, 안치실, 접견실이며 도우미(음식 배식 및 써빙)이며 이외의 모든 것은 상주의 권리이다.

장의차량

서울이나 수도권에서 화장장까지 리무진은 30만원이다. 화장장을 경유하여 유토피아 추모관으로 갈때는 43만원~45만원 미만이며, 기타 지역은 장례식장 협정 요금에서 20%로 저렴하게 010-5250-1024, 02-435-0202로 연락하면 된다.

주의할 것은 부모나 고인을 애도하는 척하며 기타의 물건을 권하는 것은 상술이니 현혹되지 말라. 연락 시 신성호 장로와 한 교회 교인이라 하시거나 책을 읽고 전화 했다 하면 된다.

장례식장에서 상주에게 말해야 할 주요사항

1. 장례식장에서는 시설사용료, 매점, 음식, 입관비용, 장의용품비용 등

은 마지막 날(천국환송예배) 3시간 이전에 단 1회에 한하여 결제한다. 가능한 한 카드결제를 하는 것이 좋다. 도우미의 서빙 봉사료는 당일 현금으로 계산하도록 한다.

 2. 장례에 따른 준비는 입관까지 일러주고 입관이 끝난 후에는 천국환송까지 일러 준다.

 3. 화장장에서 남은 일정 안내와 납골이나 수목, 산골에 대해 안내해 주고 마지막 인사를 나눈다.

 이렇게 치른 장례는 화장 시 150만 원~ 200만 원 이상을 절약할 수 있으며 매장일 경우는 장의품 결정에 따라 200만 원~ 500만 원까지 절약의 효과를 가져올 수 있다.

 이렇게 절약된 금액의 10분의 1만 농어촌 미자립 교회나 해외선교사를 지원하는 선교비로 보낸다면 고인이 하늘나라에서 얼마나 좋아하시겠는가?

※ 나는 남은 여생 교인을 위한 기독교 장례를 교육을 위해 경기도 용인에 있는 교회에서 장례학교를 개설하여 장례지도를 할 수 있도록 최선을 다할 것이다. 장례에 대한 교육을 받으신 분에게 교육 중에 모든 안내, 교육해 드린다 (신성호 장로 010-3715-8304).

장례용품가격

장례용품가격

품 목	규격	금 액	비고
오동나무	0.6관	80,000	화장용
	0.6특관	90,000	화장용
	1.0관	120,000	화장용
	1.0특	135,000	화/매장용
	1.0,2단	150,000	화/매장용
	1.5관	200,000	매장용
	1.5특	220,000	매장용
	1.5,2단	230,000	매장용
솔송	1.5,1단	440,000	매장용
	1.5,2단	500,000	매장용
향나무	1.5,1단	700,000	매장용
	1.5,2단	800,000	매장용
오동횡대	1.5	70,000	매장용
	2.0	80,000	매장용
솔송횡대	1.5	150,000	매장용
향횡대	1.5	210,000	매장용

여자상복 고급 생활한복 1벌 10,000원

품 목	규격	금 액	비고
육수수의		55,000	화장용
면수의		100,000	화장용
마사수의		200,000	화/매장용
대마수의(하)		300,000	화/매장용
대마수의(상)		600,000	화/매장
중국안동포		800,000	매장용
남해포		1,700,000	매장용
부속			
소창(결관용)		10,000	
염보		25,000	
관보우단		8,000	
옥스포드		30,000	
가슴리본		1,800	
완장		2,000	
행사용장갑		500	

검정한복 1벌 10,000원

유골함

주문연락처 010-2320-6767(은혜사)

일반함 100,000원~120,000원, 160,000원(조각무늬)색인포함

진공함 황토3중함 150,000원

진주봉분송학160,000원 색인포함(진공료 3만 원 별도)

*장의용품 구입시기

  수도권: 사망 시 (서울,경기) 수의, 여상복, 관보, 염보, 유골함

  지방: 임종 바로 전 수의, 여상복, 관보, 염보

  기타 장의용품 전화로 상의 (대림장재 031-761-4226)

기독교 장례장의용품 선택

기독교 장례장의용품

품 목	규격	수량	단가	필요금액	비고
오동나무	0.6	1	80,000	80,000	일반 체형
	0.6특관	1	90,000	90,000	체형이 큰 분
	1치(3.3cm)	1	110,000	110,000	일반 체형
	1치특관	1	150,000	150,000	체형이 큰 분
육수수의		1세트	55,000	55,000	기본
100%면수의		1세트	100,000	100,000	선택
소창20마		1필	10,000	10,000	
염보		1	25,000	25,000	
관보옥스포드		1	30,000	30,000	선택
관보 우단		1	8,000	8,000	기본
보공		10	3,000	3,000	
안치대		1조	1,200	1,200	
알코올		3병	800	2,400	
탈지면		10	700	7,000	
한지		5	1,000	5,000	
습신		1족	1,300	1,300	
하대		1	4,000	4,000	
여성복		1벌	10,000	매입	
리본		1	1,800	기독교에서 완장대신	

*명견은 쓰지 않는다. 화장장에 가면 쓰레기통에 버리게 된다.
(고인 성함을 쓰레기통에 버리는 것은 부적절하다).

매장 시 필요한 장의용품

품목	규격	수량	단가	필요금액	비고
오동나무	1치(3.3cm)	1	120,000	120,000	기본, 탈관
	1치 특관	1	135,000	135,000	체형이 큰 분
	치 2단관	1	50,000	50,000	선택
	1.5치관	1	200,000	200,000	선택
	1.5치 2단관	1	230,000	230,000	체형이 큰 분
솔송관	1.5치 1단관	1	440,000	440,000	선택
	1.5치 2단관	1	500,000	500,000	선택
향나무	1.5치 1단관	1	700,000	700,000	선택
	1.5치 2단관	1	800,000	800,000	선택
오동횡대	1.5치	1조	70,000	70,000	기본
	2치	1조	80,000	80,000	선택
솔송횡대	1.5치	1조	150,000	150,000	
향나무횡대	1.5치	1조	210,000	210,000	
마사수의(면저마기계직)		1벌	150,000	150,000	
저마수의(기계직)		1벌	200,000	200,000	
대마수의(기계직)		1벌	300,000	300,000	
대마수의(수제직)		1벌	600,000	600,000	
중국안동포(수제직)		1벌	800,000	800,000	
남해포		1벌	700,000	700,000	
소청	20마(결관용)	1필	10,000	10,000	
명견			30,000	30,000	가격 차이 남
우단관보(일반)			8,000	8,000	
옥스퍼드관보		1	30,000	30,000	
보공		20	6,000	120,000	
안치대		1조	1,200	1,200	
알코올		3병	800	2,400	
탈지면		15개	700	10,500	
한지		5권	1,000	5,000	
습신		1족	1,300	1,300	
하대		1개	4,000	4,000	
여상복(개량한복, 한복)		1벌	10,000		
가슴리본		1개	1,800		

관 사용

관 사용은 가능한 한 오동나무 관이 시신 유탈이 빠르기 때문에 선산 이장 시 사용한다. 우리나라 장사법에 따라 60년 이상 매장이 허용되지 않음으로 개장 시 유탈이 되지 않아 어려움을 겪을 필요가 없다.

수의

수의는 형편에 따라 선택하는 것이 좋다. 그러나 고급수의를 택한다면 중국 안동포를 권하고 싶다. 보통 대형병원 장례식장에서 30만 원 이상 380만 원이다. 일부 장례식장에서는 400만 원~500만 원까지 호가하며 지난 번 유명 상조회사에서는 국산 안동포로 속여 판매하다 형사 처벌받은 일도 있다.

수의와 필요한 장의품은 대림장재 031-761-4226(주, 야)에서 수도권은 24시간~36시간 안에 받을 수 있으며 지방에서는 관을 제외하고 택배로 받을 수 있다. 부산, 울산은 대림장재 영업소가 있어 수도권과 같이 받아 장례를 치르는 데 지장이 없다.

*장례에 관한 상담은 010-3715-8304(신성호 장로)에게 연락하시면 성실 상담하겠습니다.

내가 네 사업과 사랑과 믿음과 섬김과 인내를 아노니
네 나중 행위가 처음 것보다 많도다 계 2:19

PART
4

PART

4

장례를 치르면서 느꼈던 것들

노교수의 이혼과 장례식

2012년 2월 한통의 전화가 나에게 걸려왔다. 지구 담당 목사님의 목소리였다. 지금 용인에 있는 ○○요양병원에서 우리 지구 성도의 부친이 소천했는데 장로님의 장례지도가 필요하다는 것이다.

나는 이 전화로 고인의 성명, 상주의 성명, 핸드폰번호를 문자로 보내달라하였다. 잠시 후 문자가 들어왔다. 상주와 전화로 상담을 시작했다. 고인의 성명, 생년월일, 주민등록상 주소 그리고 자녀와 형제 그리고 등등의 신상관계를 확인 후 상주와 장례식장과 접견실의 평수 그리고 시신을 운구할 차량을 장례식장에서 보낼 것인가를 확인했다. 요양병원에서 준비해 올 것은 사망진단서 10통을 발급받아 올 것을 일러주고 전화를 끊고 장례식장인 분당 서울대병원에 연락하여 35평 접견실이 현재 있는가를 확인했다.

다행히 상주가 요구하는 규모의 접견실이 있어서 고인의 이름으로 예약하고 운구용 차량을 ○○요양병원으로 보내 줄 것을 부탁하고, 서울대병원으로 나도 출발하였다. 고인이 도착하자 상주와 함께 영안실에서 입관 시간과 입관방법, 입관예배, 천국환송예배 등등의 모든 사항을 설명해주고 상주와 가족친지가 안정을 찾게한 뒤 빈소를 나왔다. 다음 날 입관을 하기 위해 접견실을 찾았을 때 상주가 몹시 긴장된 얼굴이었다.

상주는 10년 전 아버님과 이혼한 어머니에게 입관 시 아버님을 마지막으로 한 번 뵙고 보내드리자는 부탁을 드렸는데 어머니가 거절하셔서 할 수 없이 혼자 입관할 수밖에 없었다. 상주라고 해봤자 고인의 아들과 고인의 여동생이 다였다. 그래서 부고장을 돌리지도 않았고 아버지의 친구들과 이미 은퇴하신 동료 교수 몇 분, 그리고 상주의 직장동료 몇 분만이 있었다.

다음 날 오전 7시 천국환송예배를 위해 우리는 분당 서울대병원에 도착했다. 장례식장은 직감적으로 냉냉한 분위기라는 것을 알 수 있었다. 상주인 아들이 문상을 미룬 채 어머니에게 한 번만 문상 와달라는 부탁도 거절당해, 상주는 늦은 밤까지 자신의 마음을 술로 달래느라 아침까지도 술에 취해 버티기 힘든 모습이었다.

60대에 이혼하여 70대에 세상을 떠난 아버지를 바라보는 그 자녀의 가슴에는 안타까움이 가득했다. 부부로 사는 동안 무슨 일이 있었는지 모르겠지만, 장례식에 한 번만 와주기 바라는 외동 아들의 간청도 무시하고 마음에 못을 박는 어머니는 교회의 권사님이란다. 손자손녀에게 어떤 할머니로 비춰주고 싶은가? 오늘도 다시 한번 성경말씀을 되내어 본다. "분을 내어도 죄를 짓지 말며 해가 지도록 분을 품지 말고 마귀에게 틈을 주지 말라" 엡 4:26-27.

이혼한 부인이 치른 장례식

2012년 1월 중순 분당서울대병원 장례식장 7호실 아침 6시. 박 권사님의 부탁으로 장례를 준비하고 있었다. 상주는 군복을 입은 장남과 19살 된 차남 그리고 고인의 누나 되는 박 권사님이었다. 나는 박 권사님과 제단꽃 그리고 장의용품, 장례의 일정을 상의했다. 화장은 수원 연화장에서 아침 7시에 하기로 하고 지구촌교회 추모관(안성 일죽 유토피아)에 안치하기로 했다. 상주되는 군복무 중인 아들과 협의를 끝낼 무렵 5년 전에 이혼한 부인이 찾아왔다.

자녀들과 누나 되는 박 권사님과 전 부인이 합의하여 장례식을 함께 치르기로 하여 전 부인이 남편 친구 또 남편이 병원에 입원하기 전 살던 동네사람, 그리고 부인의 학교동창, 남편의 학교동창 등 가까운 이웃에게 전화, 인터넷으로 부고를 알렸다. 고인이 병환으로 10여 년을 병석에 누워있어 자녀들을 양육하기 위해 이혼하지 않으면 안 되는 절박한 사연이 있었다는 것을 전해 들었다. 장례는 아무 어려움 없이 잘 끝나고 뒤처리도 잘 되었다는 이야기를 듣고 참으로 마음이 홀가분했다.

2012년 7월 1일 0시 20분, 전화벨이 울려왔다

오늘은 다른 날보다 일찍 밤 10시경 잠자리에 들었다. 전화 벨소리에 잠에서 깨어 전화를 받자 "장로님, 어머님이 서울대병원에서 돌아가셨어요. 지난 번 장례 상담 받고 유토피아 지구촌 추모관도 분양받고, 어머니 모시고 유토피아에서 뵈었던 이○○ 집사에요."

"네! 알아요." "어머니 성함이 박○○ 집사에요. 그리고요. 우리는 남매뿐이고요. 손님이 없어요. 장로님과 상담할 때 말씀하셨던 제일 작은 방으로 해 주세요."

"알았어요. 우선 서울대병원장례식장에 알아보고 바로 연락해 줄게요." 하고 전화를 끊었다. 마침 제일 작은 방이 비어 있어 바로 예약을 하고 밤 1시에 집을 나섰다. 서울대병원에 도착하니 1시 45분. 분향실로 가기 위해 엘리베이터를 기다리는데 이 집사를 만났다. 나는 이 집사의 손을 꼭 쥐어 주며 "집사님, 걱정 마시고 진정하세요." 하고 가족들과 사후 처리를 하였다.

미혼인 이 집사는 몹시 당황하여 혼란스러워 하길래 혼자 둘 수 없어 함께 머무르며 위로하고 장례 절차를 자세히 알려주었다. 3일 간의 장례 일정에 맞추어 장례는 잘 진행되었다. 이 가정은 아직 미혼인 남매가 어머니를 모시다가 어머니를 하늘나라로 잘 입성하시도록 도와드렸다.

몹시 당황스럽게 치러진 장례식

2012년 8월 22일 오후 1시경 시니어 수지 지구 전도사님으로부터 전화가 걸려왔다. 지금 삼성의료원 장례식장에 장례가 발생했다는 것이다. 나는 우선 고인의 성함과 상주의 연락처를 받고 급히 연락을 하고 삼성의료원으로 출발했다.

오후 4시 상주 부부와 사위, 딸 가족 모두와 상담을 시작했다. 유족들은 화장 후 선산에 유골함을 묻고 가족묘지를 만들겠다고 했다. 그래서 나는 유가족에게 유골을 모실 미니 석관을 만드는 법을 자세히 알려주고 준비해 달라고 했다.

다음 날, 오후 2시에 입관하기로 하여 석관을 맞추었는지 확인을 하자 유족들은 전혀 모른다는 표정이었다. 그렇다면 내일 화장을 하고 바로 안장하기는 어렵다고 하자 그때서야 유족들은 몹시 당황하며 선산 가는 길에 석공이 있는지를 알아보고 동생되는 분이 덕소에 아는 곳이 있다고 하여 우선 석공에게 들러 선산을 가기로 했다.

2시에 입관을 마치고 점심도 먹지 못하고 내일 안장을 위해 부리나케 덕소 석공 가게로 갔으나 문이 잠겨있었다. 다른 석공 가게를 찾아 문의를 하니 35만 원이란다. 우선 계약금을 주면 다음 날 12시까지 해놓겠다고 해서 주문을 했는데 같이 간 두 동생은 서로 얼굴만 쳐다보고 있다. 할 수 없이 내가 지갑을 꺼내 돈을 세어보니 딱 10만 원이 있었다. 우선 그 돈으로 계약금을 지불하고 장지를 보기 위해 홍천을 향해 갔다. 오후 6시가 되어 홍천군 선산 임야에 도착하여 한 시간 정도 장지로 쓸 장소를 물색하여 약 30여 평을 평지로 정지하고 잔디를 심어 달라고 요청하고 삼성의료원으로 오니 밤 9시가 다 되었다.

옷은 장마비에 흙탕물이 범벅이 되어 우선 물수건으로 흙을 털어내고 상주에게 상황을 설명했다. 석관비용은 35만 원인데 계약금은 내가 10만 원을 걸었다고 설명을 했는데도, 석관을 찾아오기로 한 상주의 작은 아버지에게는 25만 원을 지불하고 내가 걸었던 10만 원 계약금은 주지 않는 것이다.

나는 계약금을 주기를 기다리고 있는데 고인의 부인인 집사님이 "장로님 늦었는데 그만 들어가세요." 하는 것이다. 나는 몹시 난처했다. 차를 5시간 이상 세워두어 주차비만으로도 2만 원 이상 나올 것 같았다. 마침 계약금을 주느라 지갑을 톡톡 털어 돈이 한푼도 없었다. 할 수 없이 나는

"집사님 계약금 낸 것 계산해주셔야 하는데요." 라고 하자 이해를 잘못했는지 "아니, 장로님, 지구촌에서 하면 돈 한 푼 안 든다고 했는데." 하시면서 "내가 지구촌교회 10년을 다녔는데" 하고 역정을 내신다.

나는 어안이 벙벙하여 내가 돈을 달라는 것이 아니고 대납한 계약금을 달라는 것이라고 하면서 주차비 낼 것이 없어 그런다고 하자 역정 섞인 말투로 "내가 줄게요." 하는 것이다. 나는 창피하기도 하고 당황스럽기도 하여 "그만 두세요." 하고 그만 뛰어나왔다. 주차비는 카드로 결제하고 나왔지만 마음이 무척 상하고 몹시 언짢았다.

밤 12시가 다 되어 상가 집에서 전화가 걸려왔다. 상주는 누나가 다니는 교회에서 천국환송예배를 했으면 한다는 것이다. 그러면 장례가 그쪽 주관이니 운구위원이 갈 수 없으니 알아서 하라고 했다. 그러자 바로 "전화 드릴게요." 하고 전화를 끊는다. 10분도 되지 않아 다시 전화를 걸어 천국환송예배를 지구촌교회 주관으로 해달라는 것이다. 나는 황당했지만 알았다고 전화를 끊었다.

다음 날 아침 비가 몹시 세차게 내렸다. 이대로라면 하관하기가 힘들 것 같았다. 새벽 5시 30분 동료 경조팀원을 태워 삼성의료원에 도착하여 천국환송예배를 마치고 서초구에 있는 서울하늘공원에서 화장을 한 후 남은 경조팀원은 하남 마르니공원 장례식장으로 가고, 나는 홍천가족묘원으로 갔다. 땅을 파는데 다행히 물이 고이지 않아 하관예배를 잘 마치고 돌아왔다. 온 몸과 구두가 온통 흙탕이었다.

장례를 마치고 두 달이 되어가는 때에 그 댁에서 식사를 초대했다. 그 날도 장례가 있어 30분 늦게 도착했지만 장례식 때 겪었던 불편한 마음을 털어버릴 수 있는 기회를 주신 하나님께 감사드렸다.

2013년 11월 17일 각기 다른 세 건의 장례식

새벽 5시 전화를 받고 분당 서울대병원 장례식장으로 왔다. 그때 시간은 5시 45분. 경기도 이천 요양병원에서 온다는 고인은 오전 8시 경 도착했다. 오전 9시에 입관을 하기로 했기에 마음이 급했다.

8시 30분에 고인이 도착되어, 무사히 입관을 마치고 상주들과 상담을 한 후 막 사무실을 내려왔는데, 금방 안치실에 고인을 안치하고 온 남매를 맞이했다. 장례식장 직원이 지구촌교회 장례를 총괄하는 신성호 장로라고 소개하고 고인은 지구촌교회 교인이라고 소개를 한다. 나는 그 자리에서 바로 상담을 시작했다. 나는 우선 매장을 할 것인지, 화장을 할 것인지를 묻자 고인의 아들은 자신은 상조회에 들어있는데 교회에서는 얼마나 드는지 가격을 물어왔다. 교회는 장의사나 상조회가 아니라고 설명하고 상조회사 전체 청구분의 50-60% 정도 든다고 생각하면 된다고 알려주었다. 교회는 직접 생산자와 연결하여 필요한 물품만을 사용하게 하고 장례지도와 운구, 찬양 등 모든 분야가 봉사로 이루어진다고 말해주었다.

그리고 나는 다시 매장하실 거냐? 화장하실 거냐? 하고 묻자 매장할 거라 한다. 매장지는 경남 고성의 선산이라고 한다. 발인 날이 겹쳤다. 장례가 시작된 순서대로 하자면 8시 30분에 시작하는 용인 평온의 숲에서 화장하는 201호가 우선이다. 그래서 이쪽은 9시 30분에나 출발할 수 있다고 하자 난색을 표한다. 그렇지만 화장을 하는 201호는 화장 시간이 예약이 되어 있어 변경이 어렵다. 그럼 5시 30분 예배, 6시 출발은 어떠냐? 하니 좋다고 한다.

이렇게 장례가 겹치면 운구위원 등 인원 배정의 어려움이 크다. 다행히 시간 조절이 잘 되어 무사히 마칠 수 있었다. 나는 혼자서 다시 서울대병원에 도착하여 10시 207호, 11시 201호 입관을 끝내고 나오는데, 시니어 담당 박용원 목사님으로부터 전화가 걸려왔다. 서울대병원에 5일전 심방 갔던 황○○ 장로가 소천했다는 것이다. 그때가 11시 40분, 나는 바로 새로운 장례를 치를 준비를 했다. 서울대병원 장례식장의 가장 큰 5호실을 예약하고, 오후 3시에 모든 준비를 마치고 화장은 성남영생사업소에서, 입관은 2시, 입관예배는 3시, 장례의 진행 일정도 결정하고 오후 5시에 서울대병원을 나와 안성 유토피아에 들러 황 장로 장례 준비를 하고 다시 201호와 207호를 들러 천국환송예배와 발인에 대한 준비사항을 확인하고 밤 10시나 되어 집으로 왔다.

다음 날 치러야할 두 팀의 장례식 때문에 새벽 3시에 알람을 맞추어놓고 11시가 조금 넘어 잠이 들었다. 알람 소리에 일어나니 아내는 벌써 준비를 마치고 새벽인사를 한다. 오전 4시에 일행과 함께 분당 서울대병원 장례식장으로 5호실에 4시 15분 도착하여 천국환송예배를 준비하려 하자 따님 되는 집사님이 몹시 어두운 얼굴로 나를 부르며 하는 말이 "선산에 내려가서 상을 차리면 안될까요? 어젯밤 집안 문중에서 난리가 났어요." 한다. 나는 대뜸 물었다. "아버님이 예수영접 했나요?" 하자 "제가 전도폭발할 때 병석에서 예수님 영접하시고, 약식 침(세)례도 병석에서 받으셨지요." 한다.

나는 우선 따님을 안심시키고 "우리가 천국환송예배 드리고 하관예배를 마친 다음 결정해요." 하고 돌아서려는데 제상에 필요한 제수물를 준비하여 가져간다는 것이다. 우리는 새벽 5시 35분에 경상남도 고성을 향해 출발했다. 금산휴게소에서 아침 식사를 위해 잠시 멈추었는데 장례버스가 먼저 출발하고 없다. 우리는 할 수 없이 네비게이션으로 뒤쫓아 가는 중에 목사님에게서 연락이 왔다. 목사님은 목적지에 도착하니 포크레인만 있고 아무도 없다는 것이다. 묘는 다 파놓았다고 한다. 우리도 연이어 도착하여 현장을 확인한 후에 바로 장례버스가 도착했다. 경조위원이 운구를 한 다음에 안치를 형식에 따라 맞추어놓고 예배를 시작했다.

예배를 시작하는 순간 나는 유족과 문중어른들의 동태를 살펴보면서 마음이 안정되는 것을 느꼈다. 고인의 동생 되는 분과 문중 어른들의 표정이 몹시 부드러워 보였다. 예배가 끝나면서 목사님이 "남은 장례와 제례에 관해 장례지도를 하시는 장로님의 말씀이 있겠습니다." 하고 소개가 끝나자 나는 "바로 내일 모레가 삼우제인데 기독교에서는 아무런 의미가 없으나, 근래에 와서 우리 교계에서도 아주 중요시하게 됐습니다. 그것은 아들, 딸이 있으면 상대적으로 며느리, 사위는 우리 부모님의 몸에서 태어나지 않았지만 또한 한 형제, 자매라도 각자의 성격이 다릅니다. 부모님은 자녀들이 우애있게 잘살기를 원하시고 이 세상 떠나실 때의 자녀들에게 유일한 유언이라 믿습니다. 그러기 위해서는 아들, 딸, 며느리, 사위 모두가 아버님께서 이 세상 떠나는 순간 죽었다고 생각하지 말고 다시 태어났다 생각하시고 모두가 한 마음 한 뜻으로 살아가야 됩니다.

그리고 1년 후에 드리는 추도예배를 불교, 유교, 미신 믿는 사람은 탈상이라 합니다. 곧 1년 탈상, 3년 탈상 하는데 우리 기독교에서는 딱 한번 1주기 추도예배를 드리는데 이 추도예배는 꼭 목사님을 모시고 예배를 드리셔야하며 참석자는 가족, 친척 그리고 오늘 장례식에 참석하신 분을 모시고 하면 됩니다. 예배가 끝난 다음 상주의 형편과 뜻에 따라 다과회를 하시든지 식사를 하시든지 그때 상황에 따라 하시면 됩니다. 그럼 제례는 어떻게 할 것인가? 우선 출생하신 날, 돌아가신 날, 설날, 추석 날 매장했을 때는 한식 날 예배를 드리시고 예배 인도는 가족 중에 교회 직분을 가지신 분이나 장자 중 예배를 드릴 수 있는 분이 인도하시면 됩니다.

그런데 우리가 한 가지 조심할 것은 제상을 차려놓고 예배를 드리는 것은 고인을 욕되게 하는 것입니다. 왜냐하면 기독교를 믿지 않은 사람들은 귀신이 되어 구천을 떠돌기 때문에 제상을 차린다 하나 하나님 곧 예수를 영접하신 분은 하늘나라에 가 계시기 때문에 이 땅에 오실 수가 없으며 이 땅 자녀들을 바라보고 계심으로 오히려 고인에게 욕되게 하신다는 것 잊지 마시고 이런 자리에서는 좋은 덕담과 부모님의 장점만 나누시고 형제자매, 오누이간 서로 좋은 장점만 나누는 자리가 되어 주시길 바랍니다.

이번 장례를 진행하는 동안 혹시 시정해야 할 사항이나 잘못된 일이 있다면 지구촌교회 사회복지부 경조사역팀 장례지도사 앞으로 서신이나 문자를 보내주시면 다음 장례를 위해 좀 더 좋은 서비스와 봉사를 할 수 있게 최선을 다하겠습니다."

인사를 마치고 돌아서는데 고인의 동생 상주의 작은 아버지가 다가와 손을 내밀며 악수를 청하며 "우리 장로님 말씀대로 상 차리지 않고 따르겠습니다." 하고 문중에서 오신 분이 찾아와 "교회가 이렇게 잘해 주는지 몰랐습니다. 고인의 뜻대로 기독교 제례를 지키겠습니다." 하자 상주와 고인의 누님이 찾아와 눈물을 흘리며 고맙다고 하는 것이다. "이 모든 것이 하나님의 은혜입니다. 집사님의 기도 응답입니다."라고 격려했다.

우리 장례팀은 이번 장지가 통영 바로 옆이어서 통영에 가서 점심을 먹기로 했다. 통영수산시장에서 식사를 하는데 교회에서 지출된 예산이 부족하여 총무로 수고하는 황 집사가 모자라는 부분을 부담하기로 했다. 우리 팀원들은 참으로 서로 자기 일인양 열심히 섬기기를 기뻐하는 모습이다. 참으로 아름답다.

예수 믿는 것을 인정해 달라고
유산을 포기한 장로, 권사 부부

2011년 8월인 것으로 기억된다. 오후 3시 경 권사님으로부터 다급한 전화가 걸려왔다. 시아버님이 지금 서울 강남성모병원에서 돌아가셨다는 것이다. 그럼 장례는 어느 장례식장에서 장례를 치를 것이냐 묻자 전 가족이 강남성모병원장례식장에서 하기를 원한다는 것이다. 장례식장 2호실을 배정받고 바로 장례식장으로 달려갔다. 병원 도착 시간은 4시 30분이었다.

상담실에서 "지구촌교회에서 왔습니다. 조금 전 본원에서 운명하신 ○○○ 때문에 왔는데요." 하자 상담자가 "아직 운구되지 않았는데요." 하며 기다리란다. 나는 권사님에게 전화를 해서 현재의 상황을 묻자 이제 모든 수속이 끝나 사망진단서만 받으면 이동한다고 한다. 그로부터 약 30분 후 고인이 도착되어 상담실로 상주와 함께 가서 "모든 상담은 우리 장로님과 해 주세요." 하고 상주는 2호실 빈소로 내려간다.

나는 노트북 컴퓨터를 꺼내 제단꽃의 유형 중 45만 원짜리를 보이며 우리 교회에서 하는 이 꽃을 45만 원에 해주신다면 여기 장례식장에서 하겠다고 하자 직원은 입장이 난처한 듯하더니 교회에서 알아서 하라고 한다. 우리는 장례용품과 꽃을 주문하고 바로 2호실 빈소로 내려왔다.

분위기가 몹시 무겁고 쌀쌀해보였다. 그러자 고인의 동생이자 상주의 작은아버지가 내 앞으로 다가와 고인이 예수 믿는 아들에게 유산 한 푼

안 주며 미워했는데 기독교 식 장례라니 턱도 없다고 한다. 그러자 고인의 자부이며 맏상주의 부인이 아버님은 병석에서 예수 믿겠다 하여 약식 침(세)례을 받으셨다 한다.

잠시 침묵이 흐르며 둘째 아들과 딸, 사위 모두가 기독교 식을 반대하고 나서자, 큰아들 안수집사가 와서 이 형이 하는 대로 따라 달라며 여동생과 매제에게 이번만은 내 말을 들어달라, 2년간 병원에 다니며 간호한 너의 언니 정성에 아버님이 예수 영접 하지 않았느냐? 하자 더 이상 말을 하지는 않지만 몹시 불만인 표정이다.

그러자 고인의 동생인 작은아버지가 "내가 집안의 어른인데 그리할 수는 없고 우리 형님이 살아계실 때 유교식의 예의범절을 신봉하시던 분인데, 제상을 안 차릴 수는 없다"는 것이었다. 나는 이제 이 분을 설득하는 것이 내가 할 수 있는 최선이다 생각했다. 맏상주인 집사님은 작은아버님이 집안의 어른이시니 장로님이 잘 설득하셔서 꼭 교회 주관 장례로 해달라는 애절한 부탁이다. 그리고 부인되는 권사님 또한 애절한 부탁을 해온 것이다. 집사님은 나와 작은 아버지 앞에서 "우린 장자지만 아버님이 형제, 자매에게 유산 상속할 때 예수 믿는 것을 인정하고 유산은 한푼도 안 주기로 했습니다. 그 후 아버님은 병석에서 예수 영접하셨구요. 작은아버님도 조금 양보해 주시고 장로님도 어떻게든 교회 주관 장례로 진행해 주세요." 한다.

잠시 동안 침묵이 흐른다. 작은아버지가 말문을 연다. 제상을 차려놓고 같이 하면 안되겠냐는 것이다. 나는 "기독교 식에서는 제상은 안 되는데요." 라고 하자 다시 침묵이 흘러 30여 분이 지나 작은아버지가 결심을 한 듯이 말문을 연다.

교회서 예배 드릴 때 또는 입관, 발인, 매장 시는 제상을 차리지 않고 장례식장에서 교회 예배가 없을 때와 고향집에 가서 조문을 받는 것만 묵인해 달라는 것이다. "그러면 목사님이 예배드리려 왔을 때는 제상이 보여서는 절대 안됩니다. 그럼 서로 진행하는 데 불편없이 합시다." 하고 장례가 진행되었다.

입관예배, 천국환송예배는 아무런 무리없이 진행되었으나 유감스러운 것은 예배에는 장자와 부인되는 권사님만 참석하는 너무 힘겨운 장례식이었다는 점이다.

아침 7시 우리는 전라남도 순천시를 향해 출발하여 중간에 휴게소를 들러 12시에 고인의 집에 도착했다. 약 30분 문상 겸 노제를 지낸 후 30분 달려 순천시 외곽에 있는 고인 소유의 밭에 파놓은 묘 구덩이에 나는 서슴지 않고 들어가 기독교 식으로 안치해 놓고 예배를 드리고 헌화를 하고 취토를 하고 모든 장례식의 행사를 마쳤다.

그런데 마지막 하관예배에는 온 가족이 다 참석하여 예배드리고 모두 헌화하고 취토하고 마지막으로 기독교 제례예배에 대해 설명하고, 삼우제의 의미와 장사 후 첫 예배의 뜻과 1년 후 추도예배의 범위와 제례예배에 대해 구체적인 설명을 마치자 고인의 동생이 "내 옆으로 와서 저도 다 알아요. 그렇게 할 겁니다." 하고 손을 내민다.

나는 손을 꼭 잡아주며 "어르신도 예수 믿어보세요." 하자 알았다는 듯이 내 손을 꼭 잡는다. 우리가 돌아서서 나오자 권사님이 올라가면서 "식사하세요." 하며 봉투를 내민다. 나는 "이러시면 안돼요". 하고 그대로 차를 타고 순천시내를 향해 차를 몰았다. 우리 팀원들도 그 사정을 잘 알기에 저한테 "고생 많으셨고 오늘 참 잘하셨습니다." 한다.

이렇게 우리의 봉사는 보람을 느끼는 데 그 후 2년이 지난 2013년 11월초 장자인 장로님에게서 오전 일찍 전화가 걸려왔다. "장로님, ○○장로인데요. 어머님이 요양병원에 계시는데 오늘을 넘기기 힘든다 하여 가족이 다 모였는데 장로님이 수고 좀 해주셨으면 합니다" 한다. 나는 "수고라니 그게 무슨 말씀입니까? 걱정 마시고 운명하시면 바로 전화 주세요."

다음 날 아침 7시경 전화가 걸려왔다. 어머님이 돌아가셨다 한다. 어머님의 성명을 확인 후 서울대병원 장례식장에 연락하여 49평 접견실 6호실을 예약하고 상주에게 서울대병원 장례식장에서 차를 보내었으니 서울대병원 응급실에 들러 검안 후 영안실로 올라오라 하고 나는 서울대병원 장례식장을 향해 집을 나섰다.

약 30분 후 서울대병원에 도착했으며, 그 후 30분 정도 지나자 시신이 도착하여 영안실에 안치를 마쳤다. 그리고 천국환송예배를 준비하는데 가장 중요한 것은 고인이 예수 영접하고 약식침(세)례를 마쳤는지 확인해야 한다. 그래야 천국환송예배를 드릴 수 있는 것이다.

어머님이 운명 후 첫 예배를 가족이 모여 드리는데 2년 전과는 너무나도 달라져 있는 가족의 모습을 보고 나는 놀라지 않을 수가 없었다. 아버님이 돌아가셨을 때 그렇게도 반대하며 악착같이 제상을 차리던 작은아버지는 성경책을 들고 찬송가를 부르며, 그렇게 빈정대던 딸들과 사위들이 작은며느리 작은아들만 빼고 모두가 성경을 보며 찬송을 부르는 것이 아닌가? 장남과 큰며느리 된 권사님의 그간의 노고를 높이 칭찬하지 않을 수가 없다.

예배가 끝난 후 제단꽃을 정리하고 다음 날 오후 3시 염하기로 하고 서울하늘공원에서 11월 6일 8시 30분에 화장하고 고향 순천으로 가는 것으로 장례 일정이 확정되었다.

1956년 출생하여 암으로 투병 중 소천하신 권사님의 입관을 위해 입관실로 들어가 입관을 하기 시작하여 메틸알코올에 물을 비율대로 섞어 몸을 닦아내고, 입관순서에 따라 몸을 창호지로 감싼 다음 집에서 준비해온 한복을 입히고, 얼굴을 곱게 단장했다. 그리고 가족을 모셔 고인을 중앙에 누인 채로 사방에 둘러서게 했다.

입관 시 주의 사항은 사람은 숨을 멎는 순간 장이나 심장에 있는 부산물이 흔들게 되면 입을 통해 넘어오는 일이 있으므로 심하게 흔드는 일이 있어서는 안 된다. 고인이 입고 계시는 옷에 눈물이 떨어져도 안 되니 이 두 가지는 필히 지켜야 한다. 얼굴을 만지거나 손을 만지는 것은 소독으로 깨끗이 닦았으니 마음 놓고 만져도 된다.

그리고 고인을 이 세상에서 이제 마지막 보시는 것이며 후일 하늘나라에서 우리가 만날 수 있다는 소망을 가지고 돌아가면서 한마디씩 해주길 부탁한다. 그리고 고별의 말씀이 끝나면 마지막으로 기도로 입관을 하는 것이다.

"지금부터 배우자 되신 분 그리고 자녀분 그리고 부모, 형제 순으로 시작하십시오." 잠시 침묵이 흐르다가 순서에 따라 한마디씩 고별의 이야기가 끝나고 가족을 고인 가까이 모은 다음 나는 기도로 입관을 마친다.

가족을 참관실로 나가게 한 후 얼굴을 창호지로 감싼 다음 나와 염을 하는 분과 함께 입관하고 결관한 다음 가족 중 남자들만 나오게 한 뒤 관을 운구하여 냉동실에 넣고 고인 성명과 호실을 확인한 다음 염과 입관의 순서를 마친다.

다음 날 아침 7시 30분 천국환송예배를 마치고 용인 평온의 숲 나래

원에 8시 50분에 도착하여 화장 한 후에 11시 50분에 영구차가 도착하여 지구촌추모관에 안치하고 간단히 안치예배를 드렸다.

서울성모병원에서 치른 장례식

2013년 12월 8일 오후 4시경 한통의 전화가 걸려왔다. 그 전화의 목소리는 낯익은 목소리인 듯했다. 여동생이 지구촌교인인데 오빠의 장례를 지구촌 교회주관 장례로 할 수 없는가에 대한 문의였다.

"작년에 아버지 장례를 지구촌교회 주관으로 했는데, 오빠는 아버님이 돌아가시고 지구촌교회를 몇 차례 출석했는데 등록은 안 했어요. 교회 등록하려 했는데 해외를 자주 나가시느라 차일피일 미루다가 어제 사우나 하러 갔다가 그곳에서 쓰러져 심장마비로 돌아가셨어요. 교구 목사님에게 예수님을 영접한다고 약속까지 했는데..." "그럼 동생이 교구목사님에게 말씀하시면 목사님이 승낙하실 거예요. 너무 걱정 마세요. 현재 고인은 어느 병원에 있나요?" 하자 서울성모병원에 임시 안치되어 있으며, 접견실이 없어 내일 10시경 빈소를 마련하기로 했다고 한다.

그로부터 20분 후 담당 교구목사로부터 전화가 왔다. "장로님이 교회 주관 장례 치루어준다 했나요?" 하고 묻는다. 담당 목사님과 상의하라고 전했다고 하니 다음 날 오전 10시경 전화가 왔다. 교회 주관 장례로 진행하라는 목사님의 전화였다. 상가에 연락하고 서울 성모병원에 도착하니 오전 11시였다.

"지구촌교회에서 왔습니다." 하고 상주에게 명함을 주자 전화한 고모와 고인의 부인 그리고 ○○상조회 장례지도사가 나를 맞아준다. 접견실에서 상조회가 있으면 저희 교회에서는 예식만 해드린다고 설명하니 상조회에 든 것이 아니고 장례식장에서 소개해 주었다고 한다.

그래도 상조회는 50만 원만 주면 철회할 수 있으니 괜찮다고 한다. 나는 장례지도사에게 도우미는 어떻게 하느냐고 묻자 장례식장 소속에서 해도 된다고 한다. 그러면 다 취소하고 교회에서 처음부터 시작해도 됩니까? 하고 묻자 그렇게 하라고 한다. 나는 상주에게 "교회의 장례지도 주관으로 하시려면 50만 원을 지불하세요."라고 했다. 그렇게 해도 장의품, 입관용품, 입관비용, 차량 등으로 150만 원은 절약될 수 있기 때문이었다.

모든 준비를 마치고 장례는 어제부터 5일장으로 진행하기로 했다. 빈소를 정리하고 2시가 다 되어 고인의 동생이 나와서 추모관을 가보자 한다. 함께 안성시 일죽면 화곡리에 있는 유토피아 내 지구촌교회 추모관으로 답사를 갔다.

다음 날 수의 대신 본인이 즐겨 입던 정장을 입히기로 결정했다. 입관 30분 전에 염사와 나는 준비해 온 평상복을 받아서 입관을 준비하는데 시신이 넘어지면서 머리가 깨져 상처가 깊고 출혈이 심하여 응고된 피를 닦는데 많은 시간이 걸렸다.

우리는 깨끗이 소독하고 마무리 한 다음에 가족을 불러 무사히 입관을 마쳤다. 밤 9시에 상주의 누나 되는 고모가 전화를 했다. 운구를 상주 친구들이 하면 안 되겠냐는 것이다. 운구는 행사의 순서이니 화장장에서 하면 된다고 하니 상주는 장례식장에서부터 하겠다는 것이다.

나는 다시 우리 교회에서는 운구 위원이 가운을 입고 예식 순서에 따라 한다고 하니 다짜고짜 "왜 반말을 해요?" 하는 것이다. 나는 어안이 없어 전화기를 들고 말을 못 잇자 옆에 있던 고모가 전화기를 바꿔들고 나에게 죄송하다고 사과를 계속한다.

나는 정신을 가다듬고 괜찮다고 말하면서 고인의 직업을 물었다. 고인은 방송국 PD인데 외국에서 유학까지 하고 한국에 돌아와 방송국에 입사해서 3작품을 만들고 아직 결혼도 하지 않았다고 한다. 참으로 안타까운 젊은이라는 생각이 들자 무례한 상주의 태도도 이해가 되어 마음이 홀가분해졌다.

아침 7시 30분 천국환송예배를 드리고 8시 40분에 서울하늘공원 화장장에 도착하여 수속을 마치고 무사히 장례를 마칠 수 있었다.

시니어 일본어강사 김 장로의 장례와
노 할머니의 장례

2013년 12월 23일 서울대병원 201호실 성도님의 입관을 하러 오후 3시에 영안실로 들어서는데 핸드폰의 벨이 울린다. "장로님, 아버님이 지금 막 소천하셨어요." 한다. 나는 본능적으로 영정사진은 준비됐느냐고 물어보면서 가족 사항을 물어보니 2남 1녀라 한다. 그러면서 아들 한 분은 미국에 살고 있다고 한다.

빈소를 특실로 준비를 하고 장례절차를 준비하고 나고 집으로 향했다. 그때는 성탄절이어서 교회 주관 장례를 치를 수 없기도 했지만 미국에서 오는 아들이 25일 낮에 도착하기에 입관예배를 오후 4시로 잡았다.

나는 성탄예배를 드리고 모처럼 아내와 함께 식사를 했다. 그리고 장례식장에 가서 김 장로님의 입관을 시작하였다. 예정대로 미국에서 살고 있는 아들이 도착하여 2남 1녀의 자녀들이 참석한 후 입관을 마쳤다.

우리 교회는 담임 목사의 장례식 설교는 고인이 장로나 권사 부부일 경우로 한정하고 있는데 이번에 한꺼번에 두 군데 장례가 30분 간격으로 장례를 치르게 되었다. 그런데 두 가정 다 본 교회 교인들이어서 나는 할 수 없이 목양실로 전화를 해서 두 가정 다 담임 목사님이 설교해 주시기를 간청드렸다. 다행히 목사님이 쾌히 승낙하셔서 가족들은 무척 고마워했다.

그리고 같은 날 비슷한 시간에 치러진 노 할머니의 장례식이 있었다. 새벽 4시에 전화벨이 울려 전화를 받자 "저는 지구촌 교인입니다. 저희 모친께서 오늘 새벽 2시 10분에 운명하셨는데요." 하는 것이다. 나는 "그럼 지금 어디 계시지요?" 하자 요양병원에 계신다 하여 요양병원 이름과 전화번호를 확인 후 "왜 이제 연락을 하셨어요?" 하자 "너무 이른 새벽이어서 망설이다 이제야 전화를 드렸습니다." 하는 것이다.

장례식장은 분당 서울대병원장례식장으로 하기로 하고 구급차를 보내 고인을 모셔오게 했다. 나는 "구급차가 지금 출발했으니 사망진단서를 10부 받아 오십시오."라고 했다.

그리고 장례식장에 도착하여 입관 준비를 하는데 102살 된 나이로 보기에는 너무 젊고 얼굴의 주름이나 몸가짐이 너무 단정하시다. 이런 경우 자녀들이 지극 정성으로 모셨다는 증표이기도 하다. 근래에 보기 드문 현상이라 해야 할 정도다. 자녀들의 보살핌이 너무 아름답다. 너무 효자, 효녀라 해야 하나? 효부라 해야 하나?

요양병원에서 10여 일을 계시다 운명하셨다는 자녀들의 이야기다. 가족을 모셔와 입관하기 전에 이 땅에서의 마지막 가족 상면의 시간을 드린 후 후일 하늘나라에서나 보실 수 있다는 말을 전하며 그간 하고픈 말씀이 있으시면 마지막으로 말씀하시도록 하고 기도로 마무리를 했다.

그런데 문제가 생겼다. 나는 유토피아에 가서 각인한 유골함을 찾아와 전하는데 고향 서신면에 있는 문중 납골함에 가는데 교회에서 제작한 납골함이 커서 들어갈 수가 없다고 한다. 나는 당황스러웠다. "내일 문중에서 가져온 납골함에 담아가셔서 교회함을 넣어보시고 들어가면 옮겨 담으세요." 했지만 마음이 편하지는 않았다.

그러자 상주와 장손이 나와 "걱정하지 마세요. 우리가 주문한거니 알아서 할게요." 하면서 위로해 주신다. 장례식이 끝난 후 이틀 후에 연락이 왔다. 장례가 이렇게 어려움 없이 아름답고 성스러운 장례식은 처음 보고 느꼈다고 하면서 유골함도 교회함이 무사히 잘 들어가 아주 아름답다는 것이다. 나는 그제서야 마음이 놓이며 감사했다.

황○○ 장로 천국환송예배

2013년 11월 17일 오후 4시경 신○○ 장로로부터 전화가 걸려왔다. 서울대병원에 입원중인 황 장로가 한번 보았으면 한다는 것이다. 나는 황 장로가 병원에 입원치료 중이라는 이야기는 들었으나 그렇게 심각하게 생각지 않았다. 7월 베드로선교회 모임에서 만났을 때만해도 건강한 모습으로 모임을 주도하고 회장으로서 회의를 진행했었다.

병실을 꼭 찾아가라는 간곡한 신 장로의 어색한 어조에 나는 한참동안 멍했다. "왜 그러지?" 의아해 하며 다음 날 분당 서울대병원을 찾았다. 병실에 올라가니 황 장로가 누워있고 부인인 유 권사가 나를 아주 반가이 맞아주었다. 나는 황 장로의 손을 잡으며 간절히 기도를 했다. 기도가 끝나자 황 장로는 입가에 미소를 지으며 잘 부탁한다면서 슬며시 눈을 감는다. 몹시 힘들어 보이는 그 모습에서 직감적으로 황 장로는 모든 것을 다 내려놓고 하늘나라 갈 마음의 준비를 다 마친 것처럼 보였다.

주일 날 오후 2시경 젊은 청년이 상담실로 찾아와 "황○○ 장로 아들입니다." 하고 인사를 한다. 나는 내 옆 의자에 앉게 하고 "아버님이 마음의 준비를 다 마치고 자네를 보낸 것 같은데?" 그러자 "네" 하고 대답을 한다. 나는 장례를 위한 준비를 차근차근 알려주고 위로하고 돌려보냈다.

그날로부터 3일 후 황 장로가 소천했다는 전화가 왔다. 유족은 부인과 1남 1녀 모두 3명이다. 황 장로의 장례식은 참으로 아름다워 가족은 고인이 천국으로 들림받는 모습이 환상으로 보인다며 너무 감동스럽다고 전했다. 입관예배는 원로목사이신 이동원 목사님이 드렸는데, 말씀 중에 과거 나와 황 장로가 사이가 좋지 않았던 일이 기억나셔서 몹시 걱정을 하셨다. 그러면서 황 장로와 신 장로가 서로 화해하고 이렇게 장례의식을 신 장로에게 맡겼으니 참으로 고맙다는 말씀을 전해 주었다. 성도간의 사소한 일까지 염려해주시는 이동원 목사님께 참으로 감사했다. 물론 황 장로와 나는 화해한지 오래 되었다.

황 장로는 나와 동갑인 말띠로서 서로 주장이 강하여 마찰도 자주 있었으나 서로의 성격을 잘 알기에 말 안해도 그 마음을 알기에 남달리 아쉬움이 컸다.

유분(骨)을 지구촌 교회 추모관과
미국에 나누어 안치하다

고인은 이동원 목사님이 미국에서 한국으로 와서 지구촌교회를 개척하게 되자, 남편되는 장로님은 미국 병원에서 의사로 일을 하다가 조기 은퇴하고 한국으로 귀국하여 지구촌교회를 개척하고 이동원 목사님의 목회에 큰 힘이 되어 주셨다고 한다.

권사님과 장로님은 한국에 거소신고를 하여 건양대학병원 영상학과 과장으로 취업하여 여러모로 큰 도움이 되셨다. 고인이신 조 권사님은 희귀병인 심장간질이라는 병을 얻어 갑자기 감기와 폐렴으로 삼성병원에 입원한지 일주일 만에 뇌사판정을 받았다.

미국시민권자인 아들 만 4형제인데 아들들에게 알려 그들이 귀국할 때까지 현대의학으로 생명을 연장하였다. 권사님은 이미 뇌사판정을 받아 살아 있다고는 하나 아무런 가치를 느끼지 못하였다. 그러나 자녀들에게는 갑자기 운명하시는 어머니의 살아계신 체온을 잠시나마 느껴보도록 하고픈 아버지의 간절한 소망이었다. 최신 의학의 힘을 빌려 간절히 기도하며 자녀들의 도착을 기다린 아버지의 기도를 들어주신 하나님의 역사인 것이 분명하다.

11시에 자녀들은 어머니의 마지막 모습과 약간의 체온을 느끼며 12시 15분 운명하시는 모습을 지켜볼 수 있었다. 2014년 1월 9일 정오가 조금 지난 시간이었다. 권사님은 76년의 이 땅에서의 삶을 마감하고 천국으로 삶의 처소를 옮겨가셨다.

우○○ 목사의 처 이모 되시는 조 권사님의 빈소는 서울대병원 308호에 차려졌다. 우선 권사님은 외국인으로 되어 있어 거소증명이 필요하고 거소

신고 기간이 남아있는지가 중요하였다. 거소증명이 있어야 화장을 하는데 무리가 없다.

입관을 위해 가족들과 고인과의 마지막 상면 자리에서 기도를 하는데 오늘따라 기도가 서슴없이 잘 되는 것을 느꼈다. 아무래도 "하나님, 저에게 권사님 가족을 위한 기도를 주십시오." 라고 올린 기도를 들어주셔서 역사해 주신 것 같다. 작은 소리에도 귀를 기울이시는 하나님께 고맙고 감사하다.

7시 정각에 이동원 목사님이 제단에 오르며 천국환송예배가 시작되었다. 이동원 목사님은 설교 중에 고인인 조 권사님에게 드리는 편지를 읽으셨다. 과거 미국에 계실 때 각별히 목사님께 부어주신 애정과 한국에서 지구촌교회 개척할 때, 장로님이 근무하던 직장에서 조기은퇴하시고 한국으로 같이 나와 개척초기 어려울때 도와주시던 이야기 등을 낭독할 때 가슴이 뭉클했다.

설교가 끝나고 자녀들의 연주가 시작되었다. 장남은 피아노, 차남은 첼로, 삼남은 바이올린으로 '하늘 가는 밝은 길이'를 연주하자 조문객들의 마음 속 깊이 감동을 느꼈다. 삼형제의 전문가 이상되는 연주와 '하늘 가는 밝은 길이'의 찬양과 함께 어우러진 천국 가는 길은 참으로 환상이었다.

화장이 끝나고 가족들과 수골실에 도착했을 때 가족들은 유골함을 2개를 준비하여 유분을 절반씩 나누어 달라고 한다. 하나는 지구촌교회 추모관에 모시고 나머지 하나는 미국으로 떠나는 아들이 가지고 간다고 한다.

엄숙하고 화려한 장례식

"박 권사님은 1927년 7월 초여름 서울에서 출생하셔서 이○ 장로님과 결혼해서 슬하에 2남 1녀의 자녀를 두셨으며 향린 교회를 통해 신앙생활을 시작했으며, 침(세)례를 받고 내 몸같이 교회를 섬기시고 묵묵히 헌신 봉사하시다가 권사의 임직을 받으셨습니다. 많은 성도의 본이 되셨으며 건강이 악화되어 거동이 불편하실 때도 젊은 목회자를 맞이하실 때는 꼭 일어나셔서 맞이해 주셨습니다." 라고 예닮교회 교구목사님의 기도로 소개되는 박 권사의 삶이 마음을 찡하게 파고들었다. 이어 아들인 이○ 장로의 고인을 "온유하고 겸손하며 사랑이 많으셨습니다. 자녀들에게 항상 겸손하고 모든 사람에게 화평하라고 교훈하셨습니다." 하는 소개는 참으로 자기에게 주어진 직분에 충실한 겸손한 분이라는 생각이 들었다.

수목장

2013년 11월 17일 상담실을 찾아와 수목장에 대한 상담을 해온 분이 계시다. 지구촌교회는 추모관과 수목장이 유토피아 추모관에 마련되어 있어서 수목장을 사용하시려는 분은 직접 보고 결정해야 한다.

어머니가 90을 바라보시는 노모이신데 가끔 식음을 전폐하시니 준비를 해야 할 것 같다는 것이다. 집사님의 가족은 교회를 다니는 분이 3명이고 다 불교, 유교 등을 믿고 있어서 가정에서 집안 식구들끼리 종교적으로 무척 힘이 든다는 것이다. 장남되는 시아주버니가 우선 기독교 장례를 허락했어도 형제간의 의견충돌로 사이가 나빠지면 안 되니 몹시 어렵다는 것이다.

1월 2일 오전 12시 28분에 다시 문자가 들어왔다. "장로님 깊은 밤중에 죄송해요. 전에 수목장 건으로 상담했던 이 집사에요. 제 시어머님이 3일째 음식을 전혀 드시지 못하고 힘이 없어요. 만약 오늘밤이라도 돌아가시면 제가 어떻게 해야 하나요? 밤새며 지켜드려야 할 것 같은데 영양제 주사라도 맞게 병원에 입원시켜 드릴까요?"

나는 우선 자리를 지키시고 가족의 뜻에 따르는 것이 좋겠다고 답을 주며 운명하시면 바로 연락을 달라고 했다. 그런데 아침에 문자가 오기를 아침에 다시 살아나셔서 식혜와 물을 드셨단다. 화장실을 간다고 움직이다가 기운이 없어 못 일어나서 기저귀를 채워드렸단다.

가족끼리는 어머님이 돌아가시면 우선 화장해서 납골실에 보관했다가 아버지 묘를 정리하는대로 합장하여 수목장을 하기로 했단다. 그러면서 이 집사는 일단 납골실을 지금 정하는 것이 나은지? 순서대로 들어가시는 것이 나은지를 묻는다. 형제들 종교가 3명은 기독교, 1명은 기독교에 호의적이고, 1명은 중립이고 2명은 유교, 1명은 불교라서 전부 생각들이 달라 걱정이라는 것이다. 그래서 다시 상담을 했다.

그리고 며칠이 지나 다시 이 집사는 연락을 해왔다. 오늘부터 어머님이 숨이 거칠고 오줌이 새고 잠도 더 깊이 주무시는 것이 이전과 다르다는 것이다. 나는 걱정말라고 하면서 계속 연락을 달라고 했다.

그리고 일주일이 지나고 어머니 목욕을 시켜드리는데 항문이 반쯤 열리고 기력이 없다는 것이다. 나는 "집사님, 이마에 진땀이 나고 발이 차지면 준비하세요. 내일 정오까지 지켜보세요." 그리고 그 다음 날 새벽 5시경에 임종하셨다고 한다. 나는 이렇게 상담을 해주며 함께 어머니의 임종을 지켜드렸다.

임종을 처음 겪는 사람들은 많이 혼란스러워 한다. 언제쯤 운명하실지 몇 번을 다시 기력을 찾다가 또 기운을 잃기를 반복하다가 하늘나라로 입성하는 분들이 많다. 때와 시기는 주님이 정하셨지만 우리는 호흡과 체온, 근육의 늘어짐을 통해 대략의 시간을 재서 임종의 순간을 당황하지 않도록 준비해야 한다.

5남 3녀의 다복한 인생을 보내신 고인은 자녀양육도 남다르게 잘 하셔서 끝까지 자녀들의 사랑과 효도를 받고 천국에 입성하셨다. 자녀들도 한결같이 공직생활과 사회생활에 충실하여 누구보다도 조문객이 많았다.

고인의 뜻에 따라서 유토피아 지구촌 수목장 소나무에 수목을 하기 위해 소나무를 기준하여 동쪽 나무로부터 50cm을 띄어 지름 20cm, 깊이 40cm로 파고 그 안에 유분을 쏟아 넣고 상주가 먼저 흙을 한 손으로 한 웅큼 취토하고 가족 서열대로 취토하고 가까운 친구와 조문객이 취토한 후 취토한 흙과 유분을 잘 섞은 다음 남은 흙으로 채우고 잔디로 덮은 다음 상주가 발로 다진 다음 남은 흙으로 주변을 정리하고 목사님의 축도로 수목장의 행사는 끝났다.

심○○ 권사의 천국환송예배

1월 26일 오전 9시경 고인의 차녀 백○○권사의 남편 박○○장로로부터 전화가 왔다. "저희 장모님이 위독하다 하여 아산으로 내려가는 중인데 장례를 준비해야 할 것 같습니다." 하는 것이다.

입관을 하면서 살펴보니 고인은 양로원에 계시다가 돌아가셨는데도 아주 건강하고 즐겁게 사시다가 가신 모습이었다. 궁금해서 물어보니 고인이 계셨던 양로원이 박 장로의 장인이 지은 양로원이라는 것이다. "아, 그랬구나." 하고 생각하고 "나는 아드님이 아주 신실하신가 봐요?" 하고 말했더니 자매들이 "아니에요. 오빠는 예수 안 믿어요. 지금 대전에서 병원에 입원 중이에요. 어머니 장례식을 기독교 식으로 허락하신 것만 해도 대단한 거에요." 한다.

다행히 아무 일 없이 천국환송예배가 시작되었다. 사위인 박 장로가 장모님의 약력을 소개하는데 충남 예산이 고향으로 1990년부터 교회를 다니다가 89세의 나이에 소천하시기까지 성품이 온유하고 착하고 가족들과 형제, 이웃의 존경과 사랑을 받으며 항상 형제우애와 사랑, 그리고 삶의 모본을 보여주셨다. 그리고 89세의 나이에 하늘나라에 입성하신 것이다. 참으로 복되고 귀하게 한 사람이 하나님으로부터 생명을 부여받아 잘 살고 존경받으며 천국으로 입성하는 모습은 귀하기 그지없다.

운구된 고인은 천안 추모공원 화장장에서 화장하여 아버님 유해가 뿌려진 예산 선산에 수목되었다. 나는 고인과 하얀 민들레 양로원에 대해 궁금한 점이 있어 전화로 박○○ 장로에게 전화를 해서 장모님과 하얀 민들레 양로원과의 관계를 묻자 자료를 주일날 상담실로 보내주겠다 하였다.

2월 9일 주일 오후 1시 40분 경 고인의 따님인 백○○ 권사가 귤 2상자를 사가지고 찾아와서 저희 어머님 장례에 너무너무 수고가 많으셨어요 하며 감사의 인사를 해왔다. 나는 우선 의자를 권해 앉게 한 후 양로원과 어머님과의 관계를 묻자 정리를 한 듯 저희 아버님이 교회가 양로원 건축을 추진할 때 헌금을 많이해서 그것이 주춧돌이 되어 양로원이 지어졌어요.

"그럼, 아버님은 장로님이셨나요?" 하자 "아니요. 겨우 신앙생활 1년 정도 하신 성도님이셨어요." "그럼 양로원 건축 헌금을 많이 하셨다는데?" 하자 "원래 우리 아버지는 자신을 위해서는 단돈 천원도 아까워서 못쓰신 분이셨어요." "아니 그런데 어떻게 서슴없이 그 많은 돈을 헌금했나요? 혹시 어머님이 아버님에게 헌금을 강요했나요?" "아니요." 하며 소개를 하는데 원래 집안이 불교집안으로 어머니는 절을 드나들며 시주하시고 불공을 잘 드리시다 갑자기 천주교를 3년 다니셨다는 것이다.

그런데 그러는 동안 오빠 둘을 잃었단다. 3남 3녀였는데 셋째 오빠를 고등학교 2학년 때, 둘째 오빠는 대학생 때 갑자기 감기와 패혈증으로 잃고, 어머니는 다시 불교를 택해 절에 가서 불공드리며 너무나 큰 충격을 넘기셨다고 한다. 그러나 따님되는 집사님이 결혼 후에 계속 전도를 해서 1990년에 교회에 등록하고 열심히 기도생활을 하고 교회에서 많은 봉사를 하시다가 권사임직도 받으셨단다.

아버지는 처음에 교회 나오셔서 헌금내는 것 때문에 교회출석을 머뭇거리기도 했는데 교회 나온 지 8개월 만에 가족들에게 집도 사주고 양로원 헌금도 하셨단다.

그리고 양로원이 건축된 지 4개월 만에 하늘나라로 가시고 그 후 양로원이 완공되어 교회에서는 어머님에게 양로원에 방 한 칸을 내 주시는 특별한 배려를 해주셔서 어머님은 혼자 사는 막내 집과 양로원을 왔다갔다 하시다가 거동이 불편해지면서는 아예 양로원으로 거처를 옮겨 자녀들이 양로원으로 다니면서 돌보았다고 한다. 작은 믿음의 씨앗이 홀로 사시는 많은 노인들에게 은총을 베풀어 그들이 천국가는 날까지 편안하게 살 수 있는 거처가 마련된 것은 참으로 기적이 아닐 수 없다.

함○○ 사모 천국환송예배

2014년 1월 27일 오후 1시경 수지 3지구 이○○전도사로 부터 전화가 걸려왔다. 어머님이 소천하셨다는 것이다. 어머니는 사모로서 삶을 사셨는데 고인의 장남이 읽는 양력은 누구보다도 감동이었다.

"어머니는 1945년 7월 6일 강원도 영월군에서 부친 함○○님과 모친 신○○님 사이에서 3녀 중 첫째로 출생하였습니다. 1974년 이○○님과 결혼하시어 슬하에 2남을 두셨습니다. 어머님은 포근하고 든든한 성품으로 온화하고 자상하셨으며 인자하고 정이 많으셨습니다. 또한 올곧은 성품으로 매사에 성실하셨으며 책임감 있는 모습으로 근면의 본이 되셨습니다. 평소 '입을 크게 열어 기도하라. 찬양과 감사의 삶을 살라.'라는 가르침으로 자녀들은 기억하고 있습니다. 고인은 평생 동안 주님 안에서 신앙생활하시며 주일학교에서 아이들을 가르치셨으며 개척교회 사모로서 그리스도의 사랑을 전하고 나누는 삶을 사셨습니다.

2014년 1월 27일 13시 고인은 68세를 일기로 하나님의 부르심을 받아 하나님께서 예비하신 영원한 안식에 들어가셨습니다."

요즈음은 68세면 너무 이른 나이다. 작가 최인호씨는 수년간의 암투병을 마치고 이 세상에 많은 사랑과 열정을 남기고 천국으로 향하며 "언젠가 나에게도 다가올 죽음 앞에서 난 게으른 자가 되고 싶지 않다. 먼저 나를 솔직하게 바라보아야겠다. 그리고 눈을 감고 기도해야겠다. 또한 만나야겠다. 나도 만나고, 하나님도 깊이있게 만나야겠다. 껍데기는 벗고 빛 안에서 나를 만나야겠다."

68년 인생길에서 하나님 나라를 위하여 헌신해 오신 고 '함○○ 사모님'는 몸은 이 땅에 있었지만 저 높은 하늘나라를 바라보았고 그 나라의 영광을 살아오셨기에 낙심하지 않았다. 오히려 죽음 앞에서 차분했고 솔직했으며 하나님 나라의 확신으로 가득했다. 그리고 죽음 앞에서조차 하나님을 깊이 만나기를 소원하셨다.

김진규 목사의 순교

2014년 2월 14일 놀라운 뉴스특보가 전해왔다. 진천중앙교회 성도 30여 명이 성지순례 중 이스라엘 국경에서 입국절차를 받기 위해 버스가 정차하는 순간 정체모를 테러범이 승차하는 것을 발견하고, 현지 가이드이자 관광회사 사장이 차 밖으로 밀어내며 내려서자, 뒤따라 인솔 목사 겸 현지 성지 설명 가이드로 동행한 김진규 목사가 자폭테러범이 터뜨린 폭탄을 몸으로 막아 순교함으로 입구에 앉아계시는 권사님을 제외하고는 버스 안에 계신 분들은 부상자 15명으로 무사히 목숨을 구할 수 있었다.

그러나 국내 언론은 김 목사를 단순 가이드로 취급하는 기사로 일관하였으나 뒤늦게나마 SBS TV 박아름 기자는 희생자 가운데 고 '김진규 씨는 알려진 것처럼 여행사 직원이 아니라 목사였다고 소개하였다. SBS는 고인이 사고당하기 사흘 전 현지에서 찍은 영상을 입수하여 방송했는데, 그 영상은 김진규 목사가 한국에 있는 아내와 세 살배기 딸에게 보낸 영상이었다. 박아름 기자는 다음과 같이 소개하였다.

"2013년 말까지 서울 관악구에 있는 교회에서 시무하던 김 목사는 다음 달 선교 훈련을 위해 미국으로 떠날 예정이었습니다. 여행사 대표의 부탁을 받고 이번 순례에만 현지 인솔자로 참가했는데 결국 가족의 품에 돌아오지 못한 겁니다. 오늘 새벽 출국한 유족들은 현지에 도착하는 대로 고인이 안치된 병원으로 향해 시신을 수습할 예정입니다."

현지에 도착한 고인의 형 김진성 목사와 동생은 시신을 수습하면서 현지 대사의 입회와 대사관 직원의 협조로 검시와 방부 처리를 하고 아랍어의 사망 진단서 영문번역본, 한글번역본에 현지 대사의 확인 사인을 받아 이집트 카이로 공항에서 20일 출발하여 21일 인천 공항에 오후 4시 20분 도착하여 세관의 수속을 마치고 오후 7시 서울 보라매 병원 영안실에 도착하여 결관하여 냉장실에 안치되었다.

22일 오전 갑자기 서울 중앙지검 검사 강○○와 수사관들이 찾아와 형법 288조 에 의해 시신을 검시해야 한다는 것이다. 둘째인 김 목사가 "이미 현지에서 대사님의 입회하에 검시됐으며 방부처리도 되어서 이상이 없으니 안 된다." 하자 형법 288조를 말하며 검시를 해야 한다는 것이다. 그러면 보고 이상이 없으면 원상대로 해두라는 약속을 받고 승낙하였다. 그러나 내가 오후 4시경에 도착하여 영안실에 가서 확인한 결과 관은 해체된 채, 시신은 영안실 철판에 비닐이 찢긴 채 알몸으로 놓여있어 너무나 어처구니가 없었다.

결국 형인 김 목사는 분노하여 관악경찰서에 전화하여 항의했고, 나는 동작경찰서 검시필증을 확인하고 담당검사실로 전화하여 항의하자 '미안합니다.'로 일관하는 것이다. 나는 검시필증을 보여주고 확인해 주기를 원했다.

> ### 동작 경찰서
>
> 제2014-00027   2014. 2. 22
>
> 수신: 김진규 가족 귀하
>
> 제목: 검시필증
>
>   아래 사람은 당서 관내에서 변사한 자인 바
>   서울 지방검찰청 검사 강○○의 지휘로 검시를 마쳤으므로
>   사체를 유족에게 인도하여도 무방함.
>
> 성   명: 김 진 규
>
> 주민번호 : xxxxxx-xxxxxxx(남 만 34세)
>
> 직   업: 목사
>
> 주   소: 서울 관악구 이헌 12길 29(봉천동)
>
> 비   고
>
>   서울 동작경찰서

그리고 나는 경찰서에 다음과 같은 항의 서신을 보냈다.

사법 경찰관 경감 박○○ 님

고인은 많은 교인의 목숨을 구하고저 문앞을 가로막아 터지는 폭탄을 감싸안아 순교한 목사님을 관내 변사자 취급하는 검사나 사법경찰관의 행동이 이 나라의 검경의 수준을 말하는 것 같아 너무 안타깝고 또한 저주스러울 뿐입니다.

고인에게 상은 못 내릴망정 이거야말로 사법기관에서 검시를 하려면 인천공항 입국장에서 하시든지? 그리고 해외 주재 대사의 신분과 신뢰도는 어디까지인지 묻지 않을 수가 없습니다(현지 대사관 대사 사인이 된 한국어 사망 증명서 유족이 제시) 유족의 설명을 무시한 사법당국의 진정한 사과를 요구합니다. 국무총리실이라고 3번의 전화을 받고 혹시 하였으나 총리님의 화환 하나로 끝났습니다. 물론 총리실의 써주신 신경을 유족을 대신하여 감사드립니다.

2014년 2월 23일
고)김진규 목사 순교 장례진행 대표 위원
지구촌 교회 장례지도 장로 신 성 호

⁌ 고 김진규 목사 일기 중에서

목사안수

2013년 4월 27일 새로운 삶의 시작. 목사 안수식을 받습니다. 가슴은 아마추어, 삶은 전문가가 되도록 노력하겠습니다. 겸손하며 낮은 자로 살아가겠습니다. 평생을 선교사로 가난한 자를 위해 주님이 날 위해 목숨을 버리신 것처럼 저도 목숨을 바치겠습니다.

이러한 결심 가운데 함께 하겠다는 아내에게 너무 고맙고 사랑하는 딸 김아영에게 고맙고 미안합니다.

하지만 아영아! 하나님이 너를 이 땅 가운데 가장 뛰어난 하나님의 사람으로 세우실 것을 믿어 의심치 않는다. 하고 싶은 공부, 하고 싶은 것을 하며 하나님께 쓰임받고 찬양하는 아영이가 되길 기도할게.

⁌ 김진규 목사가 하나님께 드리는 고백

결코 포기할 수 없는 것을 위하여

결코 포기할 수 없는 것을 포기하는 것 이것이 바로 하나님이 원하시는 것이다.

결코 포기할 수 없는 하나님의 영광을 위하여, 결코 포기할 수 없는 나의 자존심과 나의 생명을 포기 하는 것 이것이 바로 하나님이 원하는 것입니다. 함께 하지 않으시겠습니까?

김진규 목사의 천국환송예배

2014년 2월 21일 금요일, 고인의 시신이 4시 20분 인천 공항에 도착되어 통관 수속을 마치고 오후 7시 서울 관악구에 위치한 보라매 병원 영안실에 도착하여 시냇가푸른나무교회 부교역자님들이 도착한 리무진 영구차에서 고 김진규 목사님의 시신을 운구하여 영안실에 안치하였다.

24일 아침 7시 시냇가푸른나무교회 담임 목사님의 주례로 천국 환송예배가 드려졌다. 교인과 그를 추모하기 위해 오신 분들과 동역자인 목사님 등 200여 명이 참석하였으며, CBS 기독교 방송과 온누리 기독 tv 방송이 천국환송예배를 촬영했으며 9시 40분에 서울 추모공원 화장장에 도착하여 화장로 앞에서 가족과 작별의 시간을 가졌다. 이때까지 묵묵히 참고 견디어 오신 부친과 유족의 슬픔과 아쉬움의 통곡이 한꺼번에 터져 백여 명의 추모객이 눈시울을 붉혔다.

우울증으로 인한 장례식1

2014년 2월 16일 주일 아침 8시가 조금 지나 김 장로는 여느 주일과 같이 교회를 가려고 옷을 단정하게 입고 부인되는 조 권사에게 교회 갈 시간이 됐다고 한다. 아내인 조 권사는 "조금만 기다리세요. 아직 시간이 있으니 빨리 화장하고 옷 갈아 입고 나올게요." 하고 화장을 하는 데 경비실 인터폰이 울린다.

조 권사는 남편인 김 장로에게 "여보, 인터폰 좀 받아요." 하자 아무 대답이 없다. 할 수 없이 화장하다 말고 나오니 김 장로는 보이지 않고 인터폰은 계속 울린다.

전화를 받으니 "사모님, 급히 내려오세요." 하는 다급한 경비원의 목소리가 들린다. 무슨 일인가 하여 급히 내려가니 김 장로가 그 사이에 창문을 열고 13층에서 뛰어내린 것이다.

김 장로는 현재 두 아들과 회사를 경영하며 신소재를 개발하여 회사가 아주 잘 돌아가고 경영도 우수중소기업으로 정부로부터 표창까지 받은 단단한 회사를 경영하고 있었다.

그러나 몇 년 전 회사가 거액의 부도를 맞아 큰 손실을 입었을 때, 우울증으로 시달렸다가 그 후 회사는 원상으로 돌아왔으며 획기적인 신소재 개발과 특허로 각광받는 중소기업으로 우뚝 서게 되어 걱정할 것이 없었다.

몇 개월 전 담석으로 쓸개 절개 수술 후 건강은 회복되었으나 우울증이 다시 시작되었다는 소문은 들었으나 이렇게 될 줄은 몰랐다.

교회에서도 김 장로는 예배위원회에서 열심을 다해 봉사하고 교우들에게도 매우 존경 받으며 대인관계도 잘 유지하는 분이셨다. 우울증은 아무리 신앙이 좋아도 깊은 감정의 골에 들어가면 잘못되는 수도 있다. 마귀를 능히 대적하신 주님을 믿고 늘 감사하며 항상 기뻐하라는 주님의 말씀을 되새겨 본다.

우울증으로 인한 장례식2

2014년 2월 27일 서울대병원 응급실로 실려가다 사망하여 장례식장으로 간다는 전화가 왔다. 고인을 실은 운구차량을 만나 냉장실에 안치하려고 얼굴을 보니 지난 주일 교회 장례 상담실에 들려 유토피아지구촌 추모관은 지금 살 수 있느냐고 묻고는 일 있을 때 들르겠다고 하면서 나간 분이다.

남편에게 사인을 묻자 아침 새벽기도를 마치고 집 거실에서 잠시 방에 들어간 사이 뛰어내렸다는 것이다. 그야말로 순간적이다. 약 2개월간 전북 고창에 있는 동생 집에서 우울증 치료 겸 내려갔다가 안정을 찾고는 잘 쉬고 아주 건강한 모습으로 올라왔다 한다.

그간 장애인 학교 목자로 봉사하다가 금년 들어 나오지 않다가 지난 주 나와 앞으로 잘 하겠다 하고 인사도 나누었다 한다. 아파트가 5층이라 뛰어내린 것으로는 아무런 외상이 없어 시신이 아주 깨끗했다. 약간의 마른 잔디가 묻어 있을 뿐이다. 여느 때나 다름 없이 염을 마치고 가족들이 고인의 마지막 모습을 본 후 입관을 하고 예정대로 장례식을 마치고 용인 평온의 숲 화장장을 거쳐 안성 일죽면에 있는 유토피아 지구촌 추모관에 안치되었다.

20년 전 어머니와 이혼하고 행방불명된 아버지의 장례식

2014년 3월 2일 아침 분당 3지구 유○○ 목사님으로부터 전화가 왔다. 우리 지구에 장례가 났는데 아주 조심스럽게 유족들에게 접근하셔야 하며, 유족은 교회에 알리지 않고 조용히 주관해 주기를 바란다는 것이다. 사연을 듣고보니 그럴만하다고 하며 자매님이 아직 초신자이며 직분이 없다고 한다.

돌아가신 분은 아버지인데 20년 전 어머니와 이혼하시고 행방을 감추셔서 자녀들이 찾으려고 아무리 노력해도 찾을 수 없어 포기한 상태였는데 갑자기 경찰에서 연락이 와서 갔더니 아버님이 돌아가셔서 경찰이 신원조회를 하여 큰딸의 집으로 연락이 되었다는 것이다.

시신은 혜화동 서울대병원 영안실에 안치되었고 어제 예배를 드렸고 아침에 나와 함께 가기를 원한다는 것이다. 나는 상주인 딸과 통화를 하고 오후에 병원에 가서 보니 20년 전 이혼한 부인이 참관하여 장례식을 처음부터 딸들과 함께 주관하고 있었다. 순복음 교회 권사로 이혼하고 행방을 감춘 남편과 자녀들과 함께 하려고 많이 찾았으나 찾을 길이 없어 1남 3녀의 자녀를 잘 양육하여 두딸은 훌륭하게 키워 결혼도 시켰고 아들은 미국으로 유학을 가서 그곳에서 영주권을 갖고 살고 있다고 한다.

대학을 졸업하고 교직생활을 하신 분이 왜 홀연히 가족을 버리고 자취를 감추셨는지 알 길은 없지만 아버지 없이 살아온 가족들의 아픔이 느껴져 안타깝기만 하다. 그래도 아버지의 마지막을 잘 모시고 자녀로서 할 도리를 하게 하신 하나님께 감사드리고 구김 없이 잘 자라도록 수고한 권사님의 손길에 하나님의 은혜가 있기를 기도해 본다.

무빈소 천국환송예배

2014년 3월 14일 오후 핸드폰의 벨이 울려 받으니 "장로님 저희 시아버님이 위독한데요. 지금 보은병원입니다 아무래도 오늘이나 내일 소천하실 것 같은데 상주라고는 저희 남편 하나밖에 아무도 없어요. 아버님이 항상 장례식을 빈소 없이 간략하게 하시라고 말씀하셨어요. 남편도 정년으로 은퇴한 상태라 빈소를 마련해도 연락할 곳도 없어요. 아버님도 오랜 병석에 계시다보니 친구 되신 분이 다 돌아가셨고 아버님은 국가보훈 대상자이신데 어떻게 하면 좋을까요?

그냥 빈소 없이 할 수 있게 준비해주시면 하는데요. 화장 후 현충원에 가면 되거든요." 하는 것이다. "나는 운명하시거든 연락주세요." 했는데 16일 카카오톡을 통해 문자메시지가 떴다. 분당 5지구 주관 장례인데 김○○ 집사의 시아버님(고 박○○ 81세)께서 오늘 아침 8시 30분 소천하셨다는 것이다. 고인은 2012년 1월 항문 제거수술(대장암)을 받으시고 투병 생활을 하다가 체력이 약해져 있던 찰나에 감기가 폐렴으로 진행되어 돌아가신 것이다.

유가족들은 빈소를 마련하지 않고 간소하게 장례를 마무리 하길 원해서 고인은 영안실에 모시고 화장을 위한 절차를 밟았다. 그러나 천국환송예배와 하관예배는 진행하여 서울 동작동 현충원에 안장되었다. 화려한 장례식이든 간소한 장례식이든 이 세상에 왔다가 가는 분들을 위해 우리는 예의를 갖추고 이 땅에서의 소임을 추억하며 하늘나라에 잘 입소하시도록 보살펴드린다.

어머니와 아들의 연이은 천국환송예배

수지지구의 윤○○ 집사로부터 전화가 걸려왔다. 시어머니가 소천하셨다는 것이다. 나는 장례일정을 소상히 설명해주고 필요한 준비를 할 수 있도록 도와주었다. 그런데 맏상주인 김○○ 집사는 현재 대장암으로 투병 중이라 장례식에 참석 못하고 자부인 윤○○ 집사가 장례를 치러야 한다는 것이다.

남편의 병환으로도 마음이 쓰이고 힘이 들텐데 시어머니마저 돌아가셔서 여간 다망한 것이 아니다. 입관을 할때는 남편인 김○○ 집사가 나와 어머니 단장하는 모습을 지켜보았다. 장례식을 무사히 마치고 난 며칠 뒤 윤○○ 집사가 문자 메시지를 보냈다. "장로님 안녕하세요. 고○○ 어머니 소천하셨을 때 장로님과 교회가 큰 힘과 위로가 되었습니다. 유족을 대표해 감사의 말씀드립니다. 그간 남편일로 경황이 없어 이제야 인사드림을 용서하세요. 귀한 사역 감당하시는 장로님의 가정과 사역에 하나님의 은혜가 넘쳐나시길 중보드립니다."

그 문자를 받고 나서 밤 10시가 되어서 윤○○ 집사가 급하게 전화를 걸어왔다. 남편이 피를 토하고 의식을 잃어 구급차로 분당서울대병원으로 지금 막 실려갔다는 것이다. 11시경에 다시 걸려온 전화는 겨우 심장은 다시 뛰고 수혈 중인데 24~48시간 사이가 고비일 것 같다는 것이다. 나는 "늦어도 괜찮으니 미안해하지 말고 무슨 일이 생기면 전화주세요."라고 했다.

그리고 새벽 5시에 전화가 걸려왔다. 운명하셨다는 이야기를 듣고 황망하게 한꺼번에 시어머니와 남편을 연이어 하늘나라에 보내는 윤○○ 집사의 마음이 느껴져 안타까움이 그지없었다. 평소 모자는 관계가 좋았는지 이렇게 앞서거니 뒤서거니 가시는 모습을 보며 정말 생사를 주관하시는 하나님을 다시 한번 생각하게 된다.

2014년 4월의 장례식

35년 장례봉사 중 이번 한 달이 가장 많이 장례가 발생했다. 주관장례 23건과 장례지도만 7건 도합 30건의 장례지도를 한 4월이다.

그중에 인상이 남는 장례는 장○○ 집사의 장례다. 장 집사는 대구에서 출생하여 연구원으로, 교수로 많은 학생들의 존경을 받는 스승으로 17년간 재직했다. 그러나 안타깝게 49세의 나이에 병을 얻어 슬하에 2남을 남기고 주님의 품에 안기셨다.

평소에 늘 성품이 온화하여 주위 분들에게 헌신적인 삶을 살아오셨는데 그러다보니 자신을 잘 돌보지 못했는지 안타깝게도 그만 세상을 하직한 것이다. 평소에 몸을 담았던 연세대 원주캠퍼스에서 마지막 가는 길을 환송하고 유토피아에 안치되었다.

김○○ 집사는 삼성, 현대, 효성 등 대기업 임원으로 활동하시다가 무역회사 대표를 역임했다. 2004년 지구촌교회를 통해 신앙생활을 하면서 부부목장 생활도 활발히 하다가 집사 임직을 받았다. 평소 성품이 강직하고 끈기가 있고 매사에 긍정적이고 낙천적이었다. 자녀에 대해서도 '진인사대천명(盡人事待天命)'을 가르치며 최선을 다해 열심히 살라고 하시며 또한 몸소 실천한 분이셨다.

그러나 안타깝게도 55세의 나이에 하나님의 부르심을 받았다. 하나님의 부르심에는 순서가 없다. 이 세상에서 참으로 귀하고 소중해서 할 일이 많을 것 같은데 하나님은 천국으로 부르신다. 오래 살고 죽는 것은 어떤 의미에서 의미가 없다. 이 땅에서 하나님의 말씀을 잘 받들어 잘 살다가 가는 것, 하나님이 부르실 때 주저없이 갈 수 있도록 준비된 인생을 사는 것이 참으로 중요하다고 생각된다.

형제들이 남묘호렌게쿄의 신자들

허○○ 집사는 오랜 병고에 인천에 있는 요양병원에 입원해 계시다가 돌아가셨다. 부인 김○○ 권사는 자녀도 1남 1녀이고 남편은 4남매라고 하면서 조문객이 많지 않을 것이라고 한다. 그런데 김○○ 권사님은 고모들과 시동생이 남묘호렌게쿄 종교에 독실하여 집안에 많은 신상을 모시고 있다는 것이다.

고인이 된 허 집사는 평소에 동생들을 전도하고자 무척이나 노력했으나 아직 결실은 보지 못했다는 것이다. 그러면서 장례도 걱정이 된다고 염려하는 것이다. 나는 "걱정마세요. 고인이 하나님을 영접하고 집사 직분도 받으셨으니 하나님이 지켜주실 것입니다." 하고 위로를 드리고 안정하도록 했다.

다음 날 입관은 가족들의 오열과 통곡 속에서 진행이 되었다. 그리고 위로예배와 천국환송예배 등 연이은 예배와 천국을 소망하는 찬송도 올려드렸다. 고인은 2남 2녀 중 장남으로 출생하여 초등학교 교사, 교감, 교장, 장학사를 거쳐 교육감까지 역임하면서 평생을 교육자로 살았다.

향년 72세의 나이에 하나님의 부르심을 받았는데 장례식 동안 고인의 형제들은 모든 장례 예배에 참석하지 않았다. 그런데 이변이라면 이변이랄까 교회 추모관에 안치하는 예배에 모든 형제 자매가 다 참석한 것이다. 돌아가신 집사님이 평소에 가족 구원을 위한 간절한 기도를 하나님이 들어주셨는지 기적이 일어난 것이다.

안치예배를 드리는 내내 그들은 몹시 진지한 표정이었고 기도할 때는 함께 기도를 하는 것이다. 그리고 놀랍게도 마지막으로 고인에게 한마디씩 하라고 하자 남동생이 "형님, 미안해요. 앞으로 형님이 하란대로 할

게요. 형님 뜻대로 따라갈게요. 그간 죄송해요. 형님 정말 죄송해요." 하는 것이다.

허 집사님의 간절한 기도가 이루어지는 순간이었다. 하늘나라까지 통한 기도의 기적을 보는 순간이었다.

김○○ 성도의 천국환송예배(30세)

2014년 6월 25일 오전 11시에 전화로 서울대병원에 안치만 하고 바로 화장장으로 가서 화장을 하면 안 되느냐는 문의가 왔다. 고인이 어디에서 운명했느냐고 묻자 집이라고 한다. 그러나 집에서 돌아가셔서 시체검안서를 받아야 하기 때문에 병원으로 운구해 와야 한다.

젊어서 집에서 돌아가시면 경찰이 와서 검증도 해야 한다. 고인은 장애아로 태어나 30세의 나이로 하늘나라로 부르심을 받았다. 고인의 부모는 장애아가 태어나자 더 이상 다른 자녀를 갖지 않고 오직 고인 만을 온 정성을 다해 키웠다고 한다. 고인의 엄마는 자신이 좋아하던 찬양사역도 다 접고 교회도 못가면서 24시간을 아이를 위해 10년 이상을 간호해 왔다고 한다. 온 가족이 서럽게 우는 모습이 참으로 가슴이 아팠다. 너무나도 사랑으로 자녀를 돌보아왔다는 것을 느낄 수 있었다.

30세의 김○○는 너무나 왜소하여 초등학교 1학년의 키와 몸무게에 불과했다. 관은 너무 가벼웠다. 이 세상에 장애아로 태어나 아무 것도 하지 않은 것 같지만 가족들의 마음 속에 사랑의 꽃을 피우고 떠난 그의 모습이 너무나 아름답게 느껴진다. 아픈 이를 돌보면서 가족은 돌아올 것 없는 무한한 사랑을 경험했을 것이며 그 사랑에서 무한한 사랑으로 우리를 품어주신 십자가의 사랑을 느낄 것이기 때문이다. 화장이 끝난 고인은 가족의 손으로 포천 외할머니 묘소 주위에 뿌려졌다.

권○○ 집사 천국환송예배

샘물 호스피스병원에서 권○○ 집사가 운명했다고 한다. 고인은 암으로 오랫동안 앓다가 결국에는 호스피스병원에서 짧은 생을 마감했다.

고인의 부모님은 두 눈에서 눈물을 흘리며 몹시도 안타까워하신다. 그간 고인을 간호하며 모든 시중을 들어오셨는데 앞서 보내는 딸이 안타까워 자기 몸을 가누기도 힘들어 보이신다.

나는 시신을 염습실로 옮겨놓고 안치하려고 덮어 놓은 이불을 벗기자 위에서 쏟아진 복수와 내장이 이미 다 녹아내려 썩은 냄새가 진동을 한다. 안타까운 마음에 깨끗이 방향제와 알코올로 닦아내었다. 가족들과 마지막 인사를 할 때 좀 더 아름다운 모습으로 보내드려야 가족들이 조금이라도 위로를 받을 것이다.

다음 날 이른 아침 평온의 숲 화장장에 도착하여 관을 화구속으로 들여보내려니 어머니가 관을 붙잡고 통곡을 한다. 결국은 화구 안으로 사라지는 순간을 보시더니 어머니는 그만 실신하여 의식을 잃고 말았다.

딸의 안타까운 죽음을 곁에서 지켜본 어머니는 차마 손을 놓지 못하는 것이다. 자식이 죽으면 가슴에 묻는다는 옛말이 생각났다. 안타까운 죽음이든, 천수를 누리고 가는 죽음이든 우리는 아쉬움과 안타까움에 마음 아프기는 매한가지다.

그러나 우리를 기다리시며 우리를 기뻐하시는 우리의 친구 주님이 계셔 우리는 소망 가운데 이 땅에서 잘 이별할 수 있는 것이다.

무연고인 신○○ 권사의 천국환송예배

2016년 12월 31일 오후 1시경 분당 시니어 마을장이며 목자인 김○○ 권사로부터 전화가 걸려왔다. 자신의 목장원인 신○○ 권사의 장례를 빈소없이 치르려고 한다는 것이다. 나는 '당연히 잘 치러드려야지요.' 하면서 가장 저렴한 비용을 산정해 보았다. 전체 장례비용이 대략 171만 8천 원이다. 성남시 노인복지과에서 90만 원이상을, 교회에서 80만 원을 지원받아 간소하지만 장례식을 잘 치러드렸다.

놀랍게도 아무 연고 없는 신○○ 권사의 천국가는 길은 외롭지는 않았다. 지구촌교회 샤론 성가대와 시니어지구 목자, 마을장 그리고 성도 200여 명이 장례식장을 가득 채워 참으로 아름답고 뜻깊은 천국환송을 할 수 있었다.

윤○○ 장로의 천국환송예배

윤○○ 장로는 1월 21일 후배의 만나자는 연락을 받고 즐거운 마음으로 집을 나섰단다. 서울 한남동 부근 핸드폰 대리점 앞에서 지나던 세 사람이 차례로 넘어졌다가 두 사람은 일어서며 손으로 옷을 털고 자나갔다. 그 과정을 목격했던 대리점 직원의 증언에 의하면 매장을 찾아 온 손님과 상담을 마치고 유리창 밖을 보니 한참 전에 쓰러졌던 사람이 그대로 있더라는 것이다.

직원은 이상하게 생각하고 나가보니 그 사람은 의식을 잃은 상태였다고 한다. 급히 119를 불러서 구급요원이 응급 조치 후 순천향병원으로 후송하고는 집으로 전화를 하여 순천향병원으로 급히 달려갔더니 수술을 해도 희망이 없을 것 같다는 의사의 소견이다.

담당의사가 장로님의 후배라 장로님을 잘 알아 최선을 다해 수술을 했으나 의식회복은 어려웠으며 15일간 사투 끝에 끝내 운명하시고 말았다. 윤○○ 장로의 장례식장은 그간의 삶을 증명해주듯 100여 개의 화환과 조문객이 장사진을 이루었다.

윤○○ 장로는 끊임없는 도전 정신으로 글을 쓰고 인터넷 논객으로도 활동을 했다. 워낙 젊은이들을 사랑하여 도전과 희망을 전한 영원한 청년이셨고 이 시대의 맑은 등불이었다. 그는 예수를 믿고 가장 확실한 변화의 증인으로 사시면서 많은 제자와 목회자, 주위의 이웃분들을 챙기고 사랑하기에 선수였다.

인생을 어떻게 살았는지는 그 마지막이 제일 잘 보여준다고 한다. 항상 솔선으로 예수의 증인으로 사신 장로님의 모습은 우리 모두에게 큰 울림이 되었다. 그의 빈자리는 오랫동안 기억으로 남을 것 같다.

방주기도원

고인은 사는 동안 고향인 북한을 그리워하다가 가셨다. 나중에 통일이 되면 평양에 계신 부친 옆에 묻어달라는 유언을 하시고 가셨다. 곤지암에 있는 방주기도원도 고인이 평소 고향을 생각하며 남북통일을 위해 기도하기 위해 세운 기도의 제단이다.

그 제단에 있는 가족 묘지로 모시기로 하고 그곳의 주민들과도 잘 합의가 되어 무사히 장례를 마칠 수 있었다. 참고로 우리나라 장례장사법은 묘지로 허가를 받아 놓은 것이 없으면 동네사람들이 반대하거나 행정기관에 고발을 당하면 아예 사용자체가 불가하다. 그러나 과거에 선산이나 묘지 사용허가를 받아놓으면 사용할 수는 있지만 동네 분들과 조화롭게 협의해서 미리 사용을 허가받는 것이 중요하다. 민원이 잘못 들어가면 아예 사용 자체가 불가능하다.

PART
5

너희는 믿음 안에 있는가 너희 자신을 시험하고 너희 자신을 확증하라
예수 그리스도께서 너희 안에 계신 줄을 너희가 스스로 알지 못하느냐
그렇지 않으면 너희는 버림 받은 자니라 고후 13:5

PART

5
보내 온 감사와 사랑의 서신

39년 동안 장례지도와 상담을 하면서 1,200여 통의 감사의 서신을 받았으나 아주 일부만 실었습니다. 이 감사의 서신은 지금까지 봉사하는데 너무나도 큰 힘이 되어 주었으며 1년 365일 중 250여 명의 장례지도를 하는 일에 힘이 되어 주었습니다.

2009년 봄 지구촌 교회 유토피아 추모관에서 생긴 일

지난 2009년 2월 제 남동생이 세상을 떠나고 4월에는 아들이 하늘나라로 가는 바람에 장례를 연이어 치르게 되었습니다.

이제 50세가 갓 넘은 남동생의 죽음은 갑작스러운 일이었고 충격적이었습니다. 남동생과 그의 가족은 하나님을 믿지 않고 살았으며 장례는 믿지 않는 분들의 전통적인 방식대로 치르게 되었습니다. 화장 후 안치하기로 한 추모관에 장례버스가 도착하는데 '지구촌교회 추모관 개관 예배'라고 쓰인 현수막이 보였습니다. 순간 저희 가족은 깜짝 놀랐습니다. 남동생의 아들이 결정한 추모관이 바로 지구촌교회 추모관이 있는 유토피아 추모관이었던 것입니다.

  장례버스 안에서 제가 교회에 연락해보니 조카들이 제한한 금액의 40%정도 밖에 안 되는 비용에 교회의 유토피아 추모관에 안치할 수 있다는 것이었습니다. 모든 장례절차에 관한 비용도 지구촌교회 장례팀의 안내를 받으면 가족들까지도 매우 싸게 할 수 있다는 것이었습니다. 이 글을 통해 장례위원회 여러분께 감사를 드립니다.

  이러한 내용을 듣자 특별한 신앙이 없이 전통적 장례절차를 지낼 준비를 하던 남동생의 식구들은 이참에 지구촌교회 추모관에 안치하고 교회식으로 바꾸자는 결정을 그 자리에서 하게 되었습니다. 음식을 싸오는 등 준비했던 유교식 장례절차는 다 치워버리고 갑자기 제가 추도예배를 인도하게 되었습니다. 추도예배 후 들어간 지구촌교회 추모관 천장에는 예수님 그림이 그려져 있는데 그 그림만 보아도 마음에 크게 위로가 되었고 앞서가신 저희 교회 식구 분들의 모습을 뵈니 신앙 공동체인 교회의 의미를 다시 한번 느끼게 되었습니다. 이 일을 계기로 올케는 교회에 다니게 되었습니다.

  이런 일이 일어나기까지는 돌아가신 할머니의 오랜 기도가 있었기 때문이라 생각합니다. 저희 할머니는 평생 제 남동생을 위해 기도하셨는데 거의 주문 같이 새벽마다 드리는 기도가 남동생과 그 가족의 구원을 위한 기도였습니다.

한두 달 전에 교회에서 유토피아 추모관 사용 분양을 안내하셨지만 저와는 아직 아무 상관이 없는 일이라 생각하고 전혀 관심이 없었습니다. 오히려 교회에서 무슨 추모관 사업까지 하나 하며 부정적인 마음조차 들었습니다. 그러나 막상 갑작스럽게 동생의 장례식을 치루면서 교회 추모관이 유족들에게 큰 위로가 되며 믿지 않는 가족들에게 전도가 됨을 알게 되었습니다.

저희 가족들은 지구촌교회 추모관에 와보고 그 위로와 전도의 능력을 알게 된 후 어머니, 저희 부부, 또 남동생의 올케까지 추모관 사용을 분양 받았고 돌아가신 할머니, 아버지도 산소를 정리하여 추모관으로 옮기게 되었습니다. 이 분양가는 일반 분양가의 40%정도의 가격이었습니다. 이러한 추모관 분양을 통해 저희 올케는 본인이 죽으면 교회 추모관에 올 것이므로 하나님을 믿는 신앙을 가져야 한다고 확고하게 생각하게 되었습니다.

4월이 되자 이번에는 저희 아들이 뇌성마비 장애와 다리 고관절 수술로 고통을 받다가 하늘나라로 갔습니다 저희는 30년 간 최중증 장애아동을 키우며 많은 어려움이 있었지만 아들을 잃고 경황없이 장례를 치르게 되었습니다. 이 장례과정에서도 저희는 교회의 사랑과 위로를 다시 한 번 경험하게 되었습니다. 교회에서 모든 절차를 알아서 다 해주시며 예배 가운데 낮은 비용으로 장례를 치르고 지구촌교회 추모관에 안치하게 되니 큰 위로가 되었습니다. 죽음이라는 갑작스런 상황에서 지구촌교회 추모관이 더 친근하고 편리하며 많은 위로가 되는 곳입니다.

지난 2월 설날에도 지구촌교회 추모관에 다녀왔는데 그곳에 가면 하늘의 소망을 갖게 됩니다. 많은 성도들이 먼저 가서 있다가 뒤따르는 저희와 만나게 되는 꿈을 꾸게 되는 곳입니다. 이 땅에서의 삶이 다가 아님을 실감하게 되는 곳입니다. 또 저희도 이 땅을 떠나면 그곳에 육신의 한 흔적을 둘 곳입니다.

하나님께서 앞으로 지구촌교회 유토피아 추모관을 통해 저희 가족들에게 일어났던 위로와 전도의 역사를 계속 하시기를 소망해 봅니다.

아들의 기도에 응답하신 하나님

감사한 마음을 먼저 어떻게 표현할지 모르겠습니다. 하나님께서 저희 아버님의 임종을 앞두고 장로님을 만나게 하시고 모든 절차 가운데 인도하여 주셨습니다.

십여 년 전에 순복음 교회 잠깐 다니신 경험이 있으셨던 아버님께서는 거부감은 없으셨지만 오래도록 하나님을 떠나 계셨었고 그렇다고 교회 다니실 의향도 거의 없으셨습니다. 작년 가을 백혈병 판정을 받으시고 1차 항암치료 후 목사님의 인도로 복음을 들으시고 예수님을 영접하시는 은혜를 받으셨는데도 예배는 드리지 않으셨습니다.

다시 재발하시고 2차 항암 치료 후 회복하실 즈음 불안한 마음에 다시 한번 복음을 전하며 아들이 사업을 접고 어려웠던 생활을 모르셨던 아버님께 어려움 속에서도 하나님의 은혜로 견딜 수 있었던 지난 1년 6개월의 일들을 간증하였습니다. 아버님께서는 살아계신 하나님을 인정하셨고 퇴원 후 집 가까이에 있는 순복음 교회에 나가 간절함으로, 사모함으로 예배를 드리기 시작하셨습니다.

하나님의 은혜였지요. 그리고 또다시 재발 후 3차 항암 치료가 끝난 후 부작용을 견디지 못하시고 소천하셨습니다. 시부모님의 영혼구원을 놓고 한 아들의 기도에 하나님께서 신실하게 응답해 주셨습니다.

남편이 장남이라 장례가 나면 어떻게 해야 할 지를 조금씩 꼼꼼하게 준비를 한다고 해놓은 상태였는데도 장로님의 인도를 받지 못했다면 순조롭지 못한 장례식을 치렀을 것 같다는 생각이 많이 듭니다.

초라한 장례식이 아름답고 풍성한 장례식으로

장로님!

깊이 감사드립니다.

정말 은혜로운 장례식이었어요.

얼마나 순조로웠는지 모릅니다.

세밀하게 닦아 놓으신 노하우로 정신없었을지도 모를 상주들을 대신해서 장례를 치러 주셨다고 해도 과언이 아닌 것 같습니다. 하나님을 믿지 않는 시동생들과 동서의 마음에 커다란 그리스도의 향기를 남겨주셨습니다. 초라하게 치렀을지 모를 장례식을 아름답고 풍성하게 장식할 수 있도록 해주신 장로님께 마음속 깊이 감사드리며 또한 장로님을 만나게 해주신 하나님께 감사 올립니다.

시간이 지날수록 더욱 귀한 사역입니다

주님이 주시는 평안과 건강이 항상 장로님에게 임하시길 기도드립니다.

장로님 그간 평안 하셨는지요?

저는 지난 7월 22일 김○○ 모친상을 치렀던 유○ 집사입니다. 갑작스레 닥친 큰일 앞에서 당황하고 있을때 장로님의 주관으로 은혜롭게 잘마치게 됨을 너무나 감사하고 고마운 마음을 전합니다.

목사님과 전도사님께서 신 장로님께 상의드리라고 말씀하실 때 안면도 전혀 없는데 큰일을 부탁드리는 것이 너무 미안하기만 했던 것이 저의 솔직한 마음이었습니다.

서울대병원에서 만나 제대로 예도 갖추지 못한 채로 어머님의 장례를 상의드렸고 그 이후의 모든 어머님의 장례절차를 장로님이 주관해주셔서 장례기간을 너무나 감사하게 치렀고 어머님의 천국환송을 잘 마칠 수 있었습니다.

남의 장례를 보며 문상하고 그때 느꼈던 것과 제가 직접 상주가 되었을 때의 느낌과 감정은 너무나 달랐습니다. 찾아와 위로하고 마주하는 한 분 한분의 모습이 너무나 감사하고 고마움을 느꼈습니다.

이런 마음인데 장로님의 장례기간 동안 보이지 않게 섬겨주시고 사소한 것 하나하나까지 자세하게 설명해주시고 애써주시는 모습과 섬김이 하나 둘씩 새롭게 떠오릅니다. 처음 병원 접수부터 입관과 화장의 모든 절차와 추모관 섭외와 안치까지의 어려운 일들을 도맡아 처리해주셨습니다. 지금 생각해도 당황스러운데 힘써 주신 장로님께 감사하고 고마운 마음뿐입니다.

시간이 지날수록 어머님 생각이 더 나듯이 그 장례기간 동안 오직 어머님의 상사에만 전념 할 수 있도록 배려해주신 장로님과 경조사역팀의 귀한 섬김이 시간이 지날수록 더 생생하게 떠오르고 감사한 마음으로 기억

됩니다.

 이제는 이 땅에서 어머님과 함께할 수 없는 슬픔이지만 천국에서 다시 만날 새로운 희망을 가집니다. 장로님 말씀처럼 미력하지만 저도 받은 귀한 은혜를 도움이 필요한 이웃에게 흘러갈 수 있도록 하여 저의 삶을 통해서 예수님의 사랑이 보여지도록 노력하며 살겠습니다.

 다시 한번 이번 저희 어머님의 상사를 위해 애써주시고 힘써주신 장로님과 경조사역팀에게 감사의 말씀을 드리며 귀한 섬김을 저의 마음깊이 간직하고 기억하겠습니다. 장로님과 경조사역팀의 산업과 가정과 자녀와 건강을 위해 기도합니다. 축복합니다. 사랑합니다.

감사의 기도

장로님!.

지난 29일 소천하신 이○○님 장남입니다.

 어떻게 감사의 인사를 해야 할지 몰라 마음만 품고 있다가 이렇게 메일로나마 인사드립니다. 아버지가 돌아가신지 상당히 많은 시간이 흐른 것 같은데 날짜를 꼽아보니 열흘 밖에 되지 않았네요.

 이제 많은 것이 정리되었으나 문득 문득 아직도 실감이 나지않은 채 그리움이 맺힐 때면 천국으로 가신 아버지의 영혼이 예수님과 함께 계실 것을 생각하며 위로를 받습니다. 현실의 삶에 대한 집착이 너무나도 많았기에 마음 속으로 예수님을 영접하는 것도 참 어려웠고 이 세상을 향한 미련을 놓은 것도 그렇게 어려워서 가시기 전까지 육신의 고통이 그만큼 심하기도 하였으나 그래도 하나님의 은혜로 말미암아 고요히 하나님의 나라로 가셨으니 기도를 해도 감사의 기도만 나옵니다.

그동안 육신의 모습을 생각하다가도 오로지 우리에게 생명주시고 우리의 모든 것을 주관하시다가 주님의 주권으로 우리를 데려가시는 하나님을 생각할 때 감사함이 가슴속으로부터 밀려옵니다.

장로님과 경조사역팀이 안계셨다면 식구들은 모든 장례절차가 흠잡을 것 없이 잘 치러졌다며 상주인 제가 너무 잘했다고 하지만 제가 한 것은 장로님이 지도하시는 데로 몸 하나 그냥 움직인 것 뿐이라고 생각됩니다. 모든 과정을 주님이 주관하셨지만 장로님과 경조사역팀이 귀중한 도구로 사용되셔서 이렇게 슬픔이 지배할 장례과정도 복되게 하셨으니 감사함이 너무나도 큽니다.

목사님과 전도사님들, 장로님, 찬양대, 운구팀 또 눈에 띄지 않았어도 새벽에 나와서 헌신하셨던 분들, 그리고 더 이상 알뜰하고 친절할 수 없을 정도로 살림을 맡아주셨던 도우미 아주머니들. 선물이라도 하고 싶어도 그것이 주님을 향한 장로님과 장례팀 일원들의 순수함을 시험할 수도 있다 생각되어 이분들을 생각하며 오늘 새벽에도 기도를 하였습니다. 제가 보답하는 것이 기도밖에는 없다고 생각되었기에.

또 하나 경조사역팀을 통해 저는 아주 큰 것을 배웠습니다. 섬기는 것이 어떤 것인지를 지금까지 낮은 자세로 섬기게 해달라고 교만하지 않게 해달라고 종종 기도를 하곤 하였지만 그렇게 행동을 하지 못했으며 직분 속에서 제 영광을 추구 하였던 적도 많았던 것 같습니다.

주님은 지구촌교회 경조사역팀을 통해 어떻게 섬겨야 할지에 대해 많은 것을 깨우쳐 주셨습니다. 앞으로 제가 섬기고 있는 교회에서 제가 어떻게 봉사하고 헌신해야 할지 생각날 때 마다 길잡이로 삼을 것입니다.

측량할 수 없는 신비

신 장로님!

주님 안에서, 저희 아버지의 이 땅에서의 삶의 수고를 마감하는 장례예식에 장로님께서 도와주셔서 감사드립니다. 가장 궂은 일이고 또 가장 어렵고 힘든 일인데도 기쁘게 사역하시는 장로님의 모습이 보시기에 참 아름다웠습니다.

하나님께서 저희 아버지의 영혼을 사랑하셔서 돌아가시기 10일전에 구원하시고 천국으로 불러주심을 감사드립니다. 생명이신 예수님께서 죄인이었던 사랑하는 자녀에게 십자가에서 피흘리신 사랑으로 구원해주시는 주님의 사랑은 이해하기도 측량할 수 없는 놀라운 신비였습니다. 이번에 아버님을 통해 천국 가는 길이 얼마나 복되고 기쁜 일인지 피부로 느꼈고 또 눈으로 보았습니다.

더욱 감사한 것은 목사님을 비롯하여 전도사님, 마을장님, 장로님 그분들이 새벽을 깨우며 충성된 종으로 한영혼을 위하여 섬기는 모습이 감동이었습니다.

아무 준비없이 당한 일이라…

신 장로님께!.

저는 지난 10월 13일 갑작스레 소천하신 고 손○○ 장로(갈보리교회)의 장녀 손○○입니다. 생전에 아픈데 없이 너무 건강하게 지내시던 아버지의 갑작스런 죽음에 저희 삼남매는 미리 준비해 둔 것도 없고, 또 처음 겪는 일이라 무엇을 어떻게 해야 하는지 전혀 모르는 상황에서 장로님께서 처음부터 끝까지 곁에서 조언해주시고 장례 순서순서 순조롭게 진행해주셔서 너무 감사합니다. 장로님이 안 계셨다면 저희가 어떻게 그 큰일을 치렀을지 모르겠습니다. 제가 너무나 절차를 몰라서 아버지 다니시던 교회와 발인예배도 혼선을 빚게 만들어 마음이 많이 상하셨을 텐데도 전혀 내색하지 않으시고 끝까지 함께해주시고 저희에게 신앙생활 열심히 하면 된다고 당부하시고 가신 장로님께 저희 유가족 모두 다시 한번 깊이 고개 숙여 감사드립니다. 유토피아 추모관에 가서도 저희 아버지 안치단 자리를 보고 또 한번 저희 가족들이 장로님께 깊이 감사 드렸습니다. 정말 시간을 되돌릴 수만 있다면 되돌리고 싶어요. 아직까지도 저희 가족은 평소에 너무나 가정적이셨던 아버지의 죽음을 현실로 받아들이기가 힘들어 하루하루를 눈물로 보내고 있습니다.

그러나 돌이켜 보면 아무런 준비도 없고 무지한 저희 삼남매에게 무사히 아버지 장례를 치르게 장로님을 보내주신 분도 하나님이시고 순서순서 너무나 순조롭게 진행할 수 있게 주관하신 분도 하나님이심을 다시 한번 고백 하게 됩니다.

감사드려요!

장로님 안녕하세요? 김OO 가족입니다 장례 끝나고 경황이 없어 지금에야 연락 드려요 장로님께서 도와주셔서 저희 가족에게 큰 힘이 되었습니다. 큰 감사드립니다. 저희 가족은 교회에 나가게 되었습니다. 앞으로 믿음있는 가정이 되겠습니다. 장로님 다시 한번 감사드립니다.

기독교 장례로 치르도록 도움주셔서 감사

신성호 장로님!!

지난 주 상이 있었던 김○○이라고 합니다. 경황이 없어 고맙다는 인사도 못 드려 죄송해서요! 아버님 마지막 가시는 길 많은 도움 주셔서 너무 감사합니다.

저를 제외하고 나머지 가족들이 신앙이 없어서 저 역시도 기독교 장례가 뭔지 잘 몰라 어려웠는데 많은 도움으로 집안 처음으로 기독교 장례로 잘 치렀습니다. 여러분의 도움으로 삼우예배까지 드리게 되었고 가족들도 기독교에 마음이 많이 열렸습니다. 앞으로 추모예배 드리는 것도 아득했는데 장로님이 쓰신 책도 많은 도움이 되네요. 너무 감사하고 경조사역이 너무 귀함을 느낍니다. 은혜 보답하는 것은 기도 외엔 없는 것 같네요! 계속 장로님과 경조사역을 위해 기도하겠습니다.

교회장으로 치른 장례식

신 장로님!

지난번 저희 모친 장례식 때 여러모로 애써주시고 수고해주신 것에 정말 감사 드립니다. 어머님께서도 교회장으로 평안하고 은혜롭게 모셨고 하나님 계신 천국에 가셨습니다. 믿는 가정이 저희 집 밖에 없어 교회장 할 때 다른 가족들의 거부감 등을 걱정했는데 너무 은혜롭게 진행된 절차에 다들 고마워하십니다. 다시 한번 감사드립니다.

장례팀에 감사합니다

신 장로님!!

감사합니다! 너무 늦게 인사드리게 되었네요. 지난주 목요일에 발인한 홍ㅇㅇ고인의 자녀 홍ㅇㅇ입니다. 믿지 않는 가정에서 교회장으로 치르는데 부딪치는 부분이 많았을 터인데 이해해 주시고 큰 문제없이 의식을 치를 수 있게 배려해 주셔서 감사합니다. 또한 장지가 멀어서 힘들었을 터인데도 그곳까지 새벽부터 늦은 시간까지 함께해주셔서 감사합니다. 경황이 없어서 식사 대접도 못하고 가시게 했네요? 모든 것을 주관하신 장례팀에 감사한 마음 또한 어찌 표현해야 할지 모르겠네요? 너무 감사합니다. 제가 혹시 감사를 표현할 인간적인 방법은 없을 까요?

장례 후 가족예배

샬롬! 장로님 덕분에 아버님의 천국환송의식을 잘 치렀습니다.

그리고 삼우제 대신 내일 주일 우리 교회에서 가족 모두(비신자 포함) 12시 예배 드리기로 결정하였습니다. 이 모든 것이 주님께서 베풀어주신 은혜라 생각합니다. 감사합니다.

하늘 아버지께도 감사

안녕하세요?

10월 30일 천국으로 간 현ㅇㅇ(38세)형제 누나입니다. 너무너무 생각할수록 감사해서 어떤 인사로도 갚을 수 없을 것 같습니다.

딱 일주일 뒤 거짓말처럼 시아버지께서도 별세를 하셔서 경황이 없다가 이제야 감사드림을 용서해 주세요! 하나님 사역하시는 장로님 덕분에 감사와 평안 가운데 장례를 잘 치를 수 있어서 너무 감사합니다. 장로님 늘 건강하시기를 하늘 아버지께 기도하겠습니다.

택하신 자녀를 위한 주님의 계획

장로님!!
장례의 시작부터 끝까지 아무것도 몰랐던 저희 가족 대신 챙겨주시고 슬픔을 함께하여 주셔서 감사드립니다. 장로님의 사랑의 헌신 덕분에 제 동생은 우리 교회 유토피아 추모관에 잘 모셨습니다. 장례 후 주님의 품에 안식했음을 알게 하셨고 부모님도 우리 교회 분들의 헌신과 사랑에 감동하시며 믿음의 간증을 해주셨습니다. 동생과의 빠른 이별이 아쉽지만 주님이 지명하고 택하신 자녀들을 위한 주님의 놀라운 계획을 경험하는 은혜와 감사의 시간이었습니다. 장로님의 헌신에 어떻게 감사해야 할지 찾아 뵙고 인사드려야 하지만 먼저 문자로 감사 인사 올림을 너그러히 용서해 주시기 바랍니다. 우리 교회에 장로님이 계시다는 것이 자랑스러워요! 감사합니다.

한 해를 마감하며

신성호 장로님께!
한해를 마감하는 자리에 서서 마음 속 깊이 감사의 인사를 올립니다.

저희 친정 아버지께서 소천하신 지 3개월이 지났고 시아버지는 3년이 지났는데 장로님께서 두 분의 장례를 주관하여 주셔서 양가 가족에게 많은 감동과 사랑을 주셨습니다. 예수님을 믿지 않았던 가족들도 있는데 그들의 마음이 성큼 다가왔음을 느끼며 귀하신 사역에 저와 언니도 언젠가 동참해야겠다는 다짐을 하게 해 주셨습니다. 늘 건강하셔서 주님의 사랑을 오래토록 많은 영혼에게 전해주시기를 소원하며 새해에도 평안과 감사가 충만하시기를 기도합니다.

사랑과 정성으로 섬겨주심

신성호 장로님께!

늦은 밤 아버지 소천 소식을 듣고 너무나 놀라 슬퍼하며 우왕좌왕하고 있는 중에 저희 가정에 함께 하여 주셔서 정말 의지가 되고 힘이 되었습니다.

더구나 구원 받지 않은 가족이 많은 저희 가정에 장로님의 사랑과 정성은 주님께로 더 나아갈 수 있는 시간이 되었습니다. 다시 한번 머리 숙여 감사드리고 장로님과 장로님 가정 위해서 기도로 중보하겠습니다.

•• 방송을 보고 듣고 보내주신 메일

큰 감동

신성호 장로님께!

오늘 아침 보내주신 책자를 잘 받아보았습니다. 교회생활 하시면서 마음과 몸에 배인 자료들과 은혜들을 책으로 엮으신 것 같아 더욱 큰 감동이 됩니다. 책 내용을 찬찬히 읽어보면서 다시 한번 뜻을 새기도록 하겠습니다. 감사합니다.

앞으로의 사역에 더욱 큰 능력이 있으시기 바라고 항상 건강하십시오.

이명희 교수

진정한 섬김

"죽음에서 천국까지의 섬김" 이생의 모든 영화를 경험하시고 하나님의 보호하심으로 섬김의 삶을 사시는 장로님께 박수를 보냅니다. 역시 성경 말씀대로 즐거운 결혼식보다는 엄숙한 장례식에 가는 것이 인생을 배우는 첩경인 것을 다시 한번 느낍니다.

어차피 한 번은 가는 인생인데 그 이후의 삶을 준비하는 우리에게 필요한 것 같습니다. 늘 많은 것으로 수고하시며 영혼 살리는 것을 귀히 여기시는 장로님의 섬김이 끝까지 계속되시기를 기도합니다.

김성찬

▸▸ 지구촌교회장례지도위원 신성호 장로 간증을 듣고
섬김의 정신

안녕하세요.

'새롭게 하소서'를 애청하는 청취자입니다.

신성호 장로님의 간증을 들으며 많은 은혜를 받았습니다. 상을 당한 분들의 장례를 진정한 섬김을 통해 그리스도의 사랑으로 치르고 많은 유가족들을 그리스도 앞으로 인도하신 간증에 많은 감동을 받았습니다. 단순히 장례예배를 드리는 것으로 끝나는 차원을 넘어서 장례의 모든 절차를 처음부터 끝까지 사랑과 섬김의 정신 속에서 헌신적으로 담당하신 장로님의 섬김을 우리 모든 교회가 진심으로 배워 실천해야 한다고 생각이 들었습니다.

큰 슬픔을 당한 유가족을 위로하고 진심에서 돕고 섬기며 이 세상을 떠나는 분들을 위한 소중한 사랑과 섬김의 사역이라고 생각합니다. 감사합니다!

양정수

'죽음에서 천국까지의 섬김' 지구촌교회 신성호 장로

성경에 잔칫집에 가는 것보다는 초상집에 가라는 권면의 말씀이 나옵니다. 그만큼 죽음 앞에서는 생각할 것이 많다는 것을 말해 주는 것이라 생각합니다. 여태까지 수많은 사람들이 죽음 이후에 천국으로 가기까지의 마지막 절차를 위해서 애쓰신 장로님의 수고는 주님께서 기억하시리라 믿습니다.

간혹 섬김을 통하여서 어려움과 오해를 받을 수도 있지만 그것도 주님의 십자가를 생각하면서 마음만 고쳐먹으면 아무런 문제가 될 게 없다는 장로님의 말을 들으면서 바른 섬김의 자세에 대한 생각을 하게 되었습니다.

온갖 궂은 일을 하지만 주님께서 맡기신 사명이시기에 그 일을 감당해 오신 장로님. 그 장로님에게는 장례를 치른 후에 가족들이 몰려와서 교회에 등록을 했다는 말과 교회에 등록한 사람들이 신앙으로 잘 성장하는 모습을 볼 때라고 하셨습니다.

자신에게 시선을 주는 사람들이 오직 주님에게만 시선을 돌릴 수 있기를 바라는 신성호 장로님. 아무리 많은 일을 해도 주님께서 건강을 주셔서 그 일을 할 수 있다면서 감사를 잊지 않는 장로님에게 우리 주님께서 올바른 기독교 장례문화를 이 땅에 정착시킬 수 있는 일을 장로님을 통해서 하실 수 있기를 바랍니다.

앞으로 주님께서 장로님에게 더욱 힘주셔서 하시는 일 잘 감당하실 수 있기를 바라고 천국에 가시면 이 땅에서 장로님을 반갑게 기다릴 많은 분들이 있을 줄로 믿습니다. 주님의 위로와 격려가 있으시길 기도합니다

이동영 교수

PART
6

너희는 마음에 근심하지 말라 하나님을 믿으니 또 나를 믿으라 내 아버지 집에 거할 곳이 많도다 그렇지 않으면 너희에게 일렀으리라 내가 너희를 위하여 처소를 예비하러 가노니 가서 너희를 위하여 처소를 예비하면 내가 다시 와서 너희를 내게로 영접하여 나 있는 곳에 너희도 있게 하리라 요 14 : 1~3

PART
6
장례예배를 위한 설교와 기도문

장례식이 발생하면 다음과 같은 순서로 기독교 예배를 드리게 된다.
'장례'는 사람이 임종하면서부터 입관, 발인, 하관, 봉분에 이르기까지의 장사(葬事) 전반에 관한 예식을 가리킨다. 따라서 '장례예배'는 임종예배, 입관예배, 발인예배, 하관예배 등 장사에 관한 모든 예배를 통틀어 부르는 호칭이다.

임종예배

죽음을 앞둔 사람과 더불어 운명을 주관하시는 하나님께 드리는 임종예배는 환자에게는 천국을 소망케 하고, 가족에게는 신앙적 용기를 북돋워준다. 한편, 병원 또는 집에서 환자가 위독한 상태에 빠지면 가족들은 의사와 교역자에게 연락하여 의논하고 의사의 처방을 받으며, 침착한 태도로 교역자와 임종예배를 드린다.

임종예배
(교단에 따라 다를 수 있음. 가족, 친척 위주)

인도 ···	목사
묵도 ···	다같이
사도신경 ·········· 교단이나 교회에 따라 생략 가능 ············	다같이
찬송 ·········· 492장(통544장) 잠시 세상에 내가 살면서 ··········	다같이
기도 ···	담당자
말씀 ·········· 본향을 향하는 나그네(벧전 1:1-5) ············	목사(사회자)
유언장낭독 ················ (유언장이 있을 시) ················	고문변호사, 목사
광고 ···	목사(사회자)
찬송 ·········· 486장(통474장) 이 세상에 근심된 일이 많고 ········	다같이
축도 ·········· (인도자가 목사가 아닐 경우 주기도문) ············	목사, 사회자

본향을 향하는 나그네

찬송가 : 492장(통544장)
성경말씀 : 베드로전서 1:1-5

이 세상의 모든 사람들은 태어난 고향이 있습니다. 어느 분들은 고향에서 태어나 고향에서 살다가 고향에서 죽음을 맞이하기도 하지만 많은 사람들은 고향을 떠나서 타향살이로 인생을 살아갑니다. 고향을 떠난 분들은 언제나 자신이 자라고 뛰어놀던 그 고향을 가슴에 그리워하며 살아갑니다.

오늘 본문인 베드로전서 1장 1절 말씀을 보면 초대교회 당시에 예수님을 믿는 신앙 때문에 본인들이 원하지 않았지만 고향을 떠나서 흩어져야 했던 믿음의 선배들이 있었습니다. 그들은 예루살렘을 떠나서 본도, 갈라디아, 갑바도기아, 아시아, 비두니아에 흩어져 타향살이를 살았다고 말합니다. 좋은 이유로 고향을 떠나도 늘 그 고향은 그리움의 장소가 되는데 신앙의 핍박 때문에 고향을 떠난 그리스도인들은 어떻게 그리움을 이기며 믿음을 붙잡고 승리하며 끝까지 믿음으로 이겨낼 수 있었을까요?

모든 인생은 나그네의 삶이라는 것을 기억하였습니다

본문 1절에 보면 믿는 성도들의 삶을 나그네 삶으로 묘사하고 있습니다. 나그네의 삶은 이 땅이 우리의 고향이 아니라는 것을 보여주는 것입니다. 우리가 죄 가운데 있을 때는 천국에 대하여 나그네였습니다. 그러나 이제 예수를 믿고 살아온 삶은 이 땅에 대하여는 나그네이지만 천국에 대하여는 고향의 그리움을 갖게 되는 것입니다. 우리는 고향의 아름다운 추억을 떠올리면서 잠시라도 행복한 추억의 여유를 가져 보듯이 천국을 고향으로 삼은 사람들은 죽음을 두려워하지 않으며 고향에 돌아가 주님을 만날 것을 기대하는 것입니다. 성경에 등장하는 모든 믿음의 사람들도 이 세상을 나그네로 살았습니다. 아브라함을 비롯한 모든 신앙의 선진들도 이 나그네의 마음으로 모든 삶을 살며 돌아갈 본향을 그리워했습니다. 나그네는 이 땅에 영원한 것을 두지 않습니다. 늘 돌아갈 곳을 생각하며 살아갑니다. 그리고 이제 나그네의 무거운 짐들을 다 내려놓고 본향으로 돌아가는 것입니다. 그러므로 이제 편안한 마음으로 그 고향되는 본향을 바라보시면서 우리를 영접할 주님을 기억하시길 바랍니다.

우리는 산 소망을 붙들어야 합니다

오늘 성경본문 3절은 "산 소망"이 있게 하셨다고 말씀하십니다. 소망은 바랄 것이 있다는 것입니다. 절망은 바랄 것이 끝났다는 것입니다. 영원한 생명이 없으면 죽음은 절망이 됩니다. 그러므로 우리 그리스도인들은 소망이 있다는 것입니다. 그것도 산 소망이라고 말씀하십니다. 우리는 죽음이 끝이 아니라 하늘에 소망을 둔 믿음의 사람들로서 영원한 생명이 있는 산 소망을 가진 하나님의 자녀라는 사실을 말씀합니다.

예수님을 믿고 새생명을 가진 우리들은 하늘의 살아있는 소망을 가지고 있는 것입니다. 그리고 다시 한번 성경은 4절에 "너희를 위하여 하늘에 간직하신 것이라"고 말씀하십니다. 주님께서 우리의 산 소망을 하늘에 간직하게 하시고 오늘까지 함께 나그네의 길을 걸어주셨습니다.

그러므로 이제 우리 모두 눈을 들어 하늘을 보며 주님 안에서 살아있는 소망을 간직하고 오늘을 바라보며 아름답게 삶을 살아야 합니다.

○○○(직분)님은 인생길을 나그네로서 귀하게 살아오셨습니다. 그리고 끝까지 본향을 바라보시며 산 소망을 간직하며 주님을 만날 시간을 기다리고 계십니다. 끝까지 살아있는 산 소망을 간직하고 주님을 만나시길 축원하며 모든 가족도 다 함께 돌아갈 본향 천국이 있으시길 부탁드립니다. 아직 예수 믿지 않는 가족들이 계시다면 이 시간 예수님을 믿고 다 함께 산 소망을 가진 본향이 있는 믿음으로 모든 가족이 아름답게 믿음 안에서도 한 가족이 되시길 주님의 이름으로 축원합니다.

기도문

살아 계신 하나님, 이 시간 저희들은 고 ○○○님의 임종 예배로 모였습니다. 사람들은 나만은 오래 살 것 같다는 다른 생각을 하지만 결국은 하나님 앞에 설 수 밖에 없는 날이 옵니다. 우리는 이 땅에서 천수를 누릴 것 같지만 나그네 인생이요 잠시 왔다가는 인생인 것입니다.

우리의 인생이 어디서 왔다가 어디로 가는지, 우리에게 생명을 주신 이가 누구신지 모르고 살지만 예수님을 영접하고 믿음을 가진 자는 반드시 돌아 갈 본향이 있다는 것입니다. 그렇기에 우리가 함께 모여 예배를 드리는 것은 이 육체가 죽었음을 슬퍼 애도하는 것이 아니라 영원한 생명을 부여받고 먼저 하늘나라로 갔다는 것을 믿으며 감사하며 예배를 드리는 것입니다.

또한 이 땅에서 남겨진 우리들도 열심을 다해 주님을 섬기며 다시 하늘나라 천국에서 다시 뵈올 때에 부끄럼이 없기 위해 최선을 다하기로 다짐하는 것입니다. 또한 우리는 이 영혼이 하나님 통치에 들어갔음을 믿고 감사하는 예배를 드리기 위함입니다.

하지만 가족들은 육신의 남편, 육신의 아버지, 형제가 이제는 곁을 떠나야 하기에 슬픔이 있을지라도 마음들을 위로하시고 더욱 믿음에 확고히 서실 수 있도록 담대한 믿음을 주시기를 예수님의 이름으로 기도하옵나이다. 아멘.

아름다운 마무리를 준비합시다

찬송가 : 493장(통545장)
성경말씀 : 창세기 25:5-11

《삼총사》라는 소설로 유명한 프랑스의 극작가이며 소설가인 알렉산더 듀마에게 어느 날 한 여인이 찾아와 "당신은 어떻게 그리도 고상하게 늙어 가십니까?" 하고 물었습니다. 그때 듀마는 "부인 나는 고상하게 늙으려고 모든 시간을 투자합니다. 항상 고상하게 생각하고, 항상 고상하게 말하며, 항상 고상하게 행동합니다."라고 대답했다고 합니다.

누구나 인생의 마무리를 아름답게 해야 한다는 소원이 있습니다. 오늘 고인과 같이 아름다운 인생을 마무리를 하려면 어떻게 하면 좋겠습니까? 인생을 아름답게 마무리 하는 것은 하루아침에 되는 것이 아닙니다. 듀마의 말처럼 하루하루 우리가 걸었던 삶에 족적이 쌓여서 그 결과가 우리 인생에 마무리가 되는 것입니다.

그래서 우리는 인생을 아름답게 마무리하기 위해 미리 준비해야 합니다. 본문은 믿음의 조상으로 알려진 아브라함의 인생에서 마지막 장면을 소개합니다. 우리가 어떻게 하면 아브라함과 같이 그리고 오늘 우리에게 본을 보여준 ○○○과 같이 아름답게 인생을 마무리할 수 있을까요?

첫째, 떠난 후에 남은 자리가 깨끗해야 합니다

아브라함은 자신이 세상을 떠난 후 남겨질 자리가 혼란스럽지 않고 깨끗할 수 있도록 미리 정리했습니다(5-6절). 자신이 떠난 후 자녀들 사이에 재산으로 다툼이 일어나지 않도록 서자들에게도 재산을 분배하여 미리 정리한 것입니다. 우리가 떠난 후 남은 자리가 깨끗할 수 있도록 항상 주변 정리가 되어 있어야 합니다.

언젠가 성도 한 분이 교통사고로 갑자기 세상을 떠났는데 고인의 집에 가서 모두가 깜짝 놀랐습니다. 왜냐하면 마치 자신의 죽음을 미리 알기라도 한 것처럼 집안이 너무나 깨끗하게 정돈되어 있을 뿐만 아니라 예상이라도 한듯 가족들이 혼란스럽지 않게 정리되어 있었기 때문입니다. 그래서 갑작스런 죽음이었지만 모두에게 위로가 되었습니다. 아름다운 인생의 마무리를 위해서 우리는 평소에 주변을 깨끗하게 정리해야 합니다.

둘째, 떠난 후에 머물 자리를 준비해야 합니다

아브라함은 자신이 세상을 떠났을 때 머물 자리를 미리 준비했습니다. 먼저 9-10절을 보면 자신의 육체가 묻힐 묘지를 준비했습니다. 그리고 8절을 보면 "자기 열조에게로 돌아가매"라고 했습니다. 이 말은 그 영혼이 하나님의 품 안에 들어갔다는 것입니다. 그는 죽음 후에 영혼이 들어갈 천국을 준비했다는 것입니다.

성경은 말씀하십니다. "한번 죽는 것은 사람에게 정해진 것이요 그 후에는 심판이 있으리니." 히 9:27 여러분! 여러분은 그날의 심판 앞에 설 준비가 되셨습니까? 이것이 준비 되지 않았다면 여러분은 죽음을 위해 가장 중요한 것을 준비하지 못하신 것입니다. 영원한 생명을 준비하십시오. 그것이 가장 중요한 준비입니다.

셋째, 떠난 후에 남은 사람을 축복해야 합니다

아브라함은 세상을 떠났을 때 하나님께서 아브라함이 받은 복을 아들, 이삭에게 그대로 계승하여 주셨습니다 (11절). 아브라함이 잘 살았기 때문에 그 복이 그 아들의 삶에 그대로 계승된 것입니다. 우리도 아름다운 마무리를 원한다면 남겨질 사람들에게 축복을 남겨놓을 수 있어야 합니다.

서두에 말씀드린 소설가 알렉산더 듀마의 말처럼 오늘 우리가 축복하는 사람이 되지 않으면 우리 인생의 마지막에 축복할 수 없습니다. 여러분의 인생의 마지막에 누군가를 저주하고 마감한다면, 누군가와 원수를 맺고 마감한다면 그 얼마나 비참한 인생입니까? 오늘 축복하는 인생이 되십시오. 여러분은 여러분이 살다간 자리가 어떻게 남겨지길 원하십니까? 지금 이대로 마무리 되어도 괜찮겠습니까? 아름다운 본을 보인 고인과 같이 그 본을 따라가시길 축복합니다.

기도문

생명의 근원이 되시는 살아계신 하나님.

우리들은 다 하나님께로부터 왔다가 하나님의 높으신 뜻을 다 이해하지도 못하고, 하나님 앞에 의롭지도 못한 죄인들이옵니다. 고인이 세상에 있을 때 우리가 하나님의 자녀 된 도리도 다하지 못하였고 성도로서의 사랑도 그에게 다 베풀지 못하였음을 슬퍼하오며 하나님 앞에 참회하나이다.

자비로우신 하나님 저희들을 긍휼히 여기시고 우리의 허물을 용서하여 주시기 간절히 원하옵니다. 이제 고 000 성도님의 임종을 당하여 장례를 준비하고자 하오니 성령께서 이 자리에 임재하셔서 모든 슬퍼하는 이들의 마음을 위로하여 주시고 믿음과 소망을 더욱 굳세게 하여 주시옵소서.

자비로우신 하나님.

이 성도님이 세상에 있을 때 하나님께서 저를 부르사 예수 그리스도를 믿고 영원한 후사로 세워 주셨습니다. 이제 우리로 하여금 그의 귀한 신앙과 진실한 생활을 본받게 하시고 좋은 신앙의 후계자가 되게 하여 주옵소서. 이 시간 성령께서 저희 어두운 마음을 밝히사 하나님의 크신 경륜을 알게 하여 주시기를 우리 주 예수 그리스도의 이름으로 간절히 기도드립니다. 아멘.

바울의 유언

찬송가 : 610장(통 289장)
성경말씀 : 디모데후서 4:6-8

오늘 본문은 바울의 마지막 유언과도 같은 말씀입니다

6절에서 바울은 자신의 임종이 얼마 남지 않았음을 직감하면서 영적 아들인 디모데에게 자신의 살아왔던 삶을 정리하며 자신과 같은 믿음의 삶을 살 것을 권면하고 있습니다.

보통 사람들은 어떻게 유언을 할까요?

대부분의 사람은 더 열심히 살지 못한 것과 더 많이 사랑하지 못한 것에 대한 후회와 미안함을 전하며 너는 나처럼 살지 말 것을 말할 텐데 오늘 본문의 바울은 오히려 자신이 어떤 믿음의 삶을 살았는지를 회고하며 너도 나처럼 되기를 원한다고 말하고 있습니다. 바울이라고 왜 후회가 없겠습니까?

하지만 바울은 임종을 눈앞에 둔 시점에서 후회한들 소용이 없음을 너무나 잘 알고 이 시점에서는 오히려 남은 자들이 붙잡아야 할 푯대가 필요함을 상기했던 것입니다.

그는 빌립보서 3:14에서 자신은 일평생 오직 "푯대를 향하여 그리스도 예수안에서 하나님이 위에서 부르신 부름의 상을 위하여 달려왔다"고 고백하고 있습니다.

그러면서 오늘 본문 7절에서 "믿음의 선한 싸움을 싸우고 나의 달려갈 길을 마치고 믿음을 지켰다"고 고백합니다.

어떻게 보면 자신에 대한 자랑 같지만 그만큼 바울은 '오직 예수, 오직 믿음'의 삶을 살았음을 고백하며 너도 나처럼 '오직 예수, 오직 믿음의 푯대'를 향해 달려가야 함을 강조하고 있는 것입니다. 오늘 우리 사랑하는 ○○○님도 일평생 주님 안에서 바울처럼 '오직 예수, 오직 믿음'의 삶을 살았던 분이셨습니다. 오늘 우리 ○○○님도 임종을 앞둔 시점에서 바울과 같은 심정으로 사랑하는 자녀들이 험난한 세상 속에서 오직 믿음의 선한 싸움을 싸우고 주어진 사명을 다하며 믿음을 굳게 지키는 삶을 살 것을 마지막 유언으로 말씀하고 싶으실 것입니다.

이제 우리 자녀들은 사랑하는 ○○○님을 주님 품으로 떠나보내면서 우리에게 보여주셨던 믿음의 행로대로 그렇게 살기를 다짐해야 합니다.

의의 면류관이 주어지고 천국을 소유

믿음의 선한 싸움을 싸우고 승리한 바울에게는 어떤 삶이 주어질까요? 오늘 본문 8절에 보면 의의 면류관이 주어지고 천국을 소유할 것을 말씀하고 있습니다. 이것은 곧 구원을 의미하며 천국에서의 영원한 삶이 보장됨을 의미합니다. 바울은 이런 믿음과 확신이 있었기 때문에 죽음 앞에서도 당당하게 오직 예수를 외칠 수 있었고 디모데를 향해서도 나처럼 살 것을 권면하고 있는 것입니다.

오늘 우리 사랑하는 OOO님도 역시 예수 그리스도를 개인의 구주로 영접하고 이 땅에서 믿음의 절개를 지키고 선한 싸움을 마쳤기 때문에 분명 천국에서의 영원한 삶이 보장되어질 것입니다.

사랑하는 OOO님은 이미 천국 백성으로써 구원이 확증되고 보장되었지만 이 구원의 역사가 자신만으로 끝나는 것을 원치 않으실 것입니다. 후대의 모든 자손들이 자신이 걸어갔던 믿음의 경주를 무사히 마치고 천국에서 다시 만날 것을 소망하며 온 가족이 예수 믿기를 원하고 계실 것입니다.

아직까지 예수를 알지 못하고 개인의 구주로 믿지 못하는 가족이 있다면 이 시간 OOO님의 임종 앞에서 진지하게 예수님을 믿으시기를 주님의 이름으로 축원합니다. 그것이 부모를 떠나보내는 자식이 할 수 있는 최대의 효이고 사랑인 것입니다. 그리고 OOO님의 유지를 받들어 이 세상에서 믿음의 절개를 지키고 집안을 믿음의 명문가정으로 이루시기를 주님의 이름으로 축원드립니다.

기도문

우리의 인생길에서 지금껏 하나님 나라를 위해 헌신해 오신 OOO님의 삶을 되돌아보며 기도드립니다. OOO님은 몸은 이 땅에 있었지만 높은 하늘나라를 바라보았고 그 나라의 영광을 살아오셨습니다. 그는 오히려 죽음 앞에서도 차분했고 솔직했으며 하나님의 나라에 대한 확신으로 가득찼습니다. 그리고 죽음 앞에서조차 하나님을 깊이 만나기를 소원하셨다가 이제는 너무나 사랑하는 주님 앞에 서 계신 것을 믿습니다.

우리는 주의 영광을 위해 스스로 주께 드려지는 삶을 소망합니다. 마찬가지로

○○○님은 일생을 주님을 위해 쓰임으로 받다가 마지막 순간까지도 주님 앞에 소망을 두고 드려지는 사람을 사셨습니다.

이제 ○○○님은 이 세상의 밧줄을 놓고 천국을 향해 힘차게 가고 있습니다. 그곳에서 사랑하는 주님을 만나 행복 가운데 살아갈 것입니다. 이 땅에 남아있는 우리는 주님의 그 품을 사모하고 그곳에서 영원한 안식을 누리고 그곳에서 다시 만날 것을 소망하며 더 열심히 삶을 살아갈 것입니다.

하나님 우리에게도 큰 위로를 주시고 그곳을 소망하는 믿음을 가지고 살아가게 하옵소서. 훗날 주님 앞에 함께 서는 그 날을 소망하며 믿음으로 다시 한번 걸음을 옮기겠습니다.

주님 우리와 함께 해주시고 우리를 위로해주시고 소망가운데 남을 날들을 살아가게 하옵소서. 예수님의 이름으로 기도드립니다. 아멘

위로예배

위로예배는 교회마다 조금씩 다른 장례절차를 갖습니다. 임종예배, 입관예배, 발인/출관(천국환송)예배, 하관예배를 드리고 장지에서 돌아와 가족과 함께 위로예배를 드립니다. 그러나 장례문화의 변화에 따라 위로예배를 장례 중에 드리고 장지에서 마지막 예배를 드리는 경우도 많이 있습니다.

위로예배는 말 그대로 유가족들이 고인이 된 분을 장례하면서 슬프고 힘든 마음을 위로하기 위하여 교회의 성도님들과 함께 예배를 통하여 말씀과 찬양으로 위로를 하는 예배입니다. 그러므로 분주한 장례 속에서 잠시라도 모든 분주함을 멈추고 하나님을 바라보며 믿음의 위로가 있도록 마음을 다하는 위로의 예배가 되도록 드려야 합니다.

첫 위로 예배 - 임종예배를 드리지 못했을 때
(가족, 친척 위주)

인도	목사
묵도	다같이
사도신경 …… 교단이나 교회에 따라 생략 가능	다같이
찬송 …… 606장(통291장) 해보다 더 밝은 저 천국	다같이
기도	담당자
말씀 …… 좋은 이름을 남긴 사람은 아름답습니다(전 7:1-4)	목사
광고	목사(사회자)
축도	목사

좋은 이름을 남긴 사람은 아름답습니다

찬송가 : 606장(통291장)
성경말씀 : 전도서 7:1-4

무엇을 남기는 삶이 되어야 할까요?

옛말에 "호랑이는 죽어서 가죽을 남기고 사람은 죽어서 이름을 남긴다"는 말이 있습니다. 사람은 죽어서 남기는 것이 이름이라는 것은 그 이름의 의미를 말하는 것일 것입니다. 예수님을 팔아넘겼던 가룟 유다 이후에 이 동일한 이름을 자녀에게 지어주고 싶은 부모는 없었을 것입니다. 바로 이것이 이름의 의미라고 생각합니다. 이름은 그 사람의 삶의 의미를 담습니다. 그리고 그 이름으로 그 사람을 평가하게 됩니다.

오늘 전도서는 "좋은 이름이 좋은 기름보다 낫다"고 말씀합니다. 개역한글에는 "아름다운 이름"이라고 번역되어 있었습니다. 고대 근동지방에 아름다운 이름, 좋은 이름이란 한 사람의 삶을 상징적으로 말하는 것입니다. 본문에서 말하는 좋은 이름, 아름다운 이름은 유명한 이름을 말하는 것은 아닙니다. 얼마나 많은 돈을 벌었는가?를 말하는 것도 아니고 얼마나 큰 권력을 가졌던가?를 의미하는 것도 아닙니다. 아름답고 좋은 이름은 그 사람이 얼마나 성실했으며 충성스러웠으며 사람을 사랑했는가?에 평가된다고 생각합니다.

"좋은 기름"이란 향유를 가르킵니다. 이 기름은 부자들만 사용할 수 있었던 기름을 말하는 것입니다. 그러므로 부자로서 살았던 삶보다 좋은 이름으로 아름답게 살았던 삶이 더 좋은 것이라고 말씀하는 것입니다.

오늘 고 ○○○님의 삶은 가정과 교회에서 아름다운 이름, 좋은 이름으로 사셨습니다. 가족들을 사랑하였고 또 교회에서도 아름다운 삶을 사셨습니다. 그분이 우리에게 남겼던 소중한 삶의 모습과 아름다운 섬김과 그리고 가족을 향했던 마음들은 우리에게 분명 좋은 이름으로 남아있습니다. 그 분의 삶을 통하여 우리도 좋은 이름을 남기는 삶을 살도록 결단하며 가장 좋은 이름은 천국의 생명책에 기록되는 것이므로 가장 소중한 생명의 이름이 되기를 소원합니다. 이 땅에서의 부귀영화보다 더 중요한 것은 하나님이 우리를 구원하여 주시고 우리의 이름이 그 생명책에 있어야 하는 것임을 알아 오늘 고 ○○○님의 좋은 이름이 이 가족의 자랑이 되시고 그리고 이 가정의 위로가 되시길 주님의 이름으로 축원합니다.

초상집의 마음을 가져야 합니다

오늘 본문 7장 2절은 "초상집에 가는 것이 잔칫집에 가는 것보다 낫다"고 말씀하십니다. 일반적으로 모든 사람은 초상집보다 잔칫집을 더 가기를 원할 수 있습니다. 그러나 성경은 초상집에 가는 것이 낫다고 말씀하십니다. 무슨 말씀이실까요?

초상집에 가는 사람은 자신의 죽음에 대하여 고민하게 됩니다. 결국은 우리가 다 죽는다는 것을 초상집에서 기억하게 됩니다. 가족도, 그리고 내가 가지고 있는 어떤 것도 결국은 나와 영원히 함께 할 수 없음을 알게 됩니다. 그러므로 죽음에 대한 경각심과 경건함과 오늘을 어떻게 살아야 하는지를 돌아보는 마음을 가지고 초상집에서 나올 때는 각성된 마음으로 인생을 진지하게 돌아보게 됩니다.

반대로 잔칫집은 흥에 겨움이 있고 즐거움이 있습니다. 그리고 아름다운 옷을 입은 멋있는 사람들도 많이 보게 됩니다. 그러나 그곳에서는 인생의 마지막에 대한 고민이 없습니다. 죽음에 대한 이야기를 잔칫집에서 할 수는 없기 때문입니다. 성경은 말씀합니다. 2절에 "모든 사람의 끝이 이와 같이 됨이라." 우리 모두는 끝이 있다는 것을 말씀하고 있습니다.

웃으면 복이 온다

3절에는 "슬픔이 웃음보다 나음은 얼굴에 근심하는 것이 마음에 유익하기 때문이니라"고 말씀합니다. 이 말씀도 오늘날 우리의 일반적인 생각하고는 다릅니다. 우리는 "웃으면 복이 온다고 믿습니다." 얼굴에 근심이 있으면 복이 달아난다고 말합니다. 그러나 성경에서 말하는 얼굴의 근심은 우리 마음이 가벼운 웃음보다 진지하게 자신의 삶을 고민하고 자신의 인생에 대한 부족함을 알아 자신을 돌아보는 진지한 마음을 이야기 하는 것입니다. 가볍게 축제에 가서 마시고 놀다가 오는 삶은 부담도 없고 즐겁고 행복한 것 같지만 죽음이라는 것을 생각하고 행동한다면 그것은 훗날 내 인생을 생각해 볼 때 낭비가 될 수 있다는 것입니다.

그러므로 우리는 이제 4절의 말씀을 들어야 합니다

지혜자의 마음은 초상집에 있으되

우매한 자의 마음은 혼인집에 있느니라 4절

오늘 우리는 고 ○○○님의 위로예배를 통하여 이 말씀으로 우리 자신을 돌아보아야 합니다. 그래서 우리의 마음이 이 땅에 사는 동안 세상 것에 지나치게 빠져살면서 주님을 잃어버리지 않고 우리의 마지막은 하나님 앞에 서야 한다는 것을 기억하는 지혜로운 삶이 되시길 바랍니다. 우리 유가족 분들도 동일하게 고 ○○○님의 장례 앞에서 다른 것에 너무 분주하게 장례를 치르기보다는 경건한 마음으로 아름다운, 좋은 이름을 남기는 것이 무엇인지 시간을 내어 묵상하며 장례식을 치르고 나서는 우리는 경건한 마음으로 이 땅에 좋은 이름을 남기는 삶을 살기 원하는 결단이 있기를 축원합니다.

우리보다 앞서가신 고 000님을 아름다운 이름으로 살게 하신 주님께 감사하며 오늘 이 말씀이 우리 모두를 주님 앞에 서도록 해주시고 오늘의 위로예배에서 이 귀한 성경말씀으로 우리가 새롭게 인생의 귀중한 도전으로 위로받기를 축원합니다.

기도문

살아계셔서 지금도 우리를 보시는 하나님 아버지, 오늘 주님의 부르심으로 이 땅에서 아름다운 이름을 남기시고 주님 우편으로 돌아가신 고 000님의 장례식에서 가족들을 위로하는 예배를 드렸습니다.

이제 고인은 주님께 돌아가 천국으로 가셨지만 남아있는 유가족들은 이별의 아픔과 떨어짐의 슬픔이 깊게 남았음을 보게 됩니다. 오늘 천국가신 고 000님은 천국가셨음을 믿으며 유가족과 지인들이 하늘에서 다시 만날 소망을 가지고 그날까지 위로하며 격려하며 그리고 기도하며 이 단절된 아픔을 잘 이기고 새롭게 일어서도록 하늘의 위로를 내려주옵소서.

인간의 어떤 위로와 노력보다 하나님께서 직접 이 가정을 위로해 주시는 것이 가장 큰 위로이오니 성령님께서 오늘 이곳에 임하사 유가족과 모든 친척들과 모든 성도들을 위로하여 주옵소서.

우리의 인생을 아름다운 이름, 좋은 이름으로 살아가는 인생되도록 지켜주시고 주님 안에 거하도록 인도하여 주옵소서 하늘의 소망으로 남아있는 모든 날들을 살아가길 원하고 모든 장례 절차 과정에 선하게 인도하여 주셔서 소망의 장례식이 되길 부탁드리오며 위로하시고 소망되시는 예수님의 이름으로 기도 올리옵나이다. 아멘.

사랑하는 사람을 잃었을 때

찬송가 : 608장(통295장)
성경말씀 : 창세기 23:1-6

한 현자가 마을을 지나는데 너무나 애절한 여인의 울음소리를 듣고 찾아가 보니 몇 년 전 남편을 잃고 하나 밖에 없는 외아들을 잃은 과부가 슬픔에 겨워 우는 것이었습니다. 너무나 딱한 상황을 보고 어떻게 도울 수 있을까 생각한 현자는 여인에게 "마을에서 죽음을 한 번도 경험하지 않은 가정을 찾아서 바가지를 구해오면 아들을 살려주겠다고 합니다."

이 여인은 집집마다 찾아다닙니다. 그런데 죽음의 슬픔을 경험하지 않은 가정은 찾을 수가 없었습니다. 오히려 가는 집마다 눈물 나는 이야기를 들으며 함께 끌어안고 울면서 비로소 사랑하는 아들의 죽음을 받아들이기로 결심하고 다시 슬픔을 딛고 일어섰다고 합니다.

세상에 사는 모든 사람은 사랑하는 사람을 보내는 아픔이 있습니다. 오늘 본문의 아브라함도 사랑하는 아내 사라가 죽는 슬픔을 겪고 있습니다(1절). 사랑하는 사람을 잃었을 때 아브라함이 어떻게 했는지를 통해서 사랑하는 고인을 잃어버린 우리는 어떻게 해야 하는지 살펴봅시다.

첫째, 슬퍼하며 애통했습니다

설마 믿음의 조상인 아브라함이, 천국의 소망을 가진 아브라함이 아내가 천국에 갔다고 울었을까? 혹시 그런 생각을 하지 않았습니까? 그러나 오늘 본문 2절을 보면 사라가 죽었을 때 아브라함의 첫 번째 반응은 슬퍼하며 애통했다는 것입니다.

그렇습니다. 물론 천국에 소망이 있지만 감정을 가진 인간이 사랑하는 사람과 헤어진 후에 어찌 슬픔이 없겠습니까? 육신이 있는 동안 나누었던 사랑이 있기 때문에 그렇습니다. 또 후회가 있기 때문입니다. 사랑하는 사람과 이별을 할 때 슬픔을 숨길 필요는 없습니다. 아브라함도 슬퍼하며 애통해 했습니다. 예수님께서도 우셨습니다. 오히려 슬픔은 당연한 것입니다.

둘째, 슬프지만 일어났습니다

어느 때까지 슬퍼만 하고 있을 수 없습니다. 우리에게 슬픔이 있는 것이 사실이지만 동시에 우리에게는 살아내야 할 현실이 있기 때문입니다. 아브라함도 아내 사라와의 이별이 가슴 아프지만 아내를 보내는 장례식을 비롯한 현실의 문제들이 있기 때문에 아내의 시신 앞에서 일어나(3-4절) 장례식을 치릅니다(19절).

아브라함이 일어나 아내와의 이별 예식을 잘 마쳤다고 그에게 슬픔이 사라졌을까요? 분명히 그렇지 않았을 것입니다. 사라가 떠난 빈자리가 아브라함의 마음을 계속해서 아프게 했을 것입니다. 하루아침에 모든 슬픔이 사라지지는 않습니다. 분명히 시간이 필요할 것입니다.

그러나 그 슬픔에 잠겨 살 수 없습니다. 시간이 약이라 하지 않습니까?

시간이 흐르면 당연히 극복하게 될 것입니다. 하나님을 의지한다면 더욱 빨리 일어설 수 있습니다. 사랑하는 사람이 떠났을 때 슬퍼하십시오. 그러나 다시 일어서야 합니다.

셋째, 나그네로 살아갔습니다

4절을 보면 아브라함은 자신이 나그네라는 고백을 합니다. 사랑하는 아내가 떠나면서 자신이 이 땅에서 아무리 많은 것을 누리고 살아도 이 땅을 떠날 수밖에 없는 나그네라는 것을 생각하게 된 것입니다.

그렇습니다. 우리도 이 땅에서 나그네로 살고 있다는 것을 기억하며 살아야 합니다. 그렇기 때문에 중요한 것은 이 땅에서 얼마나 떵떵거리며 사느냐가 아닙니다. 본향으로 돌아갈 때, 우리의 인생을 마무리 할 때 어떤 모습으로 본향으로 들어가느냐를 생각해야 합니다. 고인이 마지막으로 가신 걸음을 생각하면서 우리도 나그네라는 것을 생각하며 천국의 소망을 가지고 다시 일어나 우리의 삶을 힘차게 살아내시길 축복합니다.

기도문

"나는 부활이요 생명이니 나를 믿는 자는 죽어도 살겠고 무릇 살아서 나를 믿는 자는 영원히 죽지 아니하리니"(요 11:25-26)

사랑하는 주님, 정말 말로 다 표현할 수 없는 황망한 일을 당한 이 가정 위에 예수님의 위로가 함께하시길 기도합니다. 세상의 어떤 말로도 다 표현할 수 없는 이 가정의 슬픔 위에 우리 주님이 직접 찾아와 주시고, 친히 위로하시고, 친히 말씀하여 주옵소서.

하나님, 무엇보다 남아 있는 유가족의 슬픔을 위해서 기도합니다. 사랑하는 가족을 먼저 보내며 뻥 뚫려 있을 사랑하는 가족의 마음을 어루만져 주옵소서. '좀 더 잘 할 걸, 이럴 줄 알았으면 좀 더 많이 사랑할 걸' 하며 남아 있는 가족을 위해서도 기도합니다. 아직 사랑이 다 영글기도 전에 먼저 떠나버린 가족의 빈자리가 잘 채워지게 도와주옵소서.

사랑하는 이를 먼저 보낸 가족의 마음 가운데도 함께하여 주옵소서.

하나님 이 시간 주님의 말씀을 통해서 우리가 위로받기를 원합니다. 이 땅의 인간의 어떤 말이 아닌 하나님의 말씀을 통한 위로가 이 자리 가운데 함께하여 주옵소서. 남아 있는 장례의 모든 일정 가운데 함께하실 주님을 기대하며 예수님의 이름으로 기도합니다. 아멘

다윗의 고백

찬송가 : 570장(통453장)
성경말씀 : 시편 23:3-6

이 세상은 불확실성으로 가득 차 있습니다. 아무도 미래의 일에 대해 장담할 수 없고 내일을 예견할 수 없으며 앞날에 대해 확신할 수 없습니다. 그럼에도 불구하고 우리는 마치 하루살이가 저녁이 되어 내일은 뭘 할까 고민하는 것과 같이 영원히 살 것처럼 내일을 준비하고 미래에 대해 고민을 하며 살아갑니다. 저는 이것이 나쁘다고 말하는 것이 아니라 정작 우리가 준비해야 할 것은 따로 있음을 말하고 싶은 것입니다. 어느 철학자가 인생에 대해 깊이 묵상하고 고민한 끝에 이런 결론을 내렸답니다. "인간은 죽는다 고로 나도 죽는다." 그 철학자는 단순하지만 중요한 사실을 깨닫

고는 죽음 뒤의 문제에 대해 고민하게 되었다고 합니다.

사랑하는 유가족과 성도 여러분!

지금 고인의 임종 앞에 우리가 할 수 있는 일은 무엇일까요? 그를 다시 살릴 수도, 과거로 돌아갈 수도 없는 상황 속에서 우리가 할 수 있는 일은 고인의 삶을 뒤돌아보고 그가 지금 어디로 가셨는지 어떤 복을 누리고 있는지를 기억하며 우리도 그 날을 준비하는 삶을 살아야 할 것입니다.

오늘 시편 23편의 말씀은 다윗이 죽음이라는 위기 앞에 놓인 상황속에서 하나님의 돌보심과 인도하심을 노래하는 시로 슬픔 속에 있는 유가족에게 큰 위로의 말씀으로 다가가기를 소망합니다. 오늘 본문에서 다윗은 자신을 향한 하나님의 두 가지 약속을 기억하며 고백하고 있습니다. 어떤 고백입니까?

첫 번째는 사망의 음침한 골짜기에서
보호하시는 하나님에 대한 감사의 고백입니다

성경은 하나님이 우리를 친히 자녀삼아 주셨을 뿐만 아니라 우리에게 필요한 모든 것을 공급하시고 피할 길을 예비하시며 눈동자처럼 보호하시고 늘 동행하신다고 증거합니다. 다윗도 4절에서 같은 고백을 하고 있습니다(4절). 현재 유가족이 당하는 슬픔, 이별에 대한 아픔을 이 세상 누가 100% 다 이해하고 위로할 수 있겠습니까? 오직 유가족의 마음을 위로하실 수 있는 분은 하나님밖에는 안 계십니다. 다윗은 현재 아들의 배신과 쫓김 속에 내일을 장담하지 못하는 상황 속에 있었습니다. 아들의 배신으로 인한 큰 슬픔과 언제 죽을지 모르는 두려움 속에 다윗은 위로자 되시고 보호자 되시는 하나님을 바라보았고 그 하나님을 찬양합니다.

그리고 오직 하나님으로부터의 위로를 사모하고 있습니다. 다윗에게 찾아오셨던 하나님! 다윗의 마음을 어루만지시고 위로해 주셨던 하나님이 오늘 이 시간 사랑하는 유가족들에게도 찾아와 주시길 소망합니다.

두 번째 하나님은 다윗을 위로하는 것으로 끝나지 않고 죽음 뒤의 미래에 대해서도 약속하고 있고, 그 약속에 대해 감사의 고백을 드리고 있습니다(6절)

이 약속의 말씀을 따라 우리가 확신하고 분명히 고백할 수 있는 것은 다름 아닌 고인이 오늘 여호와의 집에서 영원한 안식을 얻고 영생한다는 사실입니다. 이 세상의 불확실성을 벗어나 이제 확실한 구원과 진리를 깨닫고 하나님의 자녀가 된 고인에 대해 우리는 인간적인 이별에 대해서는 슬퍼해야 하지만 그 죽음에 대해서는 오히려 감사해야 할 것입니다.

왜냐하면 이제 고인은 이 땅에서 천국으로 이사하셨고 영원한 행복을 누리고 있기 때문입니다. 이제 남아 있는 우리들도 고인의 신앙의 본을 따라 이 땅에 소망을 두는 삶이 아닌 천국에 소망을 두는 삶! 주님과 동행하는 삶을 살아야 할 것입니다.

그리고 예수님의 또 다른 약속 **"가서 너희를 위하여 처소를 예비하면 내가 다시와서 너희를 내게로 영접하여 나 있는 곳에 너희도 있게 하리라"** 요14:4 하신 약속의 말씀을 기억하며 고인이 우리에게 남겨 주고 간 믿음의 유산을 잘 계승해 나가야 할 것입니다.

이제 이 땅에 남은 자로서 우리의 사명은 무엇일까요? 우리는 천국에 대한 소망을 품은 자로서 언제나 예수님을 알지 못하는 이들에게 예수님을 소개하고 자랑하는 삶을 살아가야 할 것입니다. 그런 면에서 저는 이번 장례 절차가 고인이 품으셨던 천국에 대한 소망, 이 땅 가운데서 믿음으로 사셨던 고인의 삶을 믿지 않는 일가 친척과 지인들에게 소개하고 전할 수 있는 아주 좋은 기회라고 생각합니다.

우리의 장례는 단순히 이별을 슬퍼하고 헤어짐을 아쉬워하는 장례가 아닌 소망이 있는 장례, 다시 만날 것에 대한 약속이 있는 장례임을 분명히 전하며, 그 약속이 이루어지기 위해서는 바로 예수 그리스도를 믿어야 한다는 사실을 담대히 전하는 저와 여러분이 되었으면 좋겠습니다.

다윗은 죽음의 두려움과 공포 속에서도 오직 여호와를 찬양하며 그로 말미암아 내게 부족함이 없다고 고백할 수 있었던 것은 다름 아닌 천국에 대한 분명한 소망이 있었기 때문입니다. 이번 장례식에 찾아오신 많은 조문객들에게 우리가 전할 사랑이 무엇이겠습니까? 바로 예수 그리스도로 말미암는 천국의 소망밖에 없는 줄 믿습니다. 저는 이번 장례 절차가 그 천국 소망의 복된 소식이 가득한 그런 장례 절차가 되길 소망합니다.

기도문

우리의 생사화복을 주관하시고 생명의 근원되시는 하나님 아버지!

오늘 우리는 고 OOO님을 주님의 품에 먼저 안겨드리며 슬픔 가운데 있는 유가족을 위로하기 위한 위로예배로 이 자리 가운데 모여 있습니다. 오늘 슬픔 가운데 예배하는 우리들에게 임재하여 주셔서 오직 하나님만이 허락하실 수 있는 참 평안과 안식으로 함께하여 주시옵소서.

특히 사랑하는 OOO을 먼저 떠나보내는 유가족들을 위로하여 주시되 장수의 축복과 늘 천국 소망과 기도의 삶으로 하나님께 헌신된 삶을 살았던 고인이 이 땅 가운데에서 보여 주셨던 아름다운 믿음의 행로들을 마음속에 기억하며 이제 이 땅이 아닌 영원한 천국에서 영생복락을 누리고 있을 고인을 믿음의 눈으로 바라보며 다시 만날 소망의 약속을 붙들게 하여 주시옵소서.

그리고 사랑하는 유가족들이 고인께서 평소 말씀을 통해, 삶을 통해 보여주셨던 믿음의 유지를 잘 받들며 이 땅에서 믿음의 아름다운 명문가를 이루게 하여 주시옵소서.

그리고 이 시간 목사님을 통해 선포되는 말씀이 유가족들에게 큰 위로가 되게 하시며 소망의 말씀, 생명의 말씀을 통해 이 자리에 함께 하는 모든 믿음의 가족들이 참 위로 가운데 승리하게 하여 주시옵소서. 남은 모든 장례 절차를 주님께서 친히 주관하여 주셔서 은혜롭고 천국소망을 증거하는 아름다운 장례절차가 되게 하여 주시옵소서.

우리 가운데 늘 함께 하시며 우리의 영원한 아버지가 되어주시는 예수님의 이름으로 기도드렸사옵나이다. 아멘.

위로예배
(유족과 교우들이 함께)

사회자	목사
묵도	다같이
사도신경 …… 교단이나 교회에 따라 생략 가능	다같이
찬송 …… 606장(통291장) 해보다 더 밝은 저 천국	다같이
기도	담당자
말씀 …… 성도의 고백(딤후 4:7-8)	목사
광고	목사, 상주
축도	목사

성도의 고백

▪ 찬송가 : 606장(통291장)
▪ 성경말씀 : 디모데후서 4:7-8

이 땅에는 태어나는 사람이 있는가 하면 또 세상을 떠나가는 많은 사람들이 있습니다. 세상에 태어나는 사람들을 바라보는 마음은 기쁨이 있지만 세상을 떠나가는 사람을 향해서는 말할 수 없는 슬픔이 있습니다. 하지만 우리가 정말 슬픈 것은 떠나가는 그들이 천국에 대한 소망을 갖지 않고 떠나간다는 것에 대한 안타까움입니다.

오늘 ○○○집사님은 천국에 대한 소망과 아름다운 고백을 가지신 분입니다. 교회에서 열심히 봉사하시며 본인에게 주신 달란트를 가지고 열심히 하나님의 나라를 위해 헌신하셨던 분이 바로 ○○○집사님이십니다.

우리가 세상을 떠나면서 남길 수 있는
가장 아름다운 고백! 그것은 무엇일까요?

그 고백은 오늘 본문의 사도바울의 고백이 아닌가 라는 생각이 듭니다. 오늘 본문 7~8절에 보면 내가 선한 싸움을 싸웠다고 고백합니다. 여기서 선한 싸움이란 믿음의 선한 싸움을 말하는 것으로 세상 속에서 믿음을 지키고 비록 손해를 본다 할지라도 하나님 편에서 진리를 위해, 악한 영과 싸워 승리했음을 고백하는 것입니다.

오늘 우리 ○○○집사님은 이렇게 바울과 같이 믿음의 선한 싸움을 싸우셨던 분이십니다. 지금 바울이 이 고백을 할 당시의 상황은 바울 자신이 복음을 전하다 로마 감옥에 갇혀 있는 상황으로 언제 죽을지 모르는 죄수의 신분이었습니다. 그런 상황 속에서 바울은 믿음의 선한 싸움에서 승리했다고 고백합니다.

왜냐하면 그 상황이 자신의 잘못이나 죄로 인한 것인 아닌 복음으로 인한 것이기 때문입니다. 오히려 자신의 갇힘을 통해 그리스도의 복음이 확장되고 다른 죄수들에게 예수님을 소개할 수 있는 상황이 된 것을 기뻐하고 있는 것입니다.

세상 사람들은 오히려 그를 향해 실패했다고 말하지만 정작 그는 그 고난으로 인해 하나님을 더 깊이 체험하고 나를 구원하시고 인도하시는 예수님에 대한 믿음을 더 곤고히 했기 때문에 이것이 내게 은혜라고 찬양하는 것입니다.

오늘 ○○○집사님의 임종은 우리에게 큰 슬픔이고 아픔입니다. 우리는 ○○○집사님의 회생과 회복을 위해 열심히 기도했습니다. 하지만 하나님은 우리의 간절한 소망보다 더 ○○○님이 천국에 오시는 것을 바라셨던 것 같습니다.

영원한 영생 복락

오히려 이 땅 가운데서 소망없는 자같이 유리하는 것 보다 천국에서 하나님이 주시는 영원한 영생 복락을 누리는 것이 훨씬 더 복되고 은혜이기에 우리의 간절한 기도에 하나님은 더 큰 뜻으로 응답하신 것입니다.

비록 지금 당장은 우리 사랑하는 유가족들과 믿음의 지체들이 헤어짐에 대한 준비가 되지 않았기에 슬프고 힘들지만 선하신 하나님은 이 상황을 통해 우리에게 더 큰 은혜와 깨달음을 허락하실 것입니다. ○○○님의 임종은 결코 실패가 아닌 영원한 생명을 소유하는 믿음의 승리임을 우리는 기억해야 할 것입니다.

바울은 "내가 선한 싸움을 싸우고 나의 달려갈 길을 마치고 믿음을 지켰다"고 고백합니다. 이 고백에는 자신감이 넘치고 믿음이 가득하며 승리의 기쁨이 충만한 것을 보게 됩니다. 오늘 ○○○님도 동일한 고백과 믿음으로 천국에 들어가셨음을 믿습니다.

두 번째 바울은 어떤 고백을 하고 있나요? "나의 달려갈 길을 마쳤다"라고 고백합니다. 이것은 완주자만이 할 수 있는 고백입니다. 진정한 승리자요 성공자만이 누릴 수 있는 고백 "완성에 대한 고백" 입니다.

사랑하는 유가족과 성도 여러분!

저는 여기에 있는 우리들도 동일한 고백을 해야 한다고 믿습니다. 이 고백이 없이는 천국에 들어갈 수 없고 진정한 영적 승리자라고 말할 수 없기 때문입니다. 오늘 ○○○님은 분명 주님을 뵈옵는 순간에 이 고백을 드렸을 것입니다. 왜 세상에서의 아쉬움이 없으셨겠습니까? 하지만 진정한 성도로서 우리의 가치는 이 세상이 아닌 천국에 있기에 오늘 ○○○님도 기쁨으로 이 고백을 드렸을 것이라 확신합니다. 이제 우리는 고인을 사진으로 밖에는 만날 수 없습니다. 하지만 우리가 지금 직면하고 있는 이 이별은 영원한 이별이 아닌 잠시 잠깐의 헤어짐임을 기억하시기 바랍니다(8절).

이 땅에 남은 자로서 지금 우리가 가져야 할 소망은 언젠가 우리들도 그 죽음의 관문을 통해 사랑하는 아내이자 어머니, 믿음의 동료인 ○○○님을 만날 약속의 날이 있다는 소망입니다.

그리고 남은 자로서 우리는 고인이 이 땅에서 보여주셨던 아름다운 믿음의 행로를 기억하며 선한 싸움을 싸우고 승리자의 면류관을 취한 집사님의 믿음을 잘 계승하는 사명이 있음을 기억해야 합니다. 그리고 천국에서 다시 만난 날을 기대하면서 이 땅에서의 삶이 슬픔의 삶이 아닌 소망의 삶, 믿음의 삶! 주님과 동행하는 삶이 될 수 있도록 더욱 더 믿음의 경주를 다해야 할 줄로 믿습니다.

기도문

생명의 근원이 되시는 살아계신 하나님.

우리들은 다 하나님께로부터 왔다가 하나님의 높으신 뜻을 다 이해하지도 못하고, 하나님 앞에 의롭지도 못한 죄인들이옵니다. 고인이 세상에 있을 때 우리가 하나님의 자녀 된 도리도 다하지 못하였고 성도로서의 사랑도 그에게 다 베풀지 못하였음을 슬퍼하오며 하나님 앞에 참회하나이다.

자비로우신 하나님 저희들을 긍휼히 여기시고 우리의 허물을 용서하여 주시기 간절히 원하옵니다. 이제 성도님의 장례를 준비하고자 하오니 성령께서 이 자리에 임재하셔서 모든 슬퍼하는 이들의 마음을 위로하여 주시고 믿음과 소망을 더욱 굳세게 하여 주시옵소서.

자비로우신 하나님.

이 성도님이 세상에 있을 때 하나님께서 저를 부르사 예수 그리스도를 믿고 영원한 후사로 세워 주셨습니다. 이제 우리로 하여금 그의 귀한 신앙과 진실한 생활을 본받게 하시고 좋은 신앙의 후계자가 되게 하여 주옵소서. 이 시간 성령께서 저희 어두운 마음을 밝히사 하나님의 크신 경륜을 알게 하여 주시기를 우리 주 예수 그리스도의 이름으로 간절히 기도드립니다. 아멘.

입관예배

입관예배는 염습한 시신을 관 속에 넣고 관을 덮고 함봉하면서 드려지는 위로예배입니다. 관을 덮고 봉하기에 가족들의 마음이 가장 아프고, 마지막 얼굴을 확인하며 이별을 하는 순간의 고통이 가장 큰 시간입니다.

그러므로 입관식을 통해 십자가 있는 관보를 씌워서 예수님을 의지하고 시신은 흙으로 돌아가는 것을 알게 하며 다시 부활의 날을 믿음으로 바라보도록 유가족들을 위로합니다. 예배집례자는 가능한 조심스럽게 그리고 고인의 시신을 마지막 보내드리는 절차를 최선을 다해서 경건하며 예의 바르게 진행합니다.

입관예배를 위하여 유가족분들 중에 먼곳이나 해외에서 오셔서 꼭 마지막 고인의 모습을 보고자 하는 경우가 있기에 입관예배는 사후 24시간 이후에 처리하고 입관예배는 장례 사정에 따라 유가족들이 편하게 결정해서 하도록 하게 합니다.

입관예배

인도자 ·· 목사	
묵도 ·· 다같이	
사도신경 ········· 교단이나 교회에 따라 생략 가능 ········· 다같이	
찬송 ········ 246장(통221장)나 가나안 땅 귀한 성에 ········ 다같이	
기도 ·· 담당자	
찬양 ········ 608장(통295장) 후일에 생명 그칠 때 ········ 다같이	
말씀 ············ 우리의 목자 예수 그리스도(시편 23편) ············ 목사	
광고 ·· 목사, 상주	
축도 ·· 목사	

우리의 목자 예수그리스도

찬송가 : 246장(통221장)
성경말씀 : 시편 23편

영원한 목자되시는 예수 그리스도

이 땅에서 인생길 걸어가면서 제일 중요한 것은 만남의 축복입니다. 우리가 한평생 살면서 만나는 사람들을 통하여 우리의 삶은 결정되기도 합니다. 우리는 부모님을 만나게 되고 배우자를 만나게 되고 친구를 만나게 됩니다. 그리고 그 만남은 우리의 인생이 됩니다. 그러나 그 인생의 가장 중요한 만남은 바로 절대적 타자와의 만남이라고 불리는 예수 그리스도와의 만남입니다. 그 예수 그리스도는 오늘 우리를 찾아오셔서 우리의 목자가 되어 주십니다.

오늘 성경본문 1절에는 "여호와는 나의 목자시니 내게 부족함이 없으리로다"라고 말씀하십니다. 양이라는 동물은 절대적으로 목자를 필요로 합니다. 양은 스스로를 강한 짐승으로부터 방어할 능력이 없고 양은 스스로 물과 목초지를 찾아서 나갈 수 없습니다. 그냥 상황에 따라서 살다가 상황에 따라서 생명을 마치게 됩니다. 그러므로 양들에게 목자는 절대적인 존재입니다. 양들만이 아닌 우리 사람들도 죄 아래에 있어서 우리는 스스로 무엇을 해야 하는지 어디로 가야 하는지 알지 못한 채 방황하며 살아가게 됩니다. 그 방황하는 삶 속에 주님이 은혜로 찾아오셔서 우리 주님이 우리의 목자가 되어 주셨고 그분이 우리를 인도해 가신다고 성경은 말씀합니다. 우리를 인도하시는 그분은 어떤 목자이실까요?

우리를 푸른 풀밭에 누이시며 쉴 만한 물가로 인도하십니다

이스라엘에서 실제로 양을 치던 인간적인 목자들도 양을 돌보며 맹수로부터 양을 지키며 좋은 목축지로 양을 인도합니다. 밤에 잠을 설치면서 양을 지키고 양의 울음소리에 한걸음에 달려가 그 양을 보호합니다. 하물며 우리를 당신의 피값으로 사신 우리 주님은 우리를 어떻게 대하실까요? 자신의 생명처럼 대하시는 것입니다.

여행을 가면 제일 중요한 만남이 가이드와의 만남입니다. 어떤 가이드가 그 그룹을 인도하느냐가 여행의 행복을 좌우합니다. 우리 주님은 우리를 인도해 가시는 주님이십니다. 오늘 그분이 사랑하시는 고인과 한평생 함께 걸어오셨기에 고인의 인생은 주님과 함께 가장 필요한 길로 인도되어 살아오신 줄로 믿습니다. 이제 주님은 고인의 목자로서 천국까지 함께 입성하시어 쉴만한 물가에서 쉬고 계십니다. 그러므로 육체는 만들어졌던 흙으로 돌아갑니다. 이제 이 육체는 주님이 다시 오시는 그 날에 다시 부활의 몸으로 일어나 우리가 얼굴과 얼굴을 대하게 될 것입니다. 그때는 아프지도 않고 노쇠되지도 않은 가장 아름다운 모습으로 우리가 만나게 될 것입니다. 그러므로 그때까지 이제 육체는 땅에서 쉬게 될 것입니다. 그러므로 한평생 입었던 육체를 벗어놓고 주님과 함께 가장 좋은 곳에 계시는 고인을 기억하며 오늘 입관의 슬픔을 다시 만날 만남의 기쁨으로 위로 받으시길 바랍니다.

목자되신 주님은 우리와 여호와의 집에서 영원히 거하실 것입니다

우리의 목자되시는 주님이 우리와 이 땅에서 한평생 걸어 마침내 푸른 초장과 쉴만한 물가로 인도해 오셨습니다. 주님은 인생의 가장 어려운 인생길 속에서 음침한 골짜기를 다닐 때에도 고인의 손을 놓지 않으셨습니다. 믿음이 흔들리거나 걷기 힘든 골짜기를 지나고 거친 비바람의 인생이었을 때에도 주님의 손을 놓지 않고 주님과 걸으셨습니다.

인생은 얼마나 오래 살았는가? 얼마나 많은 돈을 모았는가? 얼마나 높은 권력을 가졌는가?에 의해서 행복한 것이 아니라 때로는 험하고 사망의 음침함이 있으며 두려움과 놀람이 있으며 기쁨과 슬픔이 있어도 그 순간 그리고 그 길을 누구와 함께 걸었느냐에 진정한 행복의 의미가 있는 것입니다. 고인은 한평생 선하신 목자되신 그 주님과 손잡고 걸어 오셨습니다. 그리고 마침내 천국에서 쉬시면서 6절의 고백을 하고 계실 것입니다. "내 평생에 선하심과 인자하심이 반드시 나를 따르리니 내가 여호와의 집에 영원히 살리로다."

고인은 이 좁은 관속이 끝이 아니라 지금 입었던 몸은 이곳에 벗어두지만 영혼은 주님과 함께 천국에서 하나님의 우편에 앉아 주님의 나라에 거하십니다. 그러므로 우리가 오늘 이 고인의 시신을 이 땅에서 잘 정리해 드리며 주님 오셔서 함께 우리 주님의 집에서 영원히 살아갈 그 날을 바라보아야 합니다. 모든 유가족분들은 오늘 입관된 고인을 마지막 마음의 앨범에 잘 간직하시고 다함께 예수님을 우리의 목자로 삼고 천국에서 다시 만날 것을 생각하며 오늘 육체의 이별을 하늘의 소망으로 바라보시길 축원합니다.

기도문

모든 만물을 지으시고 인간을 창조하신 하나님 아버지 우리를 이 세상 살도록 혼자 걷지 않게 하시고 동행하여 주셔서 감사합니다. 우리가 죄로 말미암아 주님을 알지 못할 때 우리에게 찾아오셔서 이 험한 세상의 길을 목자로서 인도해 주시고 믿음의 길로 걷게 하시며 필요들을 채워주시는 초장과 쉴만한 물가의 삶으로 살게 하신 것 감사합니다.

이제 사랑하는 고인이 주님과 이 땅을 동행하고 천국으로 입성하시며 이 땅에서 입으셨던 몸을 벗어놓고 주님의 새 옷을 입고 계신 것을 압니다. 이제 주님 다시 오시는 그 날까지 이 옛몸은 흙으로 돌아가는 주님의 법칙에 따라 흙으로 보내드리오니 육체의 헤어짐의 아픔을 겪는 유가족들에게 하나님의 나라와 그곳에 계신 고인을 바라보게 하셔서 위로되게 하시고 소망을 얻도록 도와주시옵소서.

인생은 돌아가는 것이므로 꼭 돌아가야 할 그 여호와 우리 하나님의 집에 잘 돌아가도록 모든 유가족분들이 예수님 믿게 하여 주시고 부활의 소망을 갖도록 하늘의 복을 내려 주옵소서.

이제 고인과 나누었던 아름다웠던 삶을 마음에 담고 다시 만날 그날을 기다리오니 우리의 믿음에 소망을 더하여 주옵소서. 예수님의 이름으로 기도올리옵나이다. 아멘.

준비되셨습니까?

찬송가 : 610장(통289장)
성경말씀 : 고린도후서 5:1

　　미국의 대통령이었던 '존 애덤스'가 노인이 된 어느 날 지팡이를 짚으며 산보를 하고 있었습니다. 그때 어떤 사람이 그에게 다가와 인사를 했습니다. "안녕하세요. 요즘 어떻게 지내십니까?" 그는 인사에 답례하면서 이렇게 말했습니다. "애덤스는 건강합니다. 그러나 집은 몹시 파손되어 이사를 가야할 형편입니다."

　　대통령이었던 사람이 엉성한 집에서 살고 있다는 말이 믿을 수 없어서 그 사람은 다시 질문했습니다. "그럴 리가 있나요? 농담이시지요?" 그러자 애덤스는 자신의 몸을 보이면서 말합니다. "자, 보십시오. 이처럼 지붕은 떨어지고 기둥이 휘어져 땅에 가까워지고 지탱하기가 힘들어 이 보조기둥인 지팡이를 대고 있으니 머지않아 이사를 할 겁니다." 하면서 그는 하늘을 가리키며 한 마디를 덧붙였습니다. "저 곳으로."

　　본문엔 이것을 우리의 장막집이 무너진다고 표현합니다. 흙으로 지음 받은 인생은 흙으로 돌아가야 한다는 하나님의 섭리를 우리는 어길 수 없음을 알고 있습니다. 오늘 입관하신 고 ○○○ 성도님은 그 섭리에 따라 하나님 품으로 가셨습니다. 이것은 우리의 장막 생활을 벗어 버리고 영원한 집으로 가신 것입니다. 무거운 짐이며 괴로운 짐이었던 육신을 벗어버리고 흙으로 돌아가지만 그의 영혼은 주인이신 하나님과 함께 영원한 집에서 안식하고 계십니다.

죽음은 새로운 시작입니다

오늘 말씀은 우리 육신을 장막집이라고 말합니다. 장막은 다른 말로 텐트라는 것입니다. 텐트는 잠시 머무는 곳입니다. 휴가를 가서 야영지에 친 텐트에서 영원히 사는 사람은 없습니다. 견고한 평안한 안락한 집으로 돌아가는 것입니다.

그래서 성경은 우리의 영혼이 머무는 그 집은 견고한 영원한 집이라 말씀하셨습니다. 자기 집을 두고 장막에서 계속 살려고 하는 사람은 없습니다. 아니 살 수도 없습니다. 그 장막은 언젠가는 무너지기 때문입니다. 자기 집으로 가서 살아야 합니다.

믿지 않는 분들은 죽음을 끝이라 생각합니다. 그러나 우리 그리스도인에게 있어서 죽음은 새로운 시작입니다. 1945년 4월 8일 주일 아침에 39세의 본 회퍼 목사님이 감옥에서 아침 기도를 드리고 있을 때 험악하게 생긴 두 사나이가 "본 회퍼. 나와 우리와 함께 가자." 하고는 목사님을 사형장으로 끌고 갑니다.

그때 함께 있던 영국 군인이 사형장으로 가는 목사님을 보고 마지막 인사를 합니다. "목사님 이제 마지막이군요. 안녕히 가십시오." 이 말을 들은 본 회퍼 목사님은 그를 돌아보고 오히려 미소를 지으며 평안한 얼굴로 이렇게 말했습니다. "마지막이라고요? 아닙니다. 마지막이 아니라 이제 시작입니다." 그렇습니다. 죽음은 성도에게 새로운 시작입니다.

이제 육신의 마지막 옷을 입으신 고인을 보면서 우리는 마지막을 생각하지만 성경은 그의 영혼이 이미 하나님이 준비하신 영원한 세마포를 입으셨다고 말씀하셨습니다. 그렇습니다. 새롭게 단장한 고인은 이제 새롭게 시작되는 삶을 향하여 떠나시는 것입니다. 그리고 그분은 우리를 향해 이렇게 말씀하실 것입니다. "아니야, 마지막이 아니야, 이제 시작이야." 사랑하는 유족 여러분! 오늘 우리가 영적인 귀로 고인이 하시는 말씀을 들을 수 있기를 바랍니다.

죽음은 누구도 예외가 없습니다

의사이며 기독교 작가인 스위스의 트루니에는 인생에는 사계가 있다고 말했습니다. 1~20세까지는 봄에 해당하고, 20~40세까지는 여름, 40~60세까지는 가을 그리고 60세 이상은 겨울에 해당한다는 것입니다.

그러나 우리가 생각해야 할 것이 있습니다. 인생의 삶은 자연의 사계절처럼 봄, 여름, 가을, 겨울의 순서대로 운행되지 않는다는 점입니다. 어느 날 갑자기 불행이 닥칠 수도 있고 절망과 실패가 앞을 가로막을 때가 있습니다. 아직 가을도 안 되고 겨울도 아닌 데 찬서리 같은 질병이 찾아오고 한겨울 폭설과 같은 죽음의 선고도 받게 될 수가 있습니다. 이것은 빈부귀천을 가리지 않고 학식이나 재물이 있건 없건 상관없이 누구에게나 찾아옵니다.

《성공하는 사람들의 7가지 습관》이란 책의 한 부분에 저자는 장례식장을 묘사하고 있습니다. 무리들 가운데 한 사람의 시신을 안장한 관이 있고 집례하시는 목사님의 말씀에 따라 가족과 친구 그리고 교우대표가 고인의 죽음을 애도하며 조사를 낭독합니다.

그러던 중 모여 있는 사람들의 시선이 관 안에 누워계신 그분을 향하게 되었습니다. 모든 사람들이 그 관을 들여다보는데 놀랍게도 "그 안에 당신이 누워 있다면 사람들은 당신의 죽음을 앞에 두고 무엇이라 말할 것 같습니까?"라고 하는 것입니다. 그렇습니다. 우리도 언젠가는 고인을 따라 시작해야 합니다. 여러분 준비되셨습니까? 기도하겠습니다.
여러분에게 시 한 편을 읽어 드리겠습니다.

입관

마지막 숨이 지고
얼굴에 백포가 씌워지고
체온은 얼음장으로 바뀐다.
괴로운 인생이 끝난 것이다.

지닌 것 하나 없다.
빈 손으로 가는 것이다.
흙은 흙으로
영은 영으로
인간의 때는 가고
하나님의 때가 온다.

일체의 기회는 가고
최후의 심판이 남는다.
부활의 아침으로
둘째 사망의 어둠으로

눈 앞에 씌어진 흰 보자기는
이제 나의 것이다.
내 위에 내려진 심판의 목소리
생각해 본다.

기도문

오늘도 살아계셔서 우리와 동행하시는 하나님께 감사드립니다. "나는 선한 싸움을 싸우고 나의 달려갈 길을 마치고 믿음을 지켰으니"라고 바울은 이제 인생의 황혼 역에 서서 마지막 고백을 했습니다.

주님, ○○○님도 이제 믿음의 선한 싸움을 싸우고 달려갈 길을 마쳤습니다. 주님께서는 지금껏 고인이 어디를 지나왔고 주께서 고인을 통해 어떤 일들을 하셨는지 그 인생의 족적에 남겨진 주님과의 동행을 살피셨을 것입니다. 그 삶을 돌아보니 삶이 순탄치만은 않았지만 끝까지 주님께서 동행하시며 함께 하셨음을 우리는 고인의 삶을 통하여 깨닫게 됩니다.

주님 오늘 ○○○님과 지금껏 동행해 주심에 감사드립니다. 오직 복음을 위해 땀과 눈물을 심으며 신실하게 인생길을 달려오신 그 모습에 우리는 감사를 드리며 감격합니다. 이제 이후로 남아있는 가족들을 끝까지 돌보아주시고 가족 한 사람 한 사람이 고○○○님의 믿음을 닮아 당당한 믿음의 승리자로 살아가도록 인도하여 주옵소서.

예수님의 이름으로 기도드립니다. 아멘.

두 종류의 집

- 찬송가 : 301장(통460)
- 성경말씀 : 고린도후서 5:1-2

다카마 쥰의 "죽음의 심연에서"란 시에 보면 이런 글귀가 있습니다.

이 여행은 자연으로 돌아가는 여행이다. 돌아갈 곳이 있는 여행이므로 마땅히 즐거워야 한다. 이제 곧 흙으로 돌아갈 수 있는 것이다. 대지로 돌아가는 죽음을 슬퍼해서는 안된다. 육체와 함께 정신도 우리집으로 돌아갈 수 있다. 이 시는 죽음이란 공포와 두려움을 오히려 돌아갈 곳이 있다는 소망에 근거하여 즐거운 일로 표현하고 있습니다. 쥰은 막연한 돌아갈 곳을 노래했지만 우리가 알고 확신하는 것은 우리에게는 더 나은 본향 즉 천국이 있음과 우리의 시민권은 하늘에 있다는 사실입니다. 유명한 팝 아티스트인 엘비스 프레슬리의 비석에는 이런 비문이 적혀 있습니다. "하나님이 그에게 휴식이 필요한 것을 간파하시고 그를 평안한 고향으로 부르셨다." 오늘 우리 앞에 누워있는 고인도 쥰이나 엘비스 프레슬리처럼 육신의 장막을 벗어나 영원한 집, 영원한 휴식처인 천국으로 입성하시고 그 육체의 흔적을 정리하는 입관 예배로 드려지고 있습니다.

장막집

오늘 본문에서는 우리 몸이 육체와 영혼으로 구분되어 있음을 말하면서 육신이 거하는 집과 영혼이 거하는 집이 따로 있음을 강조하고 있습니다. 본문 1절에 보면 "우리 육신이 거하는 집 곧 장막집이 무너지면" 이라는 표현을 통해 유한한 우리 육체, 즉 언젠가는 쇠하여 죽음이라는 종말을 맞이할 육체에 대해 말하고 있습니다.

우리의 육체는 분명 시공간의 지배를 받으며 제한적인 삶을 살아가는 존재로 창조되었습니다. 그렇기 때문에 누구를 막론하고 분명한 끝이 있고 떠나야 할 때가 있게 마련입니다. 이것이 세상의 이치이고 하나님이 만들어놓으신 섭리입니다. 우리는 이 섭리를 거스릴 수 없고 어길 수도 없습니다. 싫든 좋든 이 섭리의 지배를 받을 수밖에 없는 것이 우리들입니다.

하지만 하나님은 사랑의 하나님이시며 우리의 도움자 되시고 우리에게 긍휼을 베푸시는 분이십니다. 정말 죽음으로 우리의 삶이 끝난다면 우리의 인생은 너무 허망하고 헛된 것일 수밖에 없습니다. 그러나 하나님은 장막과도 같은 유한한 존재인 우리의 육신이 쇠하여 지는 날! 새로운 집을 허락하신다고 오늘 본문은 말합니다.

1절 말씀입니다. "만일 땅에 있는 우리의 장막집이 무너지면 하나님께서 지으신 집 곧 손으로 지은 것이 아니요. 하늘에 있는 영원한 집이 우리에게 있는 줄 아느니라."라고 말씀하고 있습니다. 결국 죽음이란 관문을 통해 하나님은 우리를 영원한 천국, 주님이 친히 준비하신 영원한 집으로 이사시켜 주신다는 것입니다. 이 진리를 알고 믿는 이들에게는 죽음이 결코 두려움이 아닌 오히려 소망이 되는 것입니다.

영원한 집

이제 우리 사랑하는 고인도 예수 그리스도를 개인적인 구주로 영접하고 믿음으로 말미암아 영원한 집을 얻은 것처럼 이 땅에 남아 있는 사랑하는 유족들도 같은 믿음과 소망 아래 돌아갈 본향을 준비하고 영원한 천국 시민권의 자격을 취득해야 할 것입니다.

그래야 고인과 다시 만날 기약이 주어지고 소망이 생기는 것입니다. 하나님을 믿는 성도는 육신의 장막집을 떠날 때 천국의 영원한 집을 약속받은 사람들입니다. 그렇기에 우리는 이 장례식을 거행하면서 그냥 슬퍼만 할 것이 아니라 오히려 천국에 대한 비전과 소망을 품고 이 장례식을 또 다른 전도의 기회로 삼아야 할 것입니다.

바울이 복음으로 인해 감옥에 갇혔을 때 오히려 그 고난에 감사하며 그 환경을 복음을 전하는 환경으로 바꾸었던 것처럼 오늘의 입관예배를 통해 천국에 대한 분명한 소망을 전하고 자랑하는 유가족들과 성도님들의 삶이 되시길 주님의 이름으로 축원드립니다.

기도문

우리의 생사화복을 주관하시는 하나님 아버지!

오늘 우리는 마지막 고인의 모습을 대하며 슬픔 중에 눈물을 흘리고 있지만 이 슬픔은 잠깐이요. 우리가 품은 소망은 영원한 줄 믿습니다.

이제 더 이상 고인과의 삶을 함께 영위할 수 없는 것이 큰 아쉬움이지만 그래도 고인이 천국에서 영원한 안식과 평안 속에 있다는 사실이 우리 유가족에게 큰 위로가 되게 하여 주시고 우리도 언젠가는 그 본향으로 돌아가 고인을 만난다는 소망 속에 이 슬픔을 이겨 나가게 하여 주시옵소서.

그리고 사랑하는 고인께서 이 땅 가운데서 보여주시고 행해 주셨던 아름다운 믿음의 행로들을 기억하며 우리도 고인처럼 그렇게 믿음으로 승리하는 삶을 살아가게 하여 주시옵소서.

그래서 천국에서 고인을 만났을 때 부끄럽지 않고 당당하게 만나게 하시고 오히려 당신이 물려주신 신앙의 유산을 따라 열심히 신앙 생활 하다 왔노라고 고백할 수 있도록 더욱 더 믿음 안에서 성숙해 가게 하여 주시옵소서.

이제 우리 마음 속에 고인에 대한 나쁜 기억과 아픈 기억, 슬픈 마음을 제거하여 주시고 고인과의 좋은 추억들만 기억하며, 특히 믿음의 아름다운 본을 가슴 속에 깊이 기억하며 다시 만날 날을 소망하게 하여 주시옵소서. 남은 장례 절차 가운데 함께 하여 주실 줄 믿사오며 예수님의 이름으로 기도드리옵나이다. 아멘.

천국환송예배

발인(출관. 영결식 / 천국환송)예배

보통 발인(發靭)이라 불리는 이 장례절차를 요즘 교회 장례에서는 천국환송예배라는 이름으로 아름답게 바꾸어 명칭하고 있습니다. 영결식이라는 말은 그리스도인들에게는 맞지 않는 용어이니 사용하지 않는게 좋겠습니다. 그 이유는 믿는 성도들은 이 땅에서의 죽음이 마지막이 아니라 천국으로 들어가는 과정이기 때문입니다.

그러므로 집에서 떠나는 발인의 의미보다는 천국을 바라보는 관점에서 천국으로 가는 고인을 환송해 주는 예배라는 말은 오히려 성경적이고 위로와 희망을 주는 의미로 교회들이 많이 사용하고 있습니다. 명칭이 무엇이 천국환송예배는 이제 고인의 시신이 정들었던 집과 가족을 떠나는 것이므로 마지막 조문을 받게 하고 운구위원들에 의해서 질서있게 움직이게 하고 운구행렬에 대하여도 주례자는 준비된 관심을 통해 고인의 사진(영정), 주례자(또는 주례자, 사진순으로), 화환, 관, 유가족, 조객순으로 움직입니다.

특히 이 예배순서에 고인의 약력을 넣음으로써 그 분의 마지막 삶을 조객들에게 설명하고 조사를 하여 아름다운 마무리의 인사를 드리게 합니다. 운구나 운상 시에 인위적인 곡이나 울음은 삼가고 찬송을 부르며 기독교 장례식의 의미를 잊지 않게 합니다.

천국환송예배

사회자(인도)	목사
묵도	다같이
사도신경 …… 교단이나 교회에 따라 생략 가능	다같이
찬송 …… 292장(통415장) 주 없이 살 수 없네	다같이
기도	담당자
고인양력	상주(지정인)
환송가 …… 환송가, 찬송가, 성가곡	경조성가대
말씀 …… 푯대를 향하여 달린 인생의 축복(빌 3:13-16)	목사
광고	사회자
찬송 …… 480장(통293장) 천국에서 만나보자	다같이
축도	목사
헌화	유족, 친척, 친지
출관	경조위원

행진 순서는 집례하신 목사, 영정사진, 상주, 운구위원(두 줄로 선다). 유족, 친척, 교인들, 성가를 한 경조 성가대원 순으로 뒤따르며 찬송가를 부른다.

푯대를 향하여 달린 인생의 축복

찬송가 : 292장(통415장)
성경말씀 : 빌립보서 3:13-16

인생을 열심히 최선을 다해서 사는 삶은 아름다운 것입니다. 그러나 무엇을 향하여 최선을 다했는지는 더 중요한 것입니다. 이 땅에서 엄청난 정복자였던 알렉산더 대왕도 젊은 나이에 세상을 떠나면서 남겼던 유명한 유언이 있습니다. "내가 죽거든 내 관에 양쪽으로 구멍을 뚫어서 두 손을 관 밖으로 내어 놓아라. 그리하여 사람이 죽으면 아무것도 가지고 가지 않는다는 것을 사람들에게 보여주어라"라는 유언을 했다고 전해집니다. 최선을 다해서 땅을 정복한 알렉산더였지만 죽음 앞에서는 그것이 가장 중요하거나 소중한 것이 아니었음을 고백하고 있는 것입니다. 우리는 최선을 다해서 열심히 인생을 살아야 하지만 과연 무엇을 향하여 최선을 다해 달리는 인생이어야 할까요?

푯대되신 예수를 향하여 달렸던 인생은 축복됩니다

예수님이라는 영원한 최고의 목적을 향해 최선으로 달려야 합니다. 사도바울도 젊었을 때부터 인생을 열심히 살았던 사람입니다. 율법을 열심히 지키기 위해서 교회를 핍박하며 예수 믿는 자들을 심하게 고통스럽게 했습니다. 그러나 그는 예수님을 만나고는 자신의 삶이 너무나도 잘못되었다는 것을 알고서 인생에서 진정한 목적을 찾기 시작합니다. 그리고 오늘 본문에 보면 자신이 그동안 의지하고 자랑하고 믿었던 모든 세상의 것들을 내려놓으며 뒤에 것은 잊어버렸다고 말씀합니다. 자기 의나 자기 자랑을 내려놓았다는 말씀입니다. 세상에서 영원히 남는 것은 아무 것도 없습니다. 영원한 것은 세상에 없는 것을 바울은 알았습니다. 가장 고상하고 가장 귀한 것은 바로 예수님을 위하여 사는 믿음의 삶이라는 것을 바울은 알게 된 것입니다. 예수님을 모르고 살아가는 인생에 이제 남는 것은 죽은 자들을 심판하시는 하나님의 무서운 심판만이 남은 것입니다. 그러므로 우리는 앞으로 나아가 예수님을 붙들어야 합니다. 예수님만이 우리를 구원하시고 의미있는 삶을 살게 하시고 그리고 마지막까지 우리가 천국에 입성하도록 푯대가 되어주시기 때문입니다.

예수님이 존귀하게 하신 인생은 아름답습니다

바울은 빌립보서 1:20-21에 "나의 간절한 기대와 소망을 따라 아무 일에든지 부끄러워하지 아니하고 지금도 전과 같이 온전히 담대하여 살든지 죽든지 내 몸에서 그리스도가 존귀하게 되게 하려 하나니 이는 내게 사는 것이 그리스도니 죽는 것도 유익함이라"고 말씀하셨습니다.

죽음은 누구도 피할 수 없는 필연적인 것입니다. 그러나 죽는 것도 유익하다고 고백할 수 있는 죽음 이후의 삶이 준비되어 있다는 것은 참으로 당당하고 아름다운 인생을 살아온 것입니다. 인간이 창조될 때 죽으라고 창조된 것은 아니었습니다. 그러나 우리의 죄가 죽음으로 우리의 인생을 마감하게 했습니다. 그것을 본래의 창조목적으로 죽음도 이길 수 있도록 예수님이 십자가에 죽으시고 믿는 자들을 구원하시는 천국의 문을 열어 놓으신 것입니다.

그러므로 고 ○○○님은 이제 살아있는 곳으로 가시는 것입니다. 죽음의 강을 건너서 진정한 생명이 있는 곳으로 떠나시는 것입니다. 이제 영혼은 이미 주님 곁에서 죽음을 이기시고 천국에 계시며 육체는 마지막 주님이 다시 오셔서 모든 잠든 자들을 깨워서 믿음으로 그 몸이 부활하게 하실 때까지 흙에서 기다리게 됩니다. 그러나 그날에 모두가 일어나 얼굴을 맞대게 될 것입니다. 그러므로 오늘 이 천국환송예배는 오히려 우리에게 절망에서 희망을, 슬픔에서 천국 입성의 기쁨을 보게 합니다. 히브리서 기자의 고백처럼 이미 가신 하늘의 백성들과 고○○○님은 함께 하시는 것입니다. 우리가 천국환송예배를 드리면서 하늘을 보십시다. 지금 천국에서는 고 ㅇㅇㅇ님을 맞이하는 잔치가 열리며 큰 박수로 환영식이 거행되는 것입니다.

승리의 인생, 당당한 인생

예수님을 믿고 마지막 죽음을 이기고 천국을 향하는 발걸음들은 능력 있는 승리의 인생이며, 당당한 인생이며, 주님의 마지막 날에 다시 만날 생명의 인생임을 알고 오늘 이 말씀으로 천국환송예배를 드리며 유가족분들과 함께 예배하는 모든 조객분들은 비록 지금 장례식의 발걸음이 무거울 수 있지만 오늘 이 소망의 말씀으로 그 발걸음이 희망의 발걸음이 되기를 바랍니다.

고 ㅇㅇㅇ님이 지금 우리를 내려다보시며 헤어짐은 잠깐의 슬픔이지만 영원히 함께 만나서 살아갈 그 천국을 바라보며 "너희들도 열심히 예수믿고 승리하는 인생이 되라"고 말씀하고 계심을 들을 수 있기를 바랍니다.

기도문

우리 인생의 목적되신 하나님 아버지, 우리를 이 땅에 보내실 때는 아름다운 축복의 사람으로 보내셨습니다. 그리고 우리를 택하사 이 땅에서 예수님을 믿고 예수님이 우리 인생의 푯대가 되어주신 것을 감사합니다. 이제 고 ㅇㅇㅇ님이 세상의 모든 삶의 경주를 마치고 영혼은 주님 계신 천국에서 쉬시며 입으셨던 육체와 정들었던 모든 것을 마무리하고 이곳을 떠납니다. 한평생 아름다운 분들과 삶을 가꾸어 오도록 가족을 주시고 그리고 인생을 주셔서 감사합니다. 주님 의지하며 살았사오니 주님이 친히 일어나 맞이하여 주시고 영생주신 줄 믿습니다.

> 떠나보내야 하는 가족들의 그 슬픈 마음을 천국의 소망으로 위로하여 주시고 이제 사랑하는 고 OOO님을 떠나보냅니다. 천국에서 다시 만나는 그 소망으로 이 이별의 슬픔을 위로하여 주옵소서. 우리의 모든 인생이 푯대되시는 생명의 예수님을 따라갈 수 있기를 기대하오며 천국의 소망되시는 예수님의 이름으로 기도올리옵나이다. 아멘.

의의 면류관을 기대하며

찬송가 : 240장(통231장)
성경말씀 : 디모데후서 4:6-8

한 현자가 성에 들어가 민심을 살피기 위하여 성의 동문을 향해 갔습니다. 갓난아기가 우는 소리를 들으며 그는 생각합니다. '울면서 태어나는 것을 보니 인생이란 슬픈 것이로구나.' 그리고 서문 쪽으로 갔다가 어떤 사람이 병들어 신음하는 소리를 들으며 생각합니다. '저렇게 고통을 겪으면서 살아가는 것이 인생이라니 인생은 참으로 비극이로구나.'

현자가 이번엔 남문 쪽으로 가는데 어느 노인이 지팡이를 잡고 힘겹게 걸어가는 것을 보게 됩니다. '저렇게 나무를 의지하고 가야 하는 것이 인생이라니 인생이란 고달픈 것이로구나.' 하고 생각하며 북문 쪽으로 가는데 상여를 메고 지나가는 행렬을 봅니다.

그는 이렇게 말했습니다. "울면서 세상에 왔다가 온갖 고생을 겪고 고달프게 살고 마지막에 사람들의 눈에 다시 눈물을 흘리게 하며 흙 속에 묻혀야 하니 인생은 참으로 허무한 것이로구나." 그렇습니다. 인생은 고생과 수고입니다. 그런데 그 이후에 소망마저 없다면 그 삶은 참으로 허무한 것입니다.

 그러나 오늘 본문엔 지난 삶을 보람있게 살았고 그 보람된 삶 이후에 죽음을 기대하는 한 사람을 볼 수 있습니다. 바로 바울입니다. 오늘 우리는 바울과 같이 이 땅에 의미 있는 삶을 살다가 하나님의 부르심을 받아 천국을 향해 힘차게 달려간 고인을 천국에 보내드리면서 죽음의 의미에 대하여 함께 살펴보려고 합니다.

첫째, 죽음은 천국에서 새롭게 출발하는 것입니다

 바울은 6절 말씀에서 죽음을 묘사할 때 "떠남"이란 단어를 사용합니다. 우리는 떠남이라는 것을 생각하면 슬픈 이별만을 생각하거나 남겨진 사람의 슬픔만을 생각하지만 떠난다는 말은 다르게 생각하면 새로운 도전이기도 합니다. 새로운 소망을 향하는 출발인 것입니다.

 성도의 죽음은 단순히 숨을 거둠으로 끝나는 것이 아니라 천국에서 새롭게 출발하는 것임을 우리가 기억해야 합니다. 그렇기 때문에 오늘 우리는 이 예배를 천국환송예배라고 하는 것입니다. 오늘 고인은 천국의 새로운 삶을 위해 소망 가운데 힘차게 출발하신다는 사실을 기억하시기 바랍니다.

둘째, 죽음은 천국에서 상급을 받는 것입니다

 8절에서 바울은 의의 면류관이 예비되었다고 고백합니다. 하나님은 하나님의 자녀가 천국에 갔을 때 하나님이 준비하시니 상을 주신다고 약속하셨습니다. 바울은 하나님이 주신 상을 기대하기 때문에 의의 면류관이 예비되었다고 고백하는 것입니다.

바울이 어떻게 이런 상급을 기대할 수 있을까요? 7절에서 바울은 이 땅을 사는 동안 선한 싸움을 싸우고 믿음을 지키며 자신의 사명의 길을 마지막까지 달려갔다고 고백합니다. 그래서 그는 의의 면류관을 기대하는 것입니다.

오늘 우리가 고인을 보내드리지만 고인은 바울과 같이 선한 싸움을 싸우고 믿음을 지키며 사명의 길을 달려갔기 때문에 하나님께서 고인을 위해 준비하신 천국의 상 "의의 면류관"을 받으실 것입니다. 오늘 우리도 이 시간에 고인을 보내드리면서 고인과 같이 바울과 같이 천국의 상을 사모하며 살 것을 다짐하는 시간이 되길 바랍니다.

창세기 5장에 보면 에녹이 므드셀라 낳고 하나님과 300년간 동행했다고 기록하고 있습니다. 왜 에녹이 므드셀라를 낳고 하나님과 동행을 했을까요? 므드셀라가 죽은 후에 심판이 있을 것을 염두해 두고 살았기 때문입니다. 므드셀라란 "창 던지는 사람"이란 뜻입니다.

고대에 부족 간의 싸움은 부족민 중에 힘이 제일 센 사람들이 대표로 싸우는데 자신의 부족 대표가 죽게 되면 그 부족은 전쟁에서 패하는 것입니다. 이 부족의 대표를 가리켜 창 던지는 사람이라고 하는 것입니다. 이 사람이 죽으면 부족의 심판이 오는 것입니다.

므드셀라가 창 던지는 사람이란 것은 므드셀라가 죽으면 심판이 온다는 의미인 것입니다. 그 심판을 염두해 두고 살았기에 에녹이 하나님과 동행했듯 바울도 천국을 사모하며 염두해 두고 살았기에 믿음의 삶을 살았던 것입니다. 오늘 고인의 죽음 앞에서 우리도 그 길을 가야 한다는 사실을 기억하며 천국을 사모하며 성실하게 살 수 있기를 축원합니다.

기도문

사랑하는 주님, 우리가 죽음이 두렵지 않는 것은 죽음 이후에 의의 면류관이 예비되었다는 사실을 믿기 때문입니다. 마찬가지로 고 OOO님은 두려움 없이 내일을 내다보았습니다. 후회없이 주님 앞에 설 날을 보았기에 마지막 가는 길을 가족들과 평안하게 인사할 수 있었습니다.

고 OOO님의 부르심 앞에서 고인이 걸어오신 인생의 걸음과 잘 싸우신 선한 싸움을 돌아봅니다. 그 아름다운 믿음의 모범을 사랑과 존경으로 대하는 우리의 마음을 보시고 이제 주의 길을 온전히 따라가는 우리 모두가 되게 하여 주옵소서. 의의 면류관을 받게 될 OOO님을 감사와 축복으로 전송하며 저 천국에서 다시 만날 천국의 소망을 품사오니 아픔과 슬픔 가운데 이 땅의 걸음을 다시 걷는 유가족들을 하늘의 위로와 사랑으로 가득 채워주옵소서.

이제는 부활의 주인 되신 우리 주 예수그리스도의 은혜와 우리 천국의 소망을 갖게 하신 하늘 아버지의 극진하신 사랑으로 늘 동행하시며 천국까지 인도하실 것을 믿으며 남겨진 사랑하는 가족과 교우들에게 하늘 소망과 사랑으로 함께하시기를 간절히 기도합니다. 아멘.

믿는 자의 죽음

찬송가 : 606장(통291), 480장(통293)
성경말씀 : 요한계시록 14:12-13

고인의 임종은 유가족뿐만이 아니라 오늘 함께 하는 모든 이들에게도 큰 슬픔이며 아픔입니다. 하지만 우리가 기억해야 할 것은 죽음이 모든 것의 끝은 아니라는 사실입니다. 믿는 자의 죽음과 믿지 않는 자의 죽음에는 어떤 공통점과 차이가 있을까요? 공통점은 모두 이별에 대한 슬픔이 있고 이 땅에서는 다시 만날 수 없다는 공통점이 있습니다. 차이점은 내세 즉 천국에 대한 약속을 받느냐 못 받느냐의 차이가 있습니다.

그래서 장례식장에 가면 믿는 자의 장례식 장면과 믿지 않는 자의 장례식 장면이 사뭇 다른 것을 보게 됩니다. 믿는 자의 장례식에는 비록 이별로 인한 슬픔 속에서도 감사의 고백과 찬송이 있고 천국에서의 만남을 소망하지만 믿지 않는 자의 장례식에는 오직 슬픔과 곡소리만이 흘러나옵니다. 왜 그렇습니까? 그것은 바로 예수님에 대한 믿음과 천국에 대한 소망의 차이이기 때문입니다.

오늘 본문은 주 안에서 죽은 자들은 복이 있다 말합니다. 왜 그럴까요?

첫 번째는 이 땅에서의 모든 수고를 그쳤기 때문입니다

하나님은 우리를 창조하실 때 일정 부분 수고하는 존재로 창조하셨습니다. 하나님이 창조한 창조물을 관리하고 다스리는 수고가 바로 그것입니다. 하지만 이 수고에는 기쁨과 즐거움, 행복이 있습니다.

왜냐하면 하나님이 함께 하고 하나님 안에서의 수고였기 때문입니다. 그런데 우리의 욕심때문에 우리 마음 속에 죄가 들어옴으로 말미암아 우리의 수고에는 고통이 따르게 되었고 땀 흘리지 않으면 안 되는 존재, 기쁨과 즐거움이 없는 수고로움의 존재가 되어버렸습니다.

이런 우리를 향해 하나님은 오히려 죽음을 통해 이 모든 수고를 그칠 수 있는 기회를, 그리고 원래의 즐거움과 기쁨을 회복할 수 있는 기회를 허락하신다고 약속하십니다. 그 기회는 바로 천국에서 주어질 것입니다. 그곳에서 주님은 우리를 친히 자녀 삼으시고 우리 모든 수고에 대한 진정한 위로와 안식을 허락하신다고 약속하셨습니다.

그렇기 때문에 주 안에서 죽은 자는 오히려 복된 자인 것입니다.

두 번째는 천국이 주어지기 때문입니다

우리는 믿는 자를 흔히 성도라고 부릅니다. 성도란 하나님의 말씀을 따르는 거룩한 백성을 의미합니다. 이 성도란 이름을 가진 이의 죽음은 종결의 의미가 아닌 새로운 삶의 시작을 의미합니다. 어디에서의 새로운 삶을 말합니까? 바로 하나님이 계신 천국에서의 삶을 말하는 것입니다.

계시록 21:3-4절에 보면 "내가 들으니 보좌에서 큰 음성이 나서 이르되 보라 하나님의 장막이 사람들과 함께 있으매 하나님이 그들과 함께 계시리니 그들은 하나님의 백성이 되고 하나님은 친히 그들과 함께 계셔서 모든 눈물을 그 눈에서 닦아 주시니 다시는 사망이 없고 애통하는 것이나 곡하는 것이나 아픈 것이 다시 있지 아니하리니 처음 것들이 다 지나갔음이러라" 라고 말씀합니다.

성도의 죽음은 영원한 이별이 아닌 이사입니다. 이 땅에서 천국으로의 이사! 그래서 우리는 오늘 예배를 발인이 아닌 천국환송예배로 드리고 있는 것입니다. 장례식을 통해 사랑하는 고인을 천국으로 배웅하고 환송해

드리는 것! 그것이 바로 천국환송예배입니다.

이제 사랑하는 고인은 대한민국 국민에서 천국 국민으로 그 신분이 바뀌었음을 기억하면서 사랑하는 유가족들도 동일한 소망을 품기를 소원합니다.

세 번째는 다시 만날 날이 있기 때문입니다

육신의 삶은 이 장례식으로 끝일지 모르지만 분명한 사실은 고인의 영혼은 영원한 천국에 계시다는 사실입니다. 이제 우리도 이 땅에서 고인이 가지셨던 믿음을 잘 간직하고 소유한다면 언젠가는 그분이 계신 천국에서 우리도 그분과 다시 만날 날이 있음을 믿으시기 바랍니다.

이것은 예수님이 우리에게 약속하신 약속입니다. 요한복음 14장에서 예수님은 "내가 너희를 위하여 거처를 예비하러 가노니 가서 너희를 위하여 예비하면 내가 다시 와서 너희를 내게로 영접하여 나 있는 곳에 너희도 있게 하리라" 라고 약속하셨습니다.

결국 주 안에서 죽음을 맞이하는 이들은 예수님이 준비하신 천국의 거처에서 다시 만나 영원히 함께 살 것을 약속하신 것입니다. 이제 사랑하는 유가족들도 이러한 천국에 대한 소망과 다시 만날 날을 기대하며 소망을 잃지 않기를 주님의 이름으로 축원합니다.

기도문

살아계셔서 이 땅의 생명 있는 모든 것들의 생사화복을 주관하시는 거룩하신 하나님 아버지! 지금 이 시간 고 OOO님의 천국환송을 위해서 유가족과 조문객 그리고 우리 믿음의 형제들이 애통한 마음으로 이 자리에 모였습니다. 이 땅에 오셔서 사시는 동안 하나님께서 택하시고 사랑하사 예수 그리스도를 구주로 영접하고 한평생을 말씀과 기도로 그리스도인의 아름다운 삶을 사시도록 은혜 베푸심에 감사드립니다.

교회를 내 몸 같이 섬기시고 이제 이 세상 순례의 여정을 마치고 하나님의 부르심을 받아 천국본향으로 돌아갑니다. 고인의 육신은 비록 이 땅에서 삶을 마감했지만 영혼은 지금 이 시간 주님 계신 천국에서 영원한 삶을 시작한줄 믿습니다. 그곳은 하나님이 친히 함께하셔서 모든 눈물을 그 눈에서 씻기시매 다시 사망이 없고 애통하는 것이나 곡하는 것이나 아픈 것이 다시 있지 아니하는 영생복락을 누리는 곳임을 저희는 믿습니다. 거룩하신 하나님 아버지! 사랑하는 OOO님을 먼저 보내고 슬픔에 잠겨있는 유족들을 하나님의 사랑으로 위로하여 주시옵소서! 이 시간 절망가운데 소망을 갖게 하시며 먼저 가신 고인이 생전에 못 다 이룬 하나님 나라의 일들을 남은 유족들이 다 이룰 수 있도록 용기와 능력을 더하여 주시옵소서.

이 자리에 참석한 모든 조문객과 성도들에게 어떤 어려운 환경 속에서도 믿음을 잃지 않고 승리하게 하여 주시옵소서. 그리하여 우리 모두가 훗날 부활의 그 아침에 주님과 고인이 계신 영원한 저 천국에서 다시 만날 수 있도록 믿음을 지키게 하여 주시옵소서. 살아계신 예수님 이름으로 기도하옵나이다. 아멘

천국의 모습

찬송가 : 480장(통293)
성경말씀 : 요한계시록 21:1-4

이 세상에서 수명이 다해 가고 있던 무디 목사님이 임종을 얼마 앞둔 상황 속에서 환상으로 천국을 보았다고 합니다. 그는 너무 기뻐서 있는 힘을 다해 이렇게 외쳤다고 합니다. "하늘 문이 열려 나를 맞는구나! 이것이 죽음이라면 참으로 달콤한 것이로군. 여기에는 슬픔이라곤 없어!"

그런데 아버지의 임종을 지켜보던 아들이 아버지를 향해 "아버지, 아니에요. 꿈을 꾸고 계신 거예요." 라며 아버지의 말을 믿지 않았습니다.

그러자 무디는 강한 어조로 "아니야, 나는 꿈꾸고 있는 게 아니야, 나는 지금 하나님의 자녀들을 보았단다. 내가 승리한거야. 나의 대관식이 지금 천국에서 거행되고 있는 걸 보았어." 그렇습니다. 무디 목사님은 임종 직전 자기가 돌아갈 본향을 보았고 그곳에서 무디 목사님을 맞이할 준비로 분주한 천국의 모습을 증언하고 있었던 것입니다. 하지만 아들은 임종 직전에 있는 아버지가 혼수상태 속에서 꿈을 꾸고 있다고 생각했습니다. 누구의 말이 맞을까요? 어떤 것을 직접 본 자와 누군가에게 들은 자가 싸운다면 누가 이길까요? 당연히 본 자가 이길 것입니다. 왜냐하면 그는 보았고 그것을 직접 체험했기 때문입니다. 오늘 본문에도 무디 목사님이 보았던 천국의 모습이 그려져 있습니다. 이 천국은 하나님이 요한을 통해 우리에게 보여주시고 증거하는 것입니다. 천국은 분명 있습니다. 왜냐하면 오늘 고인이 그곳에 가셨고 우리가 그것을 믿기 때문이며, 무엇보다 오늘 성경이 증언하고 있기 때문입니다. 오늘 성경에서 증언하는 천국은 어떤 곳이라고 말씀하고 있습니까?

첫째, 새로운 세상이라고 말하고 있습니다

본문 1절에 보면 "또 내가 새 하늘과 새 땅을 보니 처음 하늘과 처음 땅이 없어졌고 바다도 다시 있지 않더라" 라고 기록되어 있습니다. 천국은 우리가 바라보는 이 세상과는 다른 완전히 새로운 곳입니다. 그곳에는 아픔도, 슬픔도, 사망도, 애통이나 곡하는 것도 없는 영원한 행복이 가득한 곳이라고 4절에 말씀하고 있습니다.

그래서 천국을 상상해 보았습니다. 그런데 상상이 잘 되지 않습니다. 왜냐하면 우리가 한번도 보지 못한 완전 새로운 곳이기 때문입니다. 지금 고인이 그곳에서 우리가 보지 못한 새로운 세상을 마음껏 즐기고 있을 것을 생각하니 너무 가슴이 벅차오릅니다.

둘째, 천국을 마치 신부가 신랑을 위해 단장한 것 같이 아름다운 곳이라고 표현하고 있습니다(2절)

세상에서 제일 예쁜 사람은 누구일까요? 바로 결혼하는 신부일 것입니다. 순백색의 웨딩 드레스에 곱게 화장한 얼굴, 무엇보다 얼굴에 나타난 행복한 표정이야말로 세상에서 가장 아름다운 것 일겁니다. 그런데 오늘 천국이 마치 이런 신부의 아름다움과 같이 아름다운 곳이라고 말하고 있습니다. 성경에는 천국의 모습에 대해 일부 기록해 놓았는데 천국의 길은 정금으로 포장되어 있고 큰 열두 진주문과 하나님의 영광의 빛이 가득하다고 말씀하고 있습니다. 이것만으로도 천국이 얼마나 아름다운 곳인지 상상이 가지 않으십니까?

셋째는 천국이 어떤 곳이라고 묘사되어 있나요?

3절에 "내가 들으니 보좌에서 큰 음성이 나서 이르되 보라 하나님의 장막이 사람들과 함께 있으매 하나님이 그들과 함께 계시리니 그들은 하나님의 백성이 되고 하나님은 친히 그들과 함께 계셔서" 라고 말씀하고 있습니다.

천국이 완전 새로운 곳이고 아름다운 곳이라 할지라도 그곳에 하나님이 계시지 않으면 아무 소용이 없습니다. 천국이 진정한 천국이 되기 위해서는 반드시 천국의 주인인 하나님이 함께하셔야 합니다. 아무리 좋은 곳이라 할지라도 그곳에 사랑하는 사람이 함께하지 않으면 감동이 크지 않은 것처럼 천국에는 하나님이 함께 계셔야 합니다. 그런데 오늘 본문에는 하나님이 우리와 함께하시고 우리는 그의 백성이 된다고 말씀하고 있습니다.

찬송가(438장)에 보면 "높은 산이 거친들이 초막이나 궁궐이나 내 주 예수 모신 곳이 그 어디나 하늘나라" 라는 가사가 있듯이 하나님이 동행할 때 진정한 천국이 될 수 있는 것입니다.

오늘 천국환송예배를 드리는 우리 모두가 죽어서 소유할 천국과 함께 살아서도 주님과 동행함으로 이 땅에서의 작은 천국을 경험하는 유가족과 성도님들이 되시기를 주님의 이름으로 축원합니다.

기도문

너희는 마음에 근심하지 말라 하나님을 믿으니 또 나를 믿으라. 내 아버지 집에 거할 곳이 많도다(요14:1).

인간의 생사화복을 주관하시는 하나님 아버지!

오늘 우리는 큰 슬픔과 안타까움 속에 OOO성도님을 천국으로 환송하기 위해 이 자리 가운데 모여 있습니다. 이제 이 땅에서의 모든 삶을 뒤로 하고 영원한 안식과 평안이 있는 하나님 곁으로 가는 OOO성도님의 영혼을 따뜻하게 안아주시고 이 땅에서의 모든 수고로움과 아픔을 위로하여 주시옵소서.

그리고 큰 슬픔 속에 고인을 먼저 떠나보내는 자녀들의 마음을 어루만지시며 하나님께서만 허락하실 수 있는 큰 위로로 함께하여 주시고 고인이 이 땅에서 보여주시고 또 삶을 통해 교훈하셨던 아름다운 추억과 교훈들을 마음에 간직하며 그 유지를 잘 받들고 더욱 더 믿음 안에서 온 가족이 하나되어 아름다운 믿음의 명문가를 이룰 수 있도록 인도하여 주시옵소서. 그리고 유족들과 슬픔을 나누기 위해 이 자리 가운데 함께한 믿음의 지체들 가운데도 평안함과 위로를 허락하여 주시옵소서.

오늘 특별히 목사님을 위로의 종으로 세우셨사오니 목사님을 통해 선포되는 말씀을 통해서도 유가족과 믿음의 지체들이 참 위로를 받게 하여 주시고 오히려 슬픔 가운데 흔들림 없는 믿음과 산 소망을 갖게 하여 주시옵소서.

남은 장례 절차 절차 가운데 하나님의 크신 사랑과 위로가 함께 하길 소망하며 오늘도 우리의 생명의 주관자되시며 영원한 천국의 주인되시는 예수님의 이름으로 기도드렸사옵나이다. 아멘.

하관예배

하관(下棺)은 장지에 도착해서 관을 운구하고 관을 땅으로 내려 마지막 예배를 드리는 절차입니다. 만약 매장을 하게 되면 하관이라는 개념의 예배가 필요합니다. 오늘날은 장지에서 미리 모든 하관준비를 다 해주기에 집례자가 예배 외에는 특별히 관여할 게 없지만 만약 관여하게 된다면 집례자는 관머리 쪽에 서는 것이 좋으며 관이 안장된 다음에 관보, 명정, 횡대를 덮고 관의 양옆쪽을 흙으로 잘 마무리하고 다시 세 번째 횡대를 열어서 두 번째 횡대에 얹어놓고 상주를 집례자 우편에 서게 하고 조객들을 가까이 모은 뒤에 하관예배를 드립니다. 또한 오늘날의 장례문화가 화장으로 많이 바뀌었기에 화장을 하게 되어 추모관으로 모시게 되면 화장터에서 드려지는 예배가 하관예배를 대신하기도 하며 추모관에서는 안치예배라고 부르는 예배를 드립니다. 하관예배는 모든 장례절차를 마무리하면서 차분하게 유가족들과 위로와 평안을 구하는 예배가 되도록 노력합니다.

하관예배(화장장)

사회자	목사
묵도	다같이
사도신경 …… 교단이나 교회에 따라 생략 가능	다같이
찬송 …… 492장(통544장) 잠시 세상에 내가 살면서	다같이
기도	담당자
말씀 …… 다시 만나는 기적의 아침을 기다립시다 (고전 15:1-8)	목사
광고	사회자
축도	목사

다시 만나는 기적의 아침을 기다립시다

찬송가 : 492장(통544장)
성경말씀 : 고린도전서 15:1-8

성경은 사실이고 진리입니다

성경은 사실이며 진리입니다. 또한 우리의 믿음도 사실에서 시작하며, 신앙이란 사실에서 시작되어 성경에 기반을 두고 있고 그 성경 위에 믿음이 있고 그 믿음 위에 감정을 둡니다. 그러므로 기독교는 사실의 종교입니다. 그리고 성경은 무오한 진리의 말씀입니다.

오늘 사도바울은 이 땅 위의 교회에서 서로 누가 큰가를 가지고 다투고 있던 고린도교회에게 가장 큰 은사는 믿음, 소망, 사랑이며 그 중에 제일 큰 것은 사랑이라고 말씀합니다. 우리는 왜 이 땅에서 사랑해야 하고 섬겨야 하고 낮아져야 하는 삶을 살아야 할까요? 자신이가진 것을 자랑하며 교회에서 조차 높은 자리를 차지하려고 다투는 고린도인들에게 바울사도는 우리가 이 땅을 사는 이유는 죽음 이후의 영원을 준비하는 것임을 보여줍니다.

죽음 이후에 우리를 기다리는 것은 무엇일까요?

바로 부활입니다. 우리 믿음에 있어서 가장 중요한 것은 종교적인 형식이 아니라 부활이라는 생명입니다. 부활이라는 것은 일반적으로 사람들이 받아들이지 못하는 사실입니다. 상식적이지도 않고 일반적이지도 않기에 사람들은 부활을 허구라고 말합니다. 그냥 종교적인 광신자들이 바라는 허황된 이야기라고 말합니다. 그러나 성경은 아주 진지하게 이 부활을 이야기합니다. 바울사도는 자신이 이렇게 고난받으며 어렵게 복음을 전하는 이유가 바로 부활을 목격했기 때문이라고 진술하고 있습니다. 부활은 그냥 꾸며진 허구가 아닙니다.

사실의 책 성경이 이렇게 반복적으로 예수님의 생애의 마지막 강조점이 바로 부활이라는 것을 언급하는 것도 부활이 없이는 기독교의 신앙이 아무것도 아니기 때문입니다. 이 땅에 섬기러 오셨던 주님, 그리고 겸손하며 내려놓으라고 가르치신 주님의 가르침은 바로 부활이 있기 때문입니다.

이 세상에서 모든 것이 끝이라면 성도들 만큼 억울하고 답답하고 힘든 인생이 어디 있으며 왜 그렇게 살아야 하겠습니까! 그러나 우리의 인생은 이 죽음이 끝이 아닙니다. 여기가 마무리가 아닙니다. 더 위대하고 강력하고 놀라운 일이 하나 남았습니다. 바로 육체의 부활입니다.

예수님이 그 죽음이 끝이 아니심을 직접 십자가에서 보여주셨고 그는 약속의 말씀대로 부활하셨습니다. 그러므로 우리는 죽음 안에서만 행동하거나 살아서는 안 된다는 것입니다. 부활을 바라보며 부활을 기대하는 신앙이 훨씬 더 중요한 것입니다.

인생을 살면 얼마를 살겠습니까? 우리는 오래 살 것처럼 말하지만 세월이 흐른 후 모두가 똑같이 고백하는 것이 있습니다. "세월이 정말 빠른 것 같다"고 말합니다. 그렇습니다. 오늘 고 ○○○님 앞에서 우리는 한 가지 분명한 것을 배웁니다. 그것은 모든 인간은 죽을 수밖에 없다는 것입니다. 그러나 우리는 고 ○○○님의 앞에서 한 가지를 더 배웁니다. 그것은 예수 믿는 자는 죽음은 끝이 아니고 바로 이곳에서 다시 부활을 경험하게 될 것이라는 것을 말입니다. 만약 이 말들이 우리의 말이라면 다 의미가 없을 것입니다. 그러나 이 말씀은 오류가 없는 성경의 말씀이며 그 말씀은 진리라는 것을 우리는 압니다.

그러므로 지금은 눈에 보이지 않아도 성경의 말씀은 일점 일획이라도 틀린 적이 없으므로 우리는 부활을 목격하게 될 것입니다. 오늘 성경본문 고린도전서 15:3-4에 보면 바울은 그 부활의 근거를 "성경대로"라고 말씀하십니다. 성경대로 구약의 모든 메시야 조건을 충족시키신 예수님은 이제 구약성경대로 죽으시고 성경대로 부활하셔서 만왕의 왕이 되었다고 선포하는 것입니다. 우리는 이 성경말씀을 믿어야 하고 그 말씀에 따라 살아가야 합니다.

모든 유가족과 조문객들은 예수님을 믿으셔야 합니다

장례식을 아름답게 최선을 다해서 섬기시고 마치신 유가족분들께 감사를 드립니다. 정말 수고하셨습니다. 너무도 귀한 믿음의 가정이 되시길 바라고 장례 이후에 더 사랑하고 아름다운 형제우애가 있으며 믿음의 명문가정이 되어 가시길 바랍니다. 그러려면 모두 다 예수님을 믿으셔야 합니다. 한 믿음, 그리고 한 마음, 그리고 한 정신으로 살아가서 이제 함께 예배하고 함께 더 힘든 사람들을 섬기면서 모두가 아름답고 귀한 가정되도록 노력하셔야 합니다. 그것이 다시 만날 고 ○○○님의 소원이며 남기고 가신 가장 아름다운 유산이라고 생각합니다. 주님 안에서 모두가 거듭나고 의미있는 인생길을 잘 사시고 다함께 부활하신 주님처럼 그 부활을 얻어 하늘의 소망을 가지고 각자의 삶 속에서 승리하고 천국에도 같이 가고 함께 하늘의 복을 누리는 아름다운 부활을 소망하는 가족들 그리고 개인들 되시길 예수님의 이름으로 축원합니다.

기도문

사랑하시는 주님, 주님도 이 땅에 사실 때 울기도 하셨고 웃기도 하셨습니다. 그리고 기쁨도 누리셨고 고통도 당하셨습니다. 그리고 십자가를 지고 우리 죄를 대신 지시고 죽음에도 내려갔습니다. 그러나 그 죽음에서 끝나지 않고 하나님께서 살리셔서 만유의 주가 되게 하셨습니다. 우리도 예수님 안에서 그렇게 주님과 동행하도록 소망을 허락하여 주옵소서.

오늘 고 OOO님의 가정과 모든 친지들께 예수님 믿는 은혜를 허락하여 주셔서 모두가 천국 가고 모두가 의미 있는 삶을 살아가시도록 도와주시며 한 믿음 안에서 서로 사랑하며 섬기며 살아가도록 허락하여 주옵소서.

수고한 모든 분들에게 위로와 힘을 더하여 주시고 이제 모든 장례절차를 마무리하오니 주님께서 유가족의 슬픔을 위로해 주시고 모두가 자신의 삶 속에서 아름답게 살아가는 인생되도록 도와주옵소서. 주관하시고 도와주신 성령님 감사드리면 성부와 성자와 성령님의 이름으로 축원하옵나이다. 아멘.

돌아갈 본향을 준비하는 삶

찬송가 : 480장(통293)
성경말씀 : 시편 90:1-4

창세기 3:19에 보면 우리가 어디서 와서 어디로 가는 존재인지에 대해 기록되어 있습니다. 하나님이 천지를 창조하시며 우리를 흙으로 빚으시고 그 코에 생기를 불어넣어 생령이 되었으며 죄로 말미암아 유한한 생명을 가진 존재가 되었으며 이런 우리를 향해 하나님은 "너희는 흙이니 흙으로 돌아가라"라고 명령하고 있습니다. 오늘 고인은 이 성경의 명령대로 흙에서 와서 흙으로 돌아가셨습니다. 비록 육신은 한줌의 재가 되어 땅에 묻히는 존재가 되었지만 이것이 끝이 아닌 또 다른 시작임을 우리는 기억해야 할 것입니다. 어떤 시작을 말할까요? 그것은 바로 그 영혼은 이곳이 아닌 하나님이 준비해 놓으신 천국에서 영원한 쉼과 안식을 누린다는 사실입니다. 그래서 이 사실을 믿는 우리들은 슬픔속에서도 소망을 노래하고 감사를 고백할 수 있는 것입니다.

비록 인간적인 헤어짐과 이별은 슬프고 괴로운 일이지만 얼마 뒤면 우리도 고인이 가셨던 그 길을 따라 천국으로 입성할 것이고 그 때에 함께 기뻐하며 만남을 축하하고 영원한 안식을 누릴 것을 알기에 우리의 슬픔은 좌절이 아닌 기쁨의 슬픔이 되는 것입니다. 그 이유는 무엇 때문일까요?

첫 번째는 하나님이 우리의 영원한 거처가 되시기 때문입니다

오늘 본문 1절에 보면 "주여 주는 대대에 우리의 거처가 되셨나이다"라고 말씀합니다. 우리는 하나님이 친히 창조하신 창조물로 하나님께 속한 존재일 뿐만 아니라 하나님의 소유요, 하나님의 주권 아래 있는 존재입니다.

오늘 본문에서 하나님이 어떤 분이라고 말씀하고 있습니까? 2절에 "영원 전부터 영원까지 존재하는 분"이라고 표현하고 있습니다.

이 세상의 만물은 시작이 있고 끝이 있지만 하나님은 영원 전부터 영원까지 존재하는 분으로 그 분을 믿는 우리들도 오직 믿음으로 말미암아 같은 존재로 거듭날 것을 약속하고 있기 때문에 우리의 슬픔은 잠깐이요 기쁨은 영원한 것입니다.

두 번째는 우리에겐 본향이 있고 그 본향으로
돌아갈 것을 하나님이 명령하고 있기 때문입니다

3절에 보면 "주께서 사람을 티끌로 돌아가게 하시고 말씀하시기를 너희 인생들은 돌아가라" 라고 말씀하고 있습니다. 어디로 돌아가라는 것입니까? 하나님이 계신 곳! 하나님이 영원히 머무르는 천국으로 돌아가라는 것입니다.

오늘 고인은 이 약속의 명령을 따라 이 땅이 아닌 천국으로 이사하셨습니다. 이제 더 이상 이 땅에서는 고인의 숨결과 모습을 찾을 수 없지만 하나님이 직접 약속하신 땅! 영원한 천국으로 돌아가셨음을 믿고 슬픔을 기쁨으로, 그리고 좌절을 소망으로 바꾸시는 유가족들이 되시길 주님의 이름으로 소망합니다.

이제 이 땅에 남아 있는 우리들이 할 수 있는 것은 무엇일까요? 그것은 고인의 유지를 받들어 이 땅에서 천국에 대한 소망을 품고 살아가는 것입니다. 또한 고인이 보여 주셨던 믿음의 본을 따라 우리들도 늘 예수를 자랑하고 복음을 전하며 이 땅에서 천국 본향을 준비하는 삶을 살아가야 할 것입니다.

소망이 없는 어떤 이들과 같이 살아가는 것이 아니라 믿음을 통해 영원한 천국 소망을 가진 자로써 믿음 안에서 당당하게 살아가시는 유가족들이 되시길 주님의 이름으로 축원드립니다.

기도문

사랑하는 주님 우리가 이 땅에서 영원한 하나님의 나라의 창조와 기쁨을 소유할 수 있도록 축복하심에 감사드립니다. 오늘 고 OOO님의 장례식 자리에서 우리는 죽음 이후의 삶까지도 예비하신 주님을 바라보며 감사를 드립니다.

이 땅에서 어떤 일생을 살았다 할지라도 하나님께서는 당신의 백성을 기쁨으로 맞아주시고 눈에 눈물을 씻어주심을 알기에 오늘 고 OOO님을 편하게 보내드릴 수 있는 것입니다. 유족들의 마음에는 아쉬움과 안타까움이 있을 것입니다. 그러나 그것은 잠시 이 땅에서 헤어져야 하는 아쉬움과 안타까움일 것입니다.

이제 남아 있는 우리도 고인이 소유하셨던 그 믿음과 구원의 확신을 가지고 이 땅에서 담대히 살아내어 고인을 다시 만날 때 반드시 기쁨으로 만날 것을 소망하며 죽음 앞에서 소망되시는 주님을 바라봅니다. 이 자리에 함께 하신 모든 유가족과 성도들을 위해 주님의 약속이 충만하시도록 기도드립니다. 예수님의 이름으로 기도합니다. 아멘.

하관예배(매장시)

사회자(인도)	목사
묵도	다같이
사도신경 …… 교단이나 교회에 따라 생략 가능	다같이
찬송 …… 480장(통293장) 천국에서 만나보자	다같이
기도	담당자
말씀 …… 모든 것에는 다 때가 있다(전 3:11-12)	목사
광고	사회자
헌화 …… (국화꽃술을 뿌리는 것이 좋다)	목사, 상주 순으로
축도	목사

모든 것에는 다 때가 있다

찬송: 480장(통293)
성경말씀: 전도서 3:11-12

오늘 본문 1절에서 보면 "범사에 기한이 있고 천하 만사가 다 때가 있다"고 말씀합니다.

이것은 하나님께서 이 세상을 어떤 섭리로 창조하셨는가를 단적으로 보여주는 말씀으로 이 세상의 모든 것은 영원하지 않을 뿐만 아니라 모든 것에는 때가 있음을 분명히 하는 말씀인 것입니다.

오늘 본문 1절~8절의 말씀에서는 총 28가지의 때에 대한 이야기가 나옵니다. 태어날 때가 있으면 죽을 때가 있고, 건강할 때가 있으면 병들 때가 있으며, 울 때가 있으면 웃을 때도 있다는 것입니다. 오늘 솔로몬은 이 본문을 통해 우리에게 무엇을 말하고 어떤 교훈을 던져주고 있을까요?

첫째, 하나님이 정하신 때와 기한을 우리가 바꿀 수 없다는 것입니다

다른 말로 표현한다면 이것은 하나님이 정해 놓으신 자연의 섭리이며, 창조의 섭리이기에 영원불변한 진리라는 말인 것입니다. 우리가 이러한 하나님의 뜻을 억지로 거스르려고 하면 할수록 우리의 삶은 더 힘들고 어려워질 수밖에 없습니다. 우리가 어떤 문제에 봉착해 도저히 해결할 방법이 없을 때 그 문제를 가장 쉽게 해결할 수 있는 방법은 무엇일까요? 그것은 바로 그 문제 자체를 인정하고 내가 수용하는 것입니다.

우리는 사랑하는 ○○○집사님을 먼저 천국으로 보내드렸습니다. 그런데 우리가 아직까지 그 임종에 대해 인정하지 못하고 계속 슬픔 속에 빠져 있다면 우리의 삶이 어떻게 될까요? 그리고 하나님이 보시기에 우리의 모습이 어떨까요? 지금 우리가 취해야 할 행동은 바로 모든 일이 하나님의 뜻과 섭리 가운데 진행되었음을 인정하고 그것을 있는 그대로 수용하는 것입니다.

이것은 비겁하게 문제로부터 도망치거나 회피하는 것이 아니라 오히려 하나님의 창조주권을 인정하며 그앞에 순종하는 것입니다. 지금 솔로몬은 온 우주 만물에 때와 기한이 있음을 말하며 우리도 그 일부에 지나지 않음을 깨닫고 오히려 하나님의 주권을 철저히 인정하는 삶을 살아야 함을 교훈하고 있는 것입니다.

둘째, 하나님은 유한한 우리에게 영원을 사모하는 마음을 주셨다는 것입니다

오늘 본문 11절에서 보면 "사람들에게는 영원을 사모하는 마음을 주셨다" 라고 기록되어 있습니다.

그렇습니다. 지금은 비록 헤어져 있고 떨어져 있다 할지라도 우리는 언젠가 그 영원을 사모하는 마음과 믿음을 통해 천국에서 영원한 만남을 갖게 될 뿐만 아니라 영원히 함께 영생할 것입니다.

지금 우리가 사는 이곳에는 때와 기한이 있지만 하나님이 계신 천국에는 그 때와 기한이 없습니다. 오히려 우리는 이 땅에서 시공간의 제약을 통해 더 영원을 사모하고 천국을 소망할 수 있는 것이 아닌가? 라는 생각을 해 보게 됩니다.

사랑하는 유가족 여러분!

오늘의 슬픈 현실이나 안타까운 상황에 마음을 두지 마시고 오직 하나님께서 주시는 영원한 곳을 바라보며 그곳에 마음을 두시기 바랍니다. 그곳에서 지금 고인이 여러분을 기다리고 계시며 영원한 만남을 기대하고 계신다는 사실을 기억하시기 바랍니다.

셋째, 우리에겐 아직 해야 할 미션이 있음을 기억하십시요!

오늘 본문 12절에서는 "사람들이 사는 동안에 기뻐하며 선을 행하는 것보다 더 나은 것이 없다" 라고 말씀하고 있습니다.

이것은 우리가 이 땅에서 어떻게 살아가야 할 것인가에 대한 목표와 목적을 말하는 것입니다. 하나님께서 우리에게 영원한 천국을 선물로 허락하셨지만 그곳을 소유하기 위해서는 우리가 이 땅에서 가치있고 의미있는 삶을 살아야 할 책임과 역할이 있음을 강조하고 있는 것입니다.

오늘 본문에서는 두 가지를 말씀합니다. 항상 기뻐하고 선을 행하는 삶을 살라는 것입니다. 그러기 위해 우리는 더욱 더 믿음 안에 자신을 비우며 하나님을 의지하고 우리가 돌아갈 본향은 이 땅이 아닌 영원한 천국임을 기억하는 삶을 살아가야 합니다. 그럴 때 우리는 이 세상의 작은 일에 일희일비하지 않고 늘 기뻐하며 나보다 남을 먼저 생각하고 배려하는 선을 행하는 삶을 살아갈 수 있을 것입니다.

비록 오늘 우리가 고인을 새로운 곳으로 모시기 위해 예배하고 있지만 오히려 우리는 이 땅의 삶은 아무것도 아닌 전도서 기자의 말대로 헛되고 헛되며 헛되고 헛된 것임을 기억하며 영원한 천국을 사모하고 이 땅에서 늘 기쁨과 선을 행하는 유족들의 삶이 되시길 주님의 이름으로 축원드립니다.

기도문

목자 되신 주님이 우리를 푸른 초장으로 인도하신 것은 우리에게 천국의 푸른 초장으로 인도함 받은 OOO님을 기억하며 이 땅에서는 더 이상 만날 수 없지만 저 천국에서 다시 만날 수 있는 소망을 가지고 믿음의 가정으로 바로서기를 기도합니다.

고인이 가신 마지막 길에 왜 좀 더 잘해주지 못했나? 라는 안타까움이 있을 것입니다. 그러나 주님 우리가 슬픔에 빠져있게만 하지 마시고 다시 일어나 주님을 붙잡고 어려움에 처한 공동체들을 위로하는 저희가 될 수 있도록 기도드립니다. 그리하여 이제 저 천국에서 가 계신 우리 OOO님을 다시 만날 소망을 갖는 가족이 되기를 소망합니다.

하나님께 우리와 함께 하셔서 슬픔에 빠진 가족들을 위로하시고 하늘의 생명으로 채워주셔서 이제는 어둠의 눈을 뜨고 빛 가운데 계신 주님을 바라보면서 믿음의 소망을 가진 가족 되도록 인도하여 주시옵소서. 예수님의 이름으로 기도드립니다. 아멘.

안치예배

안치예배
(납골당·봉안당·수목장)

사회자(인도) ……………………………………………	목사
묵도 …………………………………………………………	다같이
사도신경 ………… 교단이나 교회에 따라 생략 가능 …………	다같이
찬송 ………… 370장(통455장) 주 안에 있는 나에게 …………	다같이
기도 ………………………………………………………	담당자
말씀 ……………… 부활신앙(살전 4:13-17) ………………	목사
광고 ………………………………………………………	사회자
헌화 ………… (국화 꽃술을 뿌리는 것이 좋다) …………	목사, 상주 순으로
축도 ………………………………………………………	목사

부활신앙

찬송가 : 370(통455)
성경말씀 : 데살로니가전서 4:13-17

그렇습니다. 믿지 않는 사람들은 죽음을 끝이요 영원한 이별이라고 말하지만 성경은 오히려 죽음을 천국 가기 위한 관문이라 말하며 영원한 행복과 안식을 얻기 위한 과정으로 이해합니다.

그리고 죽음을 맞이 하는 이들을 향해 "잔다"라고 표현하고 있습니다.

오늘 본문에서도 "형제들아 자는 자들에 관하여는 너희가 알지 못함을 우리가 원하지 아니하노니 이는 소망없는 다른 이와 같이 슬퍼하지 않게 하려 함이라."

바울은 본문에서 이미 죽은 자들을 죽었다고 표현하지 않고 잔다고 표현하고 있습니다. 이것은 죽음이 끝이 아닌 일시적인 이별이며 다시 만날 것에 대한 약속이 있기 때문입니다. 이러한 믿음을 우리는 부활신앙이라 말합니다.

오늘 본문은 이런 부활신앙을 가진 이들은 소망없는 어떤 이들과 같이 슬퍼하지 말 것을 말씀하고 있습니다. 비록 우리가 육신의 몸을 입고 있을 때는 사랑하는 ○○○님과 함께 할 수는 없지만 예수님이 이 땅에 다시 재림하시는 그날에는 먼저 자던 자들이 일어나고 그후 산 자들이 들림을 받아 공중에서 다시 주님과 함께 영원한 천국으로 입성할 것이기 때문에 지금 우리가 바라보는 ○○○님의 임종은 영원한 죽음으로 인한 이별이 아닌, 마치 우리가 잠을 자기 위해 잠깐 헤어지는 것과 같다라고 말씀하는 것입니다. 우리가 저녁이 되면 잠자리에 들게 되는데 이 잠자리에 든 사람들을 바라보며 슬퍼하는 사람은 아무도 없습니다.

왜 그렇습니까? 그들이 해가 뜨고 날이 밝은 아침이면 다시 깨어날 뿐만 아니라 다시 만남에 대한 약속이 있기 때문에 그렇습니다. 오늘 성경은 우리의 죽음은 마치 이와 같다고 말씀하고 있는 것입니다. 오늘 바울은 믿음 안에서 먼저 떠난 이들을 바라보며 불안해 하는 데살로니가 교인들을 향해 하나님을 믿고 죽은 자들도 마치 잠자는 자들과 같이 주님의 태양이 떠오르고 어두움이 물러나면 다시 부활의 몸으로 우리가 만날 것이기에 그 믿음으로 죽음을 바라볼 것을 주문하고 있습니다.

사랑하는 유가족과 조문객 여러분!

오늘 고인을 보내는 우리의 시각도 이래야 될 것입니다. 바울이 믿는 자들은 죽은 이들로 말미암아 소망없는 자와 같이 슬퍼하지 않기를 원한다고 말씀하는 것처럼 오늘의 우리도 오히려 슬픔을 소망으로, 부활의 신앙으로 승리하는 모습이 있어야 할 줄로 믿습니다. 또한 바울은 오늘 본문 14절을 통해 죽음과 부활에 대해 예수님께서 미리 우리들에게 보여 주신 것을 기억하라고 말씀합니다.

"우리가 예수께서 죽으셨다가 다시 살아나심을 믿을진대 이와 같이 예수안에서 자는 자들도 하나님이 그와 함께 데려 오시리라" 라고 말씀하고 있습니다. 예수님이 부활하실 때 이미 죽어 땅에 묻힌 자들도 산자들과 함께 영원한 천국 즉 완전한 하나님 나라에 들어가기 위해 안식에서 깨어날 것을 말씀하고 있는 것입니다. 그때 우리 살아남은 자들도 그들과 함께 공중에서 다시 해후할 것이며 예수님을 만나고 예수님과 함께 영원한 천국에 들어갈 것을 말하고 있는 것입니다.

이것이 바로 믿는 자들이 가져야 할 부활신앙입니다. 그리고 이 부활신앙을 가진 자만이 17절이 말씀하는대로 천국에서의 삶이 보장되는 것입니다. "그 후에 우리 살아남은 자들도 그들과 함께 구름속으로 끌어올려 공중에서 주를 영접하게 하시리니 그리하여 우리가 항상 주와 함께 있으리라." 2천년 전 속히 오시겠다던 예수님의 약속은 지금까지 계속 유보되고 있습니다.

왜일까요? 그것은 한 영혼이라도 더 구원하시길 원하는 예수님의 안타까움 때문일 것입니다. 오늘 여기 유가족 중에서도 아직 예수님을 알지 못하고 믿지 않는 분이 계시다면 사랑하는 고인이 먼저 믿으셨던 그 예수님! 삶을 통해 믿음이 무엇인지를 보여주셨던 것을 기억하며 오늘 이 시간 예수님을 믿기로 결단하시길 바랍니다. 고인은 부활신앙을 가진 분이었습니다. 주님이 다시 오실 때 고인은 우리 예수님과 함께 부활할 것입니다. 오늘 이미 예수님을 믿으셨거나 믿기로 결단하는 분들도 예수님이 다시 이 땅에 재림하시는 날! 고인과 함께 영원한 천국에서 영원히 함께 사는 복을 누리게 될 것입니다.

> ### 기도문
>
> 사랑과 은혜가 많으신 예수님!
>
> 오늘 우리는 마지막 장례절차를 행하며 다시 한번 이 땅에 오실 예수님! 그리고 그때 다시 부활의 몸으로 이 땅에 함께 올 고인의 모습을 생각하며 말씀을 나누었습니다. 이제 영광스런 부활의 축복이 단지 고인만의 축복이 아닌 우리 모두의 축복이 되게 하여 주시옵소서.
>
> 그래서 이 장례 절차가 단순히 슬픔을 위로하고 고인을 떠나보내는 것을 아쉬워하는 시간이 아닌 영적으로 다시 태어나는 날! 우리의 삶이 이 땅의 삶으로 끝나는 것이 아닌 영원한 영생의 삶이 있음을 깨닫는 그런 복된 시간이 되게 하여 주시옵소서.
>
> 오늘까지 삼일동안 장례를 치루느라 몸과 마음이 많이 지친 유가족들을 위로하여 주시고 이제 하루 빨리 일상으로 돌아가 모든 슬픔을 극복하고 오직 소망 속에 순례의 여정을 믿음으로 잘 이겨나가게 하여 주시옵소서.
>
> 우리의 생명되시는 예수그리스도의 이름으로 기도드리옵나이다. 아멘.

삼우예배와 1주기 추도예배

삼우예배
(장사 후 첫 예배)

사회(인도)	가족 중 직분이 있는 교인이나 교회 교적을 가진 성도	
사도신경	교단이나 교회에 따라 생략 가능	다같이
찬송	고인이 즐겨 부르던 곡 중 한 곡	다같이
기도		가족 중 한 분
말씀	(가족 중 교회선임자) 성경에 의거하여 (시 23:1-2)	가족 중
찬송	552장(통358장) 아침 해가 돋을 때	다같이
주기도문		다같이

1주기 추도예배(1)

사회(인도)		목사
묵도		다같이
사도신경	교단이나 교회에 따라 생략 가능	다같이
찬송	235장(통222장) 보아라 즐거운 우리 집	다같이
기도		담당자
말씀	믿음의 가정 (왕상 2:1-4)	목사
광고		사회자
인사말		장자
축도		목사

장례예배를 위한 설교와 기도문

믿음의 가정

찬송가 : 235장(통222)
성경말씀 : 열왕기상 2:1-4

오늘은 우리 아버님이 천국으로 이사하신 지 1주년이 되는 해입니다. 올해도 어김없이 온 가족이 한 자리에 모이게 하시고 아버님을 추모하며 예배드릴 수 있게 하신 하나님께 감사와 영광을 돌리며 함께 은혜받는 시간이 되었으면 합니다.

오늘 우리는 본문을 통해 한 사람의 믿음이 어떻게 그 가정에 축복의 통로가 되어 대대손손 그 축복이 이어질 수 있었는가의 비결을 배우게 될 것입니다. 오늘 본문은 다윗이 임종을 앞둔 시점에서 아들 솔로몬에게 유언을 남기는 장면으로 역대상 29:28에 보면 다윗의 노년을 이렇게 기록하고 있습니다. "그가 나이 많아 늙도록 부하고 존귀를 누리다가 죽으매 그의 아들 솔로몬이 대신하여 왕이 되니라" 다윗은 나이 많아 늙도록 부하고 존귀를 누리었다고 말합니다. 다윗이 일평생 이런 축복을 누릴 수 있었던 비결은 늘 하나님과 동행하며 믿음으로 살려고 노력했기 때문입니다. 그런데 오늘 본문을 보면 다윗은 아들 솔로몬에게 유언을 통해 이 축복이 대를 잇기를 소망하고 있습니다. 오늘 말씀을 통해 우리의 가정도 다윗 가정처럼 "대를 잇는 축복"을 누리는 가정이 되기를 소망합니다.

그렇다면 어떻게 하면 대를 잇는 축복을 누릴 수 있을까요?

첫 번째는 가족 구성원 모두가 믿음의 대장부로 살아야 합니다

본문 2절을 보면 "내가 이제 세상 모든 사람이 가는 길로 가게 되었노니 너는 힘써 대장부가 되고"라고 기록되어 있습니다. 대장부란 사소한 일에 얽매이지 않고 어떤 일에든지 대범하고 긍정적으로 대처하며 강한 의지와 넓은 마음을 가진 사람을 뜻합니다. 다른 말로 말하면 대인배라고 표현할 수 있을 것입니다. 우리의 신앙생활에 있어서도 이런 대인배의 마음과 모습이 필요합니다.

하나님은 첫 인간 아담에게 "땅을 정복하고 다스리라"고 명령하셨습니다. 하나님은 우리들이 당신이 허락하신 모든 축복과 권한을 누리며 당당하게 살기를 원하십니다. 그런데 우리는 인생의 근심과 걱정으로 점점 대장부가 아닌 소인배가 되어 작은 일에 좌절하고 기쁨을 상실한 삶을 살아가고 있지는 않습니까?

다윗은 솔로몬이 하나님이 허락하신 축복을 누리며 사는 참 믿음의 대장부가 되기를 소망하는 마음으로 유언을 남겼습니다. 우리도 다윗과 같은 믿음의 대장부가 되려면 온전히 하나님만 의지하고 늘 하나님과 동행하려는 각오와 결단이 필요합니다. 다윗은 일평생을 대장부로써 하나님과 동행하는 삶을 살았고 많은 축복을 누렸습니다. 이제 그 축복이 아들 솔로몬을 넘어 함께 예배하는 우리 가정 모든 식구들에게도 계속 이어지기를 소망합니다.

두 번째는 가족 구성원 모두가
하나님의 말씀을 실천하는 삶을 살아야 합니다

본문 3~4절을 보면 말씀에 대한 실천명령과 그에 따른 축복의 약속이 기록되어 있는 것을 보게 됩니다. 본문을 함축하면 "성경에 기록된 대로 지켜 행하면 형통의 복과 축복이 지속될 것에 대한 약속"입니다.

처음 다윗이 성경에 기록될 때의 모습은 어떤 모습이었습니까? 그저 광야에서 양을 치던 목동이었고 그가 가진 것이라곤 지팡이와 물매와 돌 몇 개가 전부였습니다. 하지만 골리앗과 싸우러 나갈 때 다윗은 "만군의 여호와의 이름으로 나아간다"고 선포하며 하나님의 약속의 말씀을 의지하여 나아가 승리하였습니다.

사랑하는 아들 솔로몬에게 다윗은 그 하나님의 약속의 말씀을 의지하는 삶을 살 때 자기에게 주어졌던 축복이 솔로몬뿐만이 아니라 대대손손 이어질 것을 고백하고 있는 것입니다.

사랑하는 가족 여러분! 우리 가정이 정말 주 안에 축복된 가정, 지속적으로 이 축복이 이어지는 가정이 되기 위해서는 무엇보다 하나님의 말씀을 붙들고 그 말씀을 삶 속에 적용하고 실천하는 믿음이 필요합니다.

다윗은 자신이 누렸던 축복이 자기 대에서 끝나길 원치 않았습니다. 그 축복이 솔로몬을 넘어 손자의 대를 지나 3대, 4대 계속 이어지기를 소망했습니다. 오늘 저도 동일한 소망을 품어봅니다.

지금 우리 대에서 누리고 있는 하나님의 은혜와 축복이 다음 세대를 넘어 그 다음, 그 다음 세대에까지 계속 이어지길 소망합니다. 그러기 위해 우리 가정의 모든 식구들은 믿음의 대장부로써 당당히 서고 삶 속에 말씀을 실천하는 삶을 살아가야 할 것입니다. 그럴 때 우리 가정에 임한 축복이 대를 잇는 축복이 될 줄로 믿습니다.

기도문

하나님을 모르는 자들, 구원이 없는 자들에게 죽음은 절망이고 저주이며 파멸과도 같습니다. 그러나 하나님의 백성들, 예수 십자가의 공로로 구원을 받은 하나님의 자녀들에게 죽음은 축복입니다.

사랑하는 주님 우리가 이 땅에서 영원한 하나님의 나라의 창조와 기쁨을 소유할 수 있도록 축복하심에 감사드립니다. 오늘 고인의 1주기 추도예배의 자리에서 우리는 죽음 이후의 삶까지도 예비하신 주님을 바라보며 감사를 드립니다.

이 땅에서 어떤 일생을 살았다 할지라도 하나님께서는 당신의 백성을 기쁨으로 맞아주시고 눈에 눈물을 씻어주심을 알기에 오늘 고인을 편하게 보내드릴 수 있는 것입니다. 유족들의 마음에는 아쉬움과 안타까움이 있을 것입니다. 그러나 그것은 잠시 이 땅에서 헤어져야 하는 아쉬움과 안타까움일 것입니다.

이제 남아 있는 우리도 고인이 소유하셨던 그 믿음과 구원의 확신을 가지고 이 땅에서 담대히 살아내어 고인을 다시 만날 때 반드시 기쁨으로 만날 것을 소망하며 죽음 앞에서 소망되시는 주님을 바라봅니다. 이 자리에 함께 하신 모든 유가족과 성도들을 위해 주님의 약속이 충만하시도록 기도드립니다. 예수님의 이름으로 기도합니다. 아멘.

1주기 추도예배(2)

사회(인도)	목사
묵도	다같이
사도신경 ········ 교단이나 교회에 따라 생략 가능	다같이
찬송 ········ 301장(통460장) 지금까지 지내온 것	다같이
기도	담당자
말씀 ········ 공공연한 비밀(빌 3:20-21)	목사
광고	사회자
인사말	장자
찬송 ········ 246장(통221장) 나 가나안 땅 귀한 성에	다같이
축도	목사

공공연한 비밀

찬송가 : 301장(통460)
성경말씀 : 빌립보서 3:20-21

사람들은 대부분 남이 알지 못하는 비밀을 간직하고 있습니다. 어떤 이는 너무 창피한 일이라 숨기기도 하고 어떤 이는 너무 소중해서 감추기도 합니다. 또 어떤 이들은 이 비밀 때문에 삶의 자유함을 잃어버리기도 하고 비밀을 지키기 위해 스스로 관계를 깨는 경우도 있습니다. 이렇듯 비밀은 남들에게 공개되는 순간 더 이상 비밀이 아닙니다. 그렇기 때문에 많은 사람들이 비밀을 지키기 위해 노력하는 것입니다. 그런데 비밀에도 좋은 비밀이 있는가 하면 나쁜 비밀이 있습니다. 나쁜 비밀이란 남을 속이고 이득을 취하기 위한 것으로 우리는 이런 비밀을 간직해서는 안될 것입니다.

반면 좋은 비밀이란 나뿐만이 아니라 다른 사람까지 이롭게 할 수 있는 복되고도 좋은 소식을 말합니다. 성경에서는 천국을 마치 밭에 감추인 보화와 같다고 표현하면서 천국비밀에 대해 이야기합니다(마 13:44). 좋은 비밀에는 무엇이 있을까요? 바로 천국에 대한 비밀입니다.

그렇습니다. 우리 크리스천들에겐 공공연한 비밀이 하나 있습니다. 그것은 다름 아닌 천국에 관한 비밀입니다. 비밀이란 숨겨진 이야기를 말하지만 우리는 이 비밀을 더 이상 숨기지 않고 오히려 더 많이 알리려 노력합니다. 성경에서 천국을 마치 감추인 보화와 같다고 표현한 것은 너무 소중하고 귀한 것이기에 그 가치를 알지 못하는 사람들에게까지 공개되어 그 가치를 떨어뜨리고 싶지 않기 때문입니다.

자! 그렇다면 우리 크리스천이 가지고 있는 공공연한 비밀은 어떤 것일까요?

첫 번째, 우리의 비밀은 천국 시민권자라는 사실입니다

일년 전 오늘 갑작스럽게 사랑하는 가족과 우리 곁을 떠난 고인은 일찍이 이 비밀을 깨닫고 마음 속에 품은 분으로써 이제 이 땅의 시민권자가 아닌 천국의 시민권을 취득하신 분이 되셨습니다.

오늘 본문 20절에도 보면 "우리의 시민권은 하늘에 있는 지라" 라고 말씀하고 있습니다. 오늘 본문이 쓰여진 배경은 로마시대입니다. 현대 많은 사람들이 미국 시민권을 따려 애를 씁니다. 그 이유가 무엇입니까?

미국 시민권자가 되면 많은 혜택을 받을 수 있기 때문입니다. 마찬가지로 당시 이스라엘 사람들도 로마 시민권을 얻기 위해 많은 노력을 기울였습니다. 로마 시민이 되면 여러 가지로 신분보장뿐만이 아니라 경제적 이득을 얻을 수 있었기 때문입니다. 하지만 그리스도인들은 오히려 그런 시대적 흐름과는 반대로 이 땅에서의 안정과 안녕보다는 천국에서의 영원한 삶을 기대하며 오히려 천국 시민권자임을 자랑했던 사람들입니다. 그래서 당시 온갖 핍박과 박해 속에서도 신앙을 잃지 않고 꿋꿋하게 크리스천으로서의 삶을 살아갈 수 있었던 것입니다.

당시 기독교에 대한 박해로 말미암아 자신이 크리스천인 것을 비밀에 붙이는 사람들이 많았지만 복음에 있어서만큼은, 천국의 비밀에 대해서만큼은 더 이상 비밀로 할 수 없었습니다. 그들이 복음을 위해 기꺼이 죽음도 불사할 수 있었던 것은 바로 남들이 알지 못하는 천국 시민권을 소유했기 때문입니다.

오늘 이곳에 모인 사랑하는 유가족분들도 고인이 품으시고 깨달으셨던 천국에 대한 비밀과 천국 시민권자로서의 모습을 갖는 여러분들이 되시길 소망합니다.

두 번째, 우리가 가진 공공연한 비밀은 바로 부활에 관한 비밀입니다

많은 사람들이 죽음에 대한 막연한 두려움을 가지고 있습니다. 왜 그렇습니까? 그것은 바로 죽음을 끝이라고 생각하기 때문입니다. 하지만 우리 믿음의 사람들은 죽음을 두려워 하지 않습니다. 그것은 바로 부활을 믿기 때문입니다.

예수님께서 죽으셨다가 삼일만에 부활하시며 너희도 나와같이 마지막 때가 되면 이렇게 부활할 것을 말씀해 주셨기 때문입니다.

이 비밀의 사실은 모든 사람에게 공개되었지만 많은 사람들이 이것을 믿지 않습니다. 그리고 죽음 앞에 연약한 모습으로 떨며 두려워하고 죽은 이를 향해 멈출 수 없는 슬픔을 드러냅니다. 이렇게 슬퍼하는 이유는 단 하나입니다.

다시는 만날 수 없다는 두려움 때문입니다. 하지만 우리는 다릅니다. 분명히 예수님께서 하늘로 승천하시며 제자들과 여러 증인들에게 "너희는 마음에 근심하지 말라 하나님을 믿으니 또 나를 믿으라 내 아버지 집에 거할 곳이 많도다 그렇지 않으면 너희에게 일렀으리라 내가 너희를 위하여 처소를 예비하러 가노니 가서 너희를 위하여 처소를 예비하면 내가 다시 와서 너희를 내게로 영접하여 나 있는 곳에 너희도 있게 하리라" 요 14:1~3 라고 약속하셨기 때문입니다.

오늘 우리가 여기 모여 함께 고인의 1주기 추도 예배를 드리는 것도 언젠가 다시 만날 날을 기대하며 소망하기 때문입니다.

우리에겐 공공연한 비밀이 있습니다. 하지만 이 비밀은 우리 만이 간직하고 지킬 것이 아니라 이 땅의 모든 사람들에게 알려야 할 비밀입니다.

우리 사랑하는 고인의 천국 시민권이, 또 부활에 대한 소망이 아직까지 이 비밀을 깨닫지 못하고 두려움 속에 살아가고 있는 모든 사람들에게 소망이 되길 소원합니다. 그리고 우리 사랑하는 유가족들에게도 동일한 소망이 되길 소원합니다.

머지않은 때에 성경의 약속은 일점일획도 틀림없이 이루어질 것이고 그때야 비로소 이 공공연한 비밀은 더 이상 비밀이 아닌 사실로써 모든 믿는 자에게 축복이 될 줄로 믿습니다.

추모예배 (출생, 소천일)

가족추모예배

사회(인도)	목사
묵도	다같이

고○○○(출생소천)를 추모하는 예배를 위해
다함께 살아계신 하나님 앞에 묵도합니다.

사도신경	교단이나 교회에 따라 생략 가능	다같이
찬송	412장(통469장) 내 영혼의 그윽히 깊은 데서	다같이
기도		가족중
말씀	(살전 5:16-18)	목사
추모말씀	은혜와 감사로	사회자
찬송	559장(통305장) 사철에 봄바람 불어있고	다같이
추모사	고인에 대한 덕담과 간증을 잠시 나누도록	가족중
기도	주님이 가르치신 기도로(주기도문)	다같이

추모예배를 마치겠습니다.

가족이 함께 식사

은혜와 감사로

- 찬송가 : 412장(통469장)
- 성경말씀 : 데살로니가전서 5:16-18

오늘은 고 ○○○의(생일소천) ○○주기를 맞이하여 가족들이 한자리에 모여서 추모예배를 드리게 되었습니다. 올 한해도 국가적으로 사회적으로 많은 어려움이 있었지만 하나님께서 우리에게 베풀어주신 열매들로 인한 기쁨을 나누고 주께 감사하며 뿐만 아니라 고 ○○○를 추모하려고 모였습니다.

사람은 은혜와 감사를 아는 고등 동물입니다. 하나님의 은혜, 부모님의 은혜, 스승의 은혜, 우리 주변에서 우리와 늘 만나서 사는 이웃과 직장 동료들의 은혜를 알고 감사의 표현을 하며 살아갈 때 이 사회와 가정에 기쁨과 사랑이 넘쳐날 것입니다.

오늘 본문에 범사에 감사하라는 것은 하나님의 뜻이라고 합니다. 범사는 모든 일을 말하는데 감사의 조건이 있어야만 감사하는 것이 아니라 어떠한 환경과 조건 속에서도 기쁨과 소망이 넘쳐 감사하는 생활을 하라는 것입니다. 감사를 하면 어떤 유익이 있을까요?

첫째, 영육 간에 건강한 삶을 살게 해줍니다

왜 병이 생깁니까? 원망하고 불평하면 영혼이 병들고 마음이 병듭니다. 항상 마음이 무겁고 짜증내는 사람에게 병이 찾아옵니다. 우리 몸속에 암세포가 매일 생기는데 근심, 걱정, 불평이 있을 때 이 암세포가 자라서 무서운 병에 걸리게 합니다. 반면에 감사하는 사람, 기뻐하고 찬송하는 사람의 얼굴에는 밝은 표정과 함께 항상 생활이 즐겁습니다.

그러므로 우리 가족은 항상 마음이 평안하고 육신이 건강하게 살아가기를 바랍니다.

둘째, 하나님의 크신 사랑과 축복을 받게 됩니다

독일에서 한참 기근이 심할 때 한 부자가 매일 빵을 구워 가난한 사람에게 나누어 주었다고 합니다. 그런데 빵을 받아든 사람들 중 감사하다는 말을 하는 사람은 별로 없고 더 큰 빵을 차지하려고 했는데 한 소녀는 제일 나중에 남은 가장 작은 빵을 가져가면서 꼭 "할아버지 감사합니다."라고 인사를 했는데 할아버지는 그 소녀의 감사 인사가 그렇게 좋을 수가 없었기에 제일 작게 만든 빵에다가 은전을 넣어서 그 소녀가 가져가게 했다고 합니다.

스펄전 목사님은 "촛불을 주신 하나님께 감사하면 달빛을 주시고 달빛을 주신 하나님께 감사하면 햇빛을 주시고 햇빛을 주신 하나님께 감사하시면 영원한 하나님 나라의 영광스러운 빛"을 주신다고 했습니다.

고 ○○○의 기일을 맞아 오랜만에 함께 모인 우리 가족들이 범사에 감사하는 삶을 통하여 영육간에 건강하게 살아가며 또한 하나님께서 예비하신 사랑의 축복을 받아 행복이 가득하길 기원합니다. 이런 감사가 넘치는 가정이 되게 해달라고 다함께 기도합시다.

설날가족추모예배

```
        설날가족추모예배
         (가족이 신자였을 때)

사회(인도): 목사

묵도 ················································· 다같이
       살아계신 하나님께 묵도함으로
       설날가족추모예배를 시작하겠습니다.
사도신경 ········ 교단이나 교회에 따라 생략 가능 ········ 다같이
찬송 ········ 550장(통248장) 시온의 영광이 빛나는 아침 ········ 다같이
성경봉독 ····················· (시 37:3-6) ····················· 가족중
추모말씀 ······· 하나님과 동행하는 삶을 위한 권면 ······· 사회자
찬송 ············ 204장(통379장) 주의 말씀 듣고서 ············ 다같이
추모사 ················································ 가족대표
       새해 덕담을 나누며 고인에 대한 추억을 나누도록 합니다.
기도 ········ 주기도문(주께서 가르쳐주신 기도로) ········ 다같이
       설날추모예배를 마치겠습니다.
```

하나님과 동행하는 삶을 위한 권면

찬송가 : 550장(통248장)
성경말씀 : 시편 37:3-6

오늘은 우리 민족 고유의 명절인 설날입니다. 다사다난했던 지난 한 해를 뒤돌아보며 은혜를 베풀어주신 하나님께 감사드리고 하나님이 우리 가정에 부어주실 축복을 기대하며 새해를 기도와 말씀으로 세워나가는 가

정이 되길 소망합니다. 우리는 설 명절이 되면 서로에게 좋은 말로 덕담을 하며 한 해를 빌어주는 아름다운 풍습을 가지고 있습니다. 그런데 우리가 할 수 있는 덕담이란 것은 고작해야 말로 비는 축복에 지나지 않습니다. 그런데 오늘 본문은 진정한 축복을 받는 비결은 다름이 아닌 하나님과 동행하는 삶을 통해 가능하다고 말씀하고 있습니다. 우리 가족들도 올 한 해 하나님과 동행하는 삶을 통해 모든 소망을 성취하고 축복을 받는 한 해가 되길 기대합니다.

오늘 본문에 저자인 다윗은 우리에게 하나님과 동행하는 삶을 살기위해 어떻게 해야 한다고 권면하고 있을까요?

첫 번째, 여호와를 의뢰하라고 권면합니다(3절)

우리는 흔히 내 삶의 주인은 나 자신이라고 생각합니다. 그래서 자유는 좋아하지만 속박과 구속을 싫어합니다. 그러다 보니 우리의 삶이 늘 불안하고 초조하며 염려와 근심 속에 살아갈 수밖에 없었습니다. 그런데 다윗은 그 삶의 주인이 따로 있다 말합니다. 그리고 그분을 의뢰하고 신뢰할 때 비로소 축복된 인생을 살 수 있다고 말합니다. 우리가 가지고 있는 삶의 모든 짐을 다 주께 맡기고 오직 하나님만 의뢰하고 믿을 때 그분이 우리의 삶의 진정한 주인이 되어 주실 뿐만 아니라 우리 삶의 모든 문제를 책임져 주시고 성실함으로 우리를 돌보신다고 말씀합니다.

우리 가정이 이렇게 예배하며 한 자리에 모일 수 있는 것도 다윗의 고백처럼 하나님만을 의뢰하며 믿음을 지키신 조상들이 있었기 때문입니다. 우리는 이것을 잊지 말고 항상 감사하는 마음을 가지고 믿는 자로서 하나님만을 의하며 선을 행하는 삶을 살아가야 할 것입니다.

두 번째, 여호와를 기뻐하라고 권면합니다(4절)

오늘 본문 4절에서는 오직 여호와를 기뻐할 때 그 여호와가 우리마음에 소원을 이루어 준다고 말씀합니다. 여기서 우선 되는 것은 소원을 이루어 주는 것이기 때문에 하나님을 기뻐하는 것이 아니라 하나님을 기쁘게 여길 때 하나님께서 우리 마음의 소원을 이루신다는 것입니다. 여호와를 기뻐하는 것! 그것은 결국 3절의 권면처럼 온전히 여호와를 신뢰하고 의뢰할 때 가능해집니다. 그리고 내 삶의 중심에 그분을 모셔 드릴 때 상황이나 환경이 어떠하든 오직 여호와로 말마암아 기뻐할 수 있는 것입니다. 하박국 선지자는 "논밭에 식물이 없고 외양간에 송아지가 없으며 포도나무에 열매가 없다 할지라도 오직 여호아로 말미암아 즐거워하며 나의 구원의 하나님으로 말미암아 기뻐하리로다" 합 3:17-18 라고 고백합니다. 올 한해 우리 가정 가운데도, 여러분의 입술 가운데도 이 고백이 넘쳐 나길 소망합니다.

세 번째, 너의 길을 여호와께 맡기라 권면합니다(5절)

하나님을 진정한 주인으로 모셔드리는 삶이란 결국 나의 인생 전부를 그분께 맡기는 것을 의미합니다. 여기서 너의 길이란 인생 전체 여정일 뿐만 아니라 삶의 계획 목표, 방법 모두를 포함하는 말로 우리의 인생을 온전히 하나님께 맡길 때 신실하신 여호와께서 우리 인생을 책임지시고 우리를 영화롭게 하신다고 약속하고 있습니다. 그 약속의 말씀이 6절 본문입니다. 6절의 그 본문은 우리의 의를 빛같이 나타내시며 우리의 공의를 정오의 빛같이 하시겠다고 약속하셨습니다.

사랑하는 가족 여러분! 이제 우리도 새로운 해를 맞이하여 먼저 이 약속의 말씀을 받고 또 믿음의 승리를 이루신 사랑하는 ㅇㅇㅇ님의 삶을 추억하고 또 그분의 믿음을 본받아 각각 처해진 환경과 상황 속에서 낙심하지 말고 오직 여호와를 의뢰하고 여호와를 기뻐하며 그분께 우리의 삶 전체를 맡김으로 하나님과 동행하는 삶! 믿음의 선한 싸움을 승리하는 가족들이 되시길 주님의 이름으로 축원하며 소망합니다.

추석가족추모예배

추석가족추모예배
(신자들을 위한 예배)

인도(사회자)		
묵도	···	다같이
	살아계신 하나님께 묵도함으로 추석가족예배를 시작하겠습니다.	
사도신경	········· 교단이나 교회에 따라 생략 가능 ·············	다같이
찬송	················ 503장(통373장) ·················	다같이
기도	···	가족 중
성경봉독	················ (딤전 6:17-19) ················	가족 중
추모말씀	········· 하나님이 원하는 삶 ···················	사회자
찬송	················ 559장(통305장) ·················	다같이
추모사	···	가족대표
	고인에 대한 덕담과 간증을 잠시 나누겠습니다	
기도	········ 주님 가르쳐 준 기도로****년도(주기도문) ·········	다같이
	추석추모예배를 마치겠습니다.	

하나님이 원하는 삶

찬송가 : 503장(통373장)
성경말씀 : 디모데전서 6:17-19

오늘 우리 고유의 명절 추석입니다. 추석은 한해의 농사를 마치고 추수의 즐거움을 생각하면서 지키는 일종의 감사절이라고 할 수 있습니다. 올

해도 경제의 어려움이 있었지만 그 가운데서도 함께하시며 아름다운 열매를 허락하신 하나님께 먼저 감사하는 예배가 되었으면 합니다. 뿐만 아니라 오늘날 우리가 있기까지 큰 사랑을 베풀어주신 부모(조부모)님께 감사하며 추모하는 시간이 되길 바랍니다. 오늘 본문은 사도바울이 영적 아들 디모데를 통해 에베소 교인들에게 권면하는 말씀입니다. 오늘날 많은 사람들이 물질적으로 풍성한 삶을 꿈꾸며 살아갑니다. 그러나 그리스도인들의 삶의 태도는 이 세상 사람들과 달라야 한다고 말씀합니다. 그렇다면 이 결실의 계절에 우리들이 가져야 할 하나님께서 원하시는 삶의 모습은 무엇입니까?

첫째, 하나님께 소망을 두는 삶입니다(17절) - 하나님에 대한 태도

많은 재물은 우리에게 행복을 줄 것 같지만 그 안에 위험이 있음을 본문은 염려하고 있습니다. 교만해 질 수 있다는 것입니다. 물질이 많다 보면 권력과 명예 등 자기를 높이는 일에 더 많은 관심을 갖게 되고 하나님 없이도 잘 살 수 있다는 생각을 하게 합니다(신8:12-14). 또한 재산에 따라 인간의 가치를 결정하려 하고 더 많은 부를 쫓아 그 물질에 소망을 두고 살게 됩니다. 그러나 재물은 정함이 없는 것이라고 성경은 말씀합니다. 불확실한 것이고 신뢰할 수 없는 것입니다. 우리 가족은 권위를 만드시고 재물을 만드시고 역사를 주관하시는 여호와 하나님께 소망을 두고 살아야 하겠습니다.

둘째, 이웃에게 선한 일을 행하는 삶입니다(18절)
- 이웃에 대한 태도

18절에 보면 선을 행하고 선한 사업을 많이 하라고 권면합니다. 그리스도인들은 선한 일을 하지 않아도 되는 사람들이 아닙니다. 우리들은 선한 일을 위하여 지으심을 받은 사람들입니다(엡 2:8-10). 나눠주기를 좋아한다는 것은 대가 없이 주는 것을 의미합니다. 나눠주면서 내 이름이 높아지기를, 누가 알아주기를 기대하는 것이 아닙니다. 물질만 주는 것이 아니라 그들의 아픔을 깊이 공감하여 선한 일을 행해야 합니다. 예수의 사랑으로 이웃들을 돌보는 자들이 되어 하나님께 영광을 돌리는 우리 가족이 되시기를 바랍니다.

셋째, 참된 생명을 취하는 삶입니다(19절)
- 자신에 대한 태도

재물만을 추구하다가 결국 파멸에 이르는 사람들(6:9)과 반대로 선한 일을 베푸는 사람들은 보물을 하늘에 쌓은 영원한 저축을 하는 것이고 참된 생명을 취하게 되는 것입니다. 왜냐하면 그것이 모든 생명의 원천이 되시는 하나님의 뜻에 부합하는 삶을 사는 것이기 때문입니다. 삶의 순간순간마다 하나님께 소망을 두고 선한 일을 실천하여 참된 생명의 풍성한 삶을 영위하시는 우리 가족 모두가 되시기를 주님의 이름으로 축복합니다.

내가 살 것과 너희 믿음의 진보와 기쁨을 위하여
너희 무리와 함께 거할 이것을 확실히 아노니 빌 1:25

PART
7

PART

7

장례 자료들

국립묘지 안장대상 및 안장 제외 대상

안장신청

- 결격사유 미발견 시: 해당 국립묘지에서 안장심사 후에 국립묘지 안장승인하고 유족과 안장절차 협의.
- 결격사유 발견 시: 각 국립묘지에서 각처 본부에 안장심의 의뢰 하고 안장여부 심의 의결하여 위원회 결과를 각 국립묘지에 통보한 후 각 국립묘지 관리소장이 안장여부를 결정하여 유족에게 통보.

국립묘지 안장대상

- 국립현충원.
- 대통령, 국회의장, 대법원장, 헌법재판소장, 국가장으로 장의된 사람.
  * 국립묘지의 설치 및 운영에 관한 법률 시행 (06.1.30) 이후 사망하는 사람.
- 순국선열, 애국지사.
- 현역군인, 소집 중인 군인 및 군무원.

※ 공익군무요원(X) 전투경찰(O) 경비교도대원(O) 의무소방대원(O)
- 무공훈장(태극, 을지, 충무, 화랑, 인현) 수훈자.
  ※ 보국수훈자 제외.
- 장관급 장교 또는 20년 이상 군에 복무한 장기복무 제대군인.
  ※ 20년 이상 장기복무 제대군인은 81.1.1 이후 사망한 사람.
- 전몰 순직 향토예비군 대원 또는 전몰자, 순직 경찰관.
  ※ 순직 경찰관은 82.1.1이후 사망한 사람.
- 전상, 공상 군경.
  ※ 상이(국가유공자 법에 의한 상이)를 입고 퇴직 후 사망한 군무원 포함.
- 화재진압, 인명구조, 재난, 재해구조, 구급의무의 수행 또는 그 현장 상황을 가상한 실습훈련 및 소방 기본법 제16조의2 제1항 제1호부터 제5호까지의 소방 공무원.

안치 불가자
자살 변사자 및 전과 사실이 있는 자 안치 불가

국립 3.15 민주묘지 및 국립 4.19 민주묘지
- 3.15 및 4.19 혁명 사망자
- 3.15 및 4.19 혁명 후상자
- 3.15 및 4.19 혁명 공로자
- 국립 5.18 민주묘지
- 5.18 민주화 운동 사망자
- 5.18 민주화 운동 부상자
- 5.18 민주화 운동 희생자

국립묘지별 안장 대상 비교표

구분		현충원	호국원	민주묘지
국가유공자	독립유공자	O	X	
	무공수훈자	O	O	
	전몰, 순직군경	O	O	
	전상, 공상군경	O	O	
	군무원(순직, 공상)	O	X	
	소방공무원 (화재현장 등 순직)	O	O	
	재일학도 의용군인	O	X	
	보국수훈자 순직, 공상공무원	X	X	
	순직, 공상공무원 (위험, 재해현장)	O	X	
	민주유공자	X	X	O
참전유공자			O	
제대군인	20년 이상 장기복무 제대군인	O	O	
	10년 이상 장기복무 제대군인	X	O	
기타	대통령, 국회의장, 대법원장	O	X	
	장관급 장교	O	X	
	의사상자	O	X	
	국가사회공헌자	O	X	

장례 시 필요한 서류(장례식장 제출)

- 사망시: 병원—사망진단서(10부).
  자택, 요양원 병사 시 시체 검안서.
- 사고사, 의문사(병가사일 경우)—관할 경찰서 신고 검사 지휘서를 발부 받아야함(사항에 따라 국과수 검시 후 검사지휘서 발부 받아야 함).
- 화장장으로 할 경우: 제출 서류 동일함.
- 납골당으로 할 경우: 필요 서류는 화장증명서. 이,개장시에는 화장증명서나 이개장 신고필증.

외국인 장례 시 장례식장 및 화장 시 필요서류

- 병사: 사망진단서 또는 시체검안서 각 1부씩, 사고사일 경우는 검사지휘서 각 1부씩.
- 합법체류자: 체류기간이 남아 있을 경우 외국인 거소증명서 각 1부씩 (출입국 관리소에 신고된 각 시, 구청 발급) 또는 외국인 등록증.
- 불법체류자: 자국 대사관에서 화장 동의서(한글) 1부. 한글이 아닐 경우 번역해서 공증받아 제출.

유언과 상속

유언은 민법이 정한 방식에 따라서 효력이 있다

민법 제1065조 내지 제1070조가 유언의 방식을 엄격하게 규정한 것은 유언자의 진의를 명확히 하고 그로 인한 법적 분쟁과 혼란을 예방하기 위한 것이므로 법정된 요건과 방식에 어긋난 유언은 그것이 유언자의 진정한 의사에 합치하더라도 무효라는 것이 판례의 태도이다(대법원 2007.10.25.선고 2007다51550 판결 등 참조).

가. 자필증서에 의한 유언(민법 제1066조 참조)

유언자가 그 전문과 연월일 주소 성명을 자서하고 날인을 하여야 하므로, 연월일이나 주소 성명의 기재가 없는 유언서는 효력이 없다.

그러나 성명의 경우 호나 자 또는 예명을 사용해도 무방하고 날인뿐만 아니라 무인도 무방하며 타인을 시켜서 날인하여도 유효하다.

나. 녹음에 의한 유언(민법 제1067조 참조)

유언자가 유언의 취지, 그 성명과 연월일을 구술하고 이에 참여한 증인이 유언의 정확함과 그 성명을 구술하여야 한다.

다. 공정증서에 의한 유언(민법 제1068조)

유언자가 증인 2인이 참여한 공증인의 면전에서 유언의 취지를 구술하고, 공증인이 이를 필기낭독하여 유언자와 증인이 그 정확함을 승인한 후 각자 서명 또는 기명날인하는 방법이다.

판례는 "유언공정서를 작성할 당시에 유언자가 반혼수상태였으며, 유언공정증서의 취지가 낭독된 후에도 그에 대하여 전혀 응답하는 말을 하지 아니한 채 고개만 끄덕였다면, 유언공정증서를 작성할 당시에 유언장에게는 의사능력이 없었으며 그 공정증서에 의한 유언은 유언자가 유언의 취지를 구수(口授)하고 이에 기하여 공정증서가 작성된 것으로 볼 수 없어서, 민법 1068조가 정하는 공정증서에 의한 유언의 방식에 위배되어 무효라고 판단하고 있다(대법원 1996.4.23 선고 95다34514판결 등 참조).

한편, 乙이 증인 2명과 함께 공증인 사무실을 찾아가서 공증에 필요한 서면 등을 미리 작성한 후 공증 후 공증 변호사가 甲의 자택을 방문하여 서면에 따라 甲에게 질문을 하였고, 甲이 거동이 불편하기는 하나 의식이 명확하고 의사소통에 지장이 없는 상태에서 유증할 재산에 관하여 "논, 밭, 집터, 집"이라고 대답하였고, 사전에 작성하여 온 공정증서에 따라 공증인이 개별 부동산에 대하여 불러준 후 유증의사가 맞는지 확인함과 더불어 유언공정증서의 내용을 낭독하고 이의 여부를 확인한 후 甲의 자필 서명을 받은 사안에서는, 비록 공증인이 미리 유언내용을 필기하여 왔고 이를 낭독하였더라도 유언자의 구수 내용을 필기하여 낭독한 것과 다를 바 없으므로 이 사건 공정증서에 의한 유언은 민법 제1068조의 요건을 모두 갖추어 유효하다고 판단하였다(대법원 2007.10.25. 선고 2007다51550 판결 참조).

라. 비밀증서에 의한 유언(민법 제1069조)

① 유언자가 필자의 성명을 기입한 증서를 엄봉 날인할 것.

② 이를 2인 이상의 증인의 면전에 제출하여 자기의 유언서임을 표시할 것.

③ 봉서표면에 제출연월일을 기재하고 유언자와 증인이 각자 서명 또는 기명날인을 할 것.

④ 유언봉서의 표면에 기재된 날로부터 5일내에 공증인 또는 법원 서기에게 제출하여 그 봉인상에 확정일자인을 받을 것을 요건으로 하고 있다.

그 방식에 흠결이 있는 경우 자필증서의 방식에 적합한 때에는 자필증서에 의한 유언으로 간주한다(민법 제1071조).

마. 구수(口授)증서에 의한 유언(민법 제1070조)

① 질병 기타 급박한 사유로 다른 방식으로 유언을 할 수 없을 것

(따라서 다른 방식에 의한 유언이 객관적으로 가능한 때에는 이를 허용하지 않는다는 것이 판례의 입장이다(대법원 1999. 9. 3. 선고 98다17800 판결 참조).

② 유언자가 2인 이상의 증인이 참여한 가운데 그중 1인에게 유언의 취지를 구수할 것.

③ 구수를 받은 자가 이를 필기낭독하여 유언자의 증인이 그 정확함을 승인한 후 각자 서명 또는 기명날인할 것.

④ 그 증인 또는 이해관계인이 급박한 사유의 종료일로부터 7일내에 법원에 그 검인을 신청할 것을 요건으로 하고 있다.

유언은 유언자가 사망한 때에는 효력이 발생한다

유언은 원칙적으로 유언자가 사망한 때로부터 그 효력이 발생한다(민법 제1073조). 그러나 인지(혼외자식)와 같은 선분행위에 관한 유언을 제외하고는 정지조건을 부가하여 조건이 성취된 때로부터 유언의 효력이 생기게 할 수도 있고, 해제조건을 부가하여 조건이 성취된 때부터 그 유언의 효력이 상실되게 할 수도 있다. 예컨대, 甲이 혼인할 때에 특정의 부동산을 준다는 유언의 경우 甲의 혼인이라는 조건이 성취된 때에 위 유언의 효력이 발생한다.

한편, 유언으로 혼인 외의 자를 인지한 경우 인지의 효력은 혼인 외의 자의 출생시로 소급한다(민법 제860조).

또한 유언으로 재단법인의 설립행위를 하는 경우 재단법인이 설립되는

것은 유언집행자가 설립등기를 한 때이며(민법 제33조), 재단법인이 설립되면 출연재산은 유언자가 사망한 때에 소급하여 그때부터 법인에게 귀속한 것으로 제외된다(민법 제48조).

유언은 생전에 언제든지 철회할 수 있다

가. 임의 철회

유언자는 유언을 한 후 생전에 언제든지 자유로이 유언의 전부 또는 일부를 철회할 수 있으며 유언을 철회할 권리는 포기할 수 없다(민법 제 1108조 참조).

나. 법정 철회

유언자의 의사표시가 없더라도 법률이 정하고 있는 요건에 해당하는 경우에도 유언이 철회될 수 있다.

즉, ① 전(前) 유언과 후(後) 유언이 저촉(다를 경우)되거나 유언 후의 생전 행위가 유언과 저촉되는 경우 그 저촉된 전 유언은 철회한 것으로 본다(민법 제1109조 참조). 유언증서에서 유증하기로 한 재산을 유언자가 거부하는 것은 그 재산에 관한 유언의 법정철회가 된다(그렇다고 다른 재산에 관한 유언까지 철회한 것으로는 볼 수 없다. 대법원 1998. 5. 29. 선고 97다 38503 판결 등 참조). 또한 ② 유언자가 고의로 유언증거 또는 유증의 목적물을 파손한 경우 그 훼손한 부분에 관한 유언은 철회한 것으로 본다(민법 제1110조).

다. 유언의 취소

유언은 중요한 부분에 착오가 있다거나, 사기 또는 강박에 의하여 유언이 이루어진 경우 민법의 일반 법리에 따라 그 유언을 취소할 수 있다.

법인이나 교회는 상속을 받을 수 없으나 유증은 받을 수 있다

유증이란, 유언자가 유언의 전부 또는 일정한 비율액을 유증하는 것을 말하고 특정유증이란 각각의 재산 상의 이익을 구체적으로 특정하여(예컨대, 특정 부동산, 특정 자동차, 특정 채권) 유증하는 것을 의미한다.

가. 상속과의 공통점
① 상속재산을 포괄적으로 승계.
② 유증자의 채무도 승계.
③ 포괄적 수증자는 상속인 및 다른 포괄적 수증자가 있을 경우 이들과 상속재산을 공유하게 되고, 공유상태는 상속재산 분할로 해소됨.
④ 승인또는 포기할 수 있음(민법 201074조, 1019조 참조).
⑤ 재산분리절차에서 상속인과 동일하게 취급됨.
⑥ 결격사유도 동일함.

나. 상속과의 차이점
① 상속능력이 인정되지 않는 법인도 수증(受贈)능력이 있음.
② 상속은 유류분권이 있으나, 포괄적 수증자에게는 유류분권이 없으므로 특정유증은 포괄유증에 우선함.
③ 포괄유증에는 대습(代襲)상속규정이 적용되지 않으므로, 포괄적 수증자가 유언자 보다 먼저 사망하면 포괄유증은 무효로 됨(민

법 제 1089조 제1항).

④ 포괄적 수증자는 상속분의 양수권(민법 제1011조 제1항).

⑤ 상속인이나 다른 포괄적 수증자가 포기한 경우에는 포괄적 수증자가 받은 유증분은 고정되어 있으므로 증가하지 않음(제1000조).

상속은 사망으로 인하여 개시된다

민법은 재산상속에 있어서 사망을 상속의 개시원인으로 규정하고 있고 (민법 제997조), 사망에는 실종선고와 인정사망 및 부재도 포함된다.

가. 사실 상의 사망

사망신고가 행해진 때가 아니라 현실로 사망이라는 사실이 발생한 때다. 사망시기의 확정은 의사의 진단으로 행해지는 것이 보통이고, 호흡과 심장의 고동이 영구적으로 정지된 순간이 사망시기이다.

나. 실종선고의 경우

실종선고를 받은 자는 실종기간이 만료한 때에 사망한 것으로 보며(민법 제28조), 재산상속이 개시된다. 보통 실종은 실종일로부터 5년의 기간이 만료한 때, 특별 실종(전지에 임한 자, 침몰한 선박 중에 있던 자, 항공기에 있던 자, 사망의 원인이 될 위난을 당한 자)의 경우는 1년의 기간이 만료한 때 사망한 것으로 의제하고 있다(민법 제 27조).

다. 인정사망의 경우

수해 또는 화재나 그밖의 재난으로 인하여 사망개연성이 크나 시체가 발견되지 않은 경우에는 이를 조사한 관공서가 사망자의 시. 읍. 면의 장에게 통보를 한 때 상속이 개시된다(가족관계의 등록 등에 관한 법률 제 87조).

**법정상속은 딸. 아들 구별없이 동일하고, 배우자는
자녀들 상속분의 5할을 가산한다. 단, 협의분할이 가능하다**

가. 법정상속분

상속분이란 각 공공상속인이 상속재산에 대해서 갖는 권리의무의 비율을 뜻하며, 규정한 법정상속분에 따른다. 동 순위의 상속인들은 균분 상속을 하고, 피상속인의 배우자의 경우 직계비속과 공공으로 상속하는 때에는 직계비속의 상속분의 5할을 가산하고, 직계비속과 공동으로 상속하는 때에는 직계존속의 상속 2분의 5할을 가산한다(민법 제1009조 제2항).

나. 협의에 의한 분할

유언에 의한 분할지정이 없거나 무효인 경우에는 공동상속인은 언제든지 협의에 의하여 상속재산을 분할할 수 있다(민법 제1013조 제1항).
분할의 협의는 공동상속인 전원이 참여해야 하므로, 일부만 참여한 경우는 무효이다.

제공: 정운섭 변호사 (서울/뉴욕주)
법무법인 (유)동인(02-2046-0703)
서울 가정법원 조정위원
대한 중재인 협회부회장
(전)사법연수원 교수

꼭 알아야 할 10가지 법률상식

사회규범·종교적 규범·윤리적 규범·법적 규범

1. 유언은 민법이 정한 방식에 따라서 효력이 있다.
2. 유언은 유언자가 사망한 때에 효력이 발생한다.
3. 유언은 생전에 언제든지 철회할 수 있다.
4. 법인이나 교회는 상속을 받을수 없으나 유증(遺贈)은 받을 수 있다.
5. 상속은 사망으로 인하여 개시된다.
6. 법적상속분은 딸. 아들 구별 없이 동일하고 배우자는 자녀들 상속분에 5할을 가산한다. 단 합의 분할이 가능하다.
7. 상속 순위는 부모보다 자식이 우선한다.
8. 상속재산을 불법으로 빼앗긴 경우 상속 회복청구를 할 수 있다.
9. 상속인은 상속개시를 한 날로부터 3월 내에 단순승인, 한정승인 또는 상속포기를 할 수 있다.
10. 자녀와 배우자는 법적 상속의 분의 1/2 부모와 형제, 자매는 법정 상속분의 1/3의 유류분(遺留分) 청구권을 가진다.

에필로그

　대학병원, 대형병원, 부설 장례식장 운영자에게 부탁말씀 올립니다. 부속 장례식장은 곧 대학병원과 대학의 얼굴이라는 것을 잊지 마십시오. 또한 대형병원의 얼굴입니다. 아울러 시, 군, 시립, 국립병원의 장례식장 또한 마찬가지입니다.

　1) 장례식장 현재 임대료는 특급호텔 숙박료보다 상위합니다. 1년 사용료 수입은 어떤 부동산 임대료보다 상위한다는 것을 인정하십시오.

　부속실 사용료, 입관실 사용료가 30만 원(1~2시간), 고인 시신 안치료가 7만 5천 원~8만 원(1일), 빈소 청소료 등을 징수하고 있습니다.

　2) 식당의 음식은 우리나라에서 판매하는 음식으로서 가장 비싼 음식입니다. 음식값이 비싼 이유는 입점업소에게 판매 금액의 40%라는 엄청난 이익을 챙기기 때문입니다. 또한 그 외에도 부대시설 수리, 제작 등의 요구로 너무 많은 지출이 있다 보니 음식값이 비쌀 수밖에 없지 않습니까?

　3) 매점이 중, 소매 매점보다 비쌉니다. 이외 부속품은 상조회사가 마음대로 외부 매입을 막아서는 안 됩니다. 우리나라 공정거래법은 끼어팔기가 불법으로 되어 있습니다.

　4) 예를 들어 꽃집(제단꽃 장식) 장의품(관, 수의 남여상복 입관용품), 운구(장의), 차량(장의버스, 리무진) 등의 외부반입을 막아 20%~40%의 이익을 챙기고 갖추어야 할 부대시설에서 임대료를 과다하게 징수하여 상주에게 불편을 줍니다. 꽃

제단은 200%이상, 장의용품은 공장에서 출고 가격의 200%~400%까지의 바가지요금을 받기에 종교단체와 그 외 장례준비를 개별적으로 하는 현명한 상주는 외부 반입을 하여 장례식장에서 마찰이 일어나고 있습니다.

나는 많이 배우고 사회의 모범이 되어야 하는 대기업이나 대형 장례식장 소유자들이 30~40년 전 장의사를 하면서 한달에 2~3건 장례를 치르고 살던 장의업자의 삶을 답습하여 이익을 챙기려하는 모습이 너무나 한스럽고 개탄스럽습니다.

일원동의 삼성병원장례식장은 개원 이래 현재까지 대실료, 식당, 매점을 제외한 모든 시설과 용품 등을 개방하여 상주나 상주의 관계자들이 장례를 진행하는데 어려움이 없도록 합니다. 이런 모습을 본받아 다른 장례식장들도 친절하게 대해 주시고 끼워팔기를 근절해주기 바랍니다.

물론 지금 많은 병원이 개선되고 있으나 빈소계약에서 언쟁이 생기는 일이 자주 일어납니다. 일부 병원에서 우리는 이렇게 제한하면 입관을 못하니 직접 입관을 하라고 하거나 자체 입관한다 하면 저녁(조문객이 많은 시간)이 다 된 시간을 배정한다든지 간접적인 횡포를 부리는 행위나 악습을 없애 그래도 대학병원, 대형병원이 앞장서서 국민으로부터 칭송받는 병원이 되어주십시오.

특별 참고 자료

지구촌교회 장례사역 매뉴얼

1. 장례발생 시 조치사항

(1) 장례발생 시

(가) 유가족들은 각 지구 담당 목사한테 장례소식을 전한다.
　　연락이 안될 때는 장례지도위원한테 연락을 하고 장례지도위원은 장례지도 후 지구 담당 목사에게 연락(전달)한다.
(나) 지구 목사는 고인이 등록 교인, 직분, 교인과의 관계 등을 확인한다.
(다) 지구 목사는 장례를(주관/비주관) 결정한다.
(라) 장례지도 시 주관 장례와 비주관 장례의 범위를 설명해도 무관하다.

◆ 주관 장례

1) 직계존비속 : 양가부모. 조부모, 자녀, 손자 손녀. 부양하고 있는 형제자매에 한해 장례를 주관으로 진행할 수 있다.

※ 상조회 사용 시 장례지도를 하지 않아도 무방하다.
　주관 장례 시 지구목사는 조기, 조패를 설치 및 수거한다.
　본 교회 교인의 가족이 아니라도 원하여 요구 시 선교차원에서 주관하여 줄 수 있다.
　장례 발생 3시간 안에 장례식장 접견실에 설치하고 첫 예배를 드린다.

◆ 비주관 장례

1) 직계비존속(주관 장례1의) 가족이 아닌 장례는 비주관으로 장례를 진행한다.
그 외 지구 장례의 진행은 지구 목사의 결정으로 진행할 수 있다. 단 직계 가족이 아닌 장례를 주관으로 진행 시 지구 자체로 진행할 수 있다. 장례지도는 주관/비주관을 가리지 않고 장례지도를 할 수 있다.

◆ 장례 지도 시 입관 및 화장 시간을 장례지도위원이 장례식장 사정과 화장장 사정에 의거 상주와 결정한다.
◆ 경조팀에게 연락이 바로 왔을 경우 경조팀은 즉시 장례지도 위원과 지구 목사한테 통보한다.

※장례지도위원이 지구 목사에게 연락하여도 전화 연락이 안될 경우 장례지도위원은 위(라)항에 따라 장례를 진행한다.

(마) 지구 목사는 장례 발생 시 전체 메일로 장례를 공지한다.
(바) 교회 주관 장례 시 지구 목사는 첫 위로예배 후 주관 장례 신청서를 사회복지부로 제출한다.

(2) 고인의 유가족으로부터 전화를 받았을 경우 상담 순서.
(가) 삼가 조의를 표한다.
(나) 고인이 등록 교인(목장 확인), 직분, 교인과의 관계 등을 확인한다.
(다) 병원이나 요양원 위치 및 전화번호를 확인한다(가족, 친척의 전화번호).
(라) 고인 이름, 나이 그리고 가능하면 병명 등을 확인한다.
(마) 장례지도위원이 전화를 받았을 시 지구 목사에게 연락하고 지구 목사와 연락이 안될 시 1항(라)의 규정에 의거 장례지도를 한다. 단 이런 경우 조기, 조패는 장례지도위원이 설치한다.
(바) 지구 목사는 주관 장례의 규정을 제외한 장례의 주관, 비주관을 결정한다.
(사) 교회 주관으로 결정 시 경조팀에게 알리고 장례를 진행하도록 한다.

2. 장례예배 안내

(1) 임종예배
(가) 임종이 가까울 경우 교회 지구목사에게 전화를 걸어 임종예배를 드릴 수 있도록 한다.
(나) 가족에게 연락하고 정확한 유언을 남길 수 있도록 녹음기를 준비하도록 한다.
(다) 지구목사가 오실 때까지 말씀을 읽어 주고 찬송과 기도로 천국의 소망을 준다.

(2) 첫 예배
(가) 주관장례 발생 후 지구에서는 첫 예배를 지구목사가 방문하여 유가족들

을 위로하며 장례지도위원과 협의하여 장례 진행 방법과 예배시간을 결정해야 한다.

(나)장례발생 후 지구목사가 방문할 수 없는 상황이 되면 사회복지부에서 첫 예배를 지구목사와 협의하여 첫 예배를 진행할 수 있다.

(다) 첫 예배 기준은 고인이 소천 후

오전 6시를 기준으로(3시간 안으로 진행하며), 오후 발생 시 3시간 안으로 진행하되 새벽 1시 이후의 장례는 다음 날 아침으로 진행할 수 있다.

(3) 위로예배

(4) 입관예배

(가)상주들이 고인을 보는 마지막 순간이므로 온 가족이 함께 있을 때 진행한다.

(나)입관 시 모든 순서를 염사 혹은 지도위원의 안내를 받는다.

(다)입관을 마친 후 빠른 시간 안(가능한 한 입관시간 1시간 안에)에 드리도록 한다.

(5) 천국환송예배(발인예배)

(가)전날 천국환송 예배 진행 순서 및 시간을 다시 한번 확인한다.

(나)천국환송예배 20분 전에 도착하여 예배를 준비한다.

(다)경조팀장은 당일 진행 상황을 확인한다.

(라)천국환송예배 대표기도는 설교자 외 함께 참석하는 목사 및 지구 마을장이 준비한다.

(마) 광고 및 축도 후 마지막으로 유가족에게 헌화를 하도록 한다.

(바) 매장일 경우에는 유가족에게 꽃잎을 따서 준비하도록 한다.

※ 금요일 장례발생 및 해외거주 가족(유족) 화장장 사정, 장례식장 사정 등으로 인하여 4일장 또는 5일장도 될 수 있다.
　예배 전에 미리 모든 짐을 장의차 혹은 개인 차량에 싣고 천국환송예배가 끝나면 바로 출발할 수 있도록 한다.

(6) 하관예배

(가)선도차량의 전화번호, 차량번호를 적어두어 필요시 긴밀하게 연락을 취한다.

(나)매장일 경우 하관시간 전에 묘역을 완전히 준비하여 장지에 영구차가 도착하

면 바로 하관할 수 있도록 유가족과 협의한다.
(다)하관예배는 전적으로 목사님의 인도로 진행하되 필요 시에는 목사님과 논의 해야 하며 하나님의 영광을 가리는 일은 하지 말아야 한다.
(7) 추모예배
(가)믿음의 가정에게 부활 소망에 감사하는 시간이다. 예수님의 십자가의 죽음과 부활이 우리에게는 얼마나 소중한지 재확인하고 감사하며 서로의 믿음에 확신을 갖는 시간이다.
(나)부모님의 믿음을 추억하고 감사하는 시간이다. 조상 또는 부모님의 신앙을 본받고 부모님의 사랑을 추억하며 가족간의 사랑을 나누며 친교하는 시간이다.
(다)하나님을 믿지 않는 가족에게는 복음을 알리는 기회이다. 서로 삶을 나누며 믿지 않는 가족에게 예수님의 십자가와 부활을 전한다.

3. 경조팀에서 해야 할 일

(1) 장례용품 현황
1) 근조조기 및 조패
(가)수지성전 : 일반 근조조기 3개와 조패 3개를 비치한다.
(나)분당성전 : 일반 근조조기 3개와 조패 3개를 비치한다.
(다)영구 제직조기는 영구제직회에서 비치하고, 장례 시 영구제직회에서 각 병원 영안실에 설치.
2) 조패 : 성도의 죽음을 알려서 절하지 않도록 하는데 목적이 있다.
(2) 장례발생 시
1) 경조팀 사역순서
(가)장례 주관 및 비주관을 확인하여 조화를 보낸다.
• • ◆ 지구목사의 장례 통보 시(사회복지부 담당목사 및 전도사 혹은 지도위원)

㈏지구촌교회 주관을 확인한다.
㈐경조팀 담당 교역자는 주관 장례 시 성가대 및 운구팀과 예배를 준비한다.
2) 교회 주관일 경우 경조팀 진행 순서
㈎화환을 발주한다.
　　　(주관일 경우 - 두 개로 된 화환, 비주관일 경우 삼단)
㈏상주를 통해 고인의 약력, 예배시간(위로/입관/천국환송/하관) 장지, 고인의 나
　이 등 고인의 필요 사항을 미리 알아본다.
㈐영안실에 조기, 조패, 추모곡 등을 비치하도록 지구목사님께 연락한다.
㈑경조팀에 연락을 취한다.
사회복지부 목사님께 연락을 취하고 전체교역자에 e-mail를 보낸다. 경조팀원에 메일로 연락한다.
㈒지구 목사님을 통해 교회 주관장례신청서를 받도록 한다(문서 양식 #7).
㈓사회복지부 장례담당은 주관장례신청서를 받아 순서지를 제작한다.
　◆◆◆화장일 경우(문서양식#8)와 매장일 경우를 구분해서 제작한다.
3) 교회 주관이 아닐 경우.
㈎화환을 발주한다(조이플라워) 삼단화환 발주.
　장례지도 시는 두 개로 된 화환을 보낼 수 있다.
4) 경조팀에서 장례를 섬기는 경우
㈎모든 주관장례는 지구 목사와 협의하여 함께 진행할 수 있다.
㈏주관장례 및 비주관장례, 유토피아 지구촌추모관 안치 시, 사회복지부 목사
　가 집례를 할 수 있다.
5) 연락망.
㈎경조팀 전체에 e-mail로 날짜, 장소, 발인예배시간, 수지, 분당, 탄천 출발시간
　등을 공지한다.
㈏경조팀원의 경우 간사가 전화로 연락을 취한다.

4. 유가족이 해야 할 일

1) 이렇게 준비한다.

(1) 빈소 및 장지 결정

(가) 임종 전에 미리 장례상담을 통해 빈소와 장지 및 사전 준비할 영정사진,장의품 등을 알아본다.

(2) 장례 방법 결정

(가) 장례의 절차는 고인의 유언이 있을 경우 고인의 뜻에 따르고 그렇지 않은 경우 상주가 가족들의 의견에 따라 결정한다.

(나) 먼저 상주를 세우되, 상주는 고인의 자녀 중 장남이 된다.

(다) 기독교, 타종교 및 재래식 등 어떤 장례로 치를 것인지 결정한다.

(라) 화장으로 모실 것인가 매장으로 모실 것인가를 결정한다.

(마) 호상(장례식 총감독자)을 결정한다(교인이나 친척 중에서 문상객을 잘 아는 분).

(3) 연락방법 및 연락방 구성

(가) 연락방법 : 전화, 부고장, 이메일 등으로 한다(빈소의 전화번호도).

(나) 연락망 : 친척, 교회, 친구, 거래처 별로 담당자를 지정하여 연락한다.

(4) 상복 선택

(가) 병원 영안실에서 임대도 가능하다.

(5) 고인에 대한 약력 간단히 작성.

(가) 고인의 생년월일, 고향, 부모 이름과 형제자매의 관계 등을 기록한다.

(나) 배우자의 이름 및 자녀관계(종사하여 오신 일, 고인의 성품과 특기사항 신앙생활 등을 작성한다).

(6) 문상 준비 및 문상 방법 결정

(가) 빈소에 제단꽃 장식, 헌화용 꽃을 준비한다.

(나) 임종예배, 입관예배, 위로예배, 천국환송예배, 하관예배의 일정을 계획한다.

(다) 지구목사에게 전화하여 조기, 조패, 추도곡 등을 설치토록 한다.

2) 장례 시 구비서류

(1) 자연사(일반) 또는 병사일 경우

(가) 사망진단서 10통(의사 또는 한의사 발급)

(나) 가정에서 노환으로 운명(소천) 할 경우에는 보증인 2인의 인감증명서로 주거 관할 읍,면,동사무소에서 발행하는 인후보증서(사망진단서)로 대치 가능하다(단, 선영, 시립묘지, 화장일 경우는 가능하나, 공원묘지에 매장하고자 하는 경우에는 반드시 사망진단서를 첨부해야 한다).

(2) 변사 또는 사고사일 경우

(가) 사체검안서 2통

(나) 사체촬영사진 3~5장

(다) 주민등록등본 또는 주민등록증 앞, 뒤 사본

(라) 사고지역 관할 경찰서에 제출한다.

(마) 교통사고: 관할경찰서 교통사고 처리계

(바) 일반사고: 관할경찰서 형사계

유가족의 요구에 따라 사체부검은 사망원인, 자살, 타살의 구분, 사망시간의 추정 등을 규명하기 위하여 실시되며, 사체부검이 끝나면 검사 또는 사법 경찰관의 지시에 따라 장례 절차에 임한다.

(3) 보험 및 합의 관계 : 일반 보험관계 및 가해자의 합의 관계는 장례 후에 처리한다.

(4) 매장시의 구비서류

(가) 공원묘지 : 사망진단서(또는 사체검안서) 1통, 주민등록등본 1통을 관리사무소에 체출하고 요금 납부한다.

(나) 시립묘지, 시립공원묘지 : 사망진단서(또는 사체검안서) 1통, 관리사무소에 반드시 유가족이 제출하고 요금납부한다.

(다) 선산, 선영, 공동묘지 : 구비서류를 준비할 의무는 없다.

(5) 화장 시의 구비서류 : 사망진단서 1통을 준비한다.

3) 각종 증명서

(1) 사망진단서

살아있던 사람이 죽었을 때, 즉 호흡이 멎고 심장박동이 멈췄을 때 의사의 진단에 의하여 발급된다.

(2) 사체검안서

이미 죽은 사람을 의사가 진단하고 확인하여 발급한다.

(3) 사망증명서

가정에서 노환으로 운명했을 경우 보증인 2인의 인감증명서로 인후보증을 한 후 주거 관할 읍, 면 동사무소에서 발급한다.

(4) 검사필증(검사지휘서)

변사 또는 사고로 운명했을 경우 의사가 시체를 검안하고 증거자료로 사체를 촬영하여 사진으로 남긴 후 사고지역 관할 경찰서에서 검찰청 검사 지휘를 받아 검시를 한 후 그 사체를 유가족에게 인계하여 장례를 치러도 좋다는 확인서이다. (일명 검사지휘서라고도 하며 사체검안서와 합하여 그 효력이 있다).

화장 지원금

화장 지원금(장려금)사망 신고 시 꼭 돌려 받으세요.
필요서류: 사망진단서(시체검안서, 검사지휘서) 화장증명서 각 1부
고인이 해당되는 시, 군에서 수령하세요.

시도지역	지급지역	화장지원금(장려금)	시행일시
인천광역시	옹진군	화장장려금	2016년1월2일
경기도	안산시	화장장려금(개장유골)	2017년7월26일
	안양시	화장장려금	2016년11월10일
	가평군	화장장려금	2017년1월1일
	군포시	화장장려금	2017년1월1일
	안성시	화장장려금	2013년8월16일
	구리시	화장장려금	2015년11월27일
	의왕시	화장장려금	2015년9월30일
	광주시	화장장려금	2014년1월1일
	이천시	화장장려금	2017년5월1일
	부천시	화장장려금	2014년7월7일
	여주시	화장장려금	2014년1월1일
	하남시	화장장려금	2013년 7월1일
	과천시	화장장려금	2013년11월1일
	양주시	화장장려금	2009년12월21일
	연천군	화장장려금	2014년1월6일
	양평군	화장장려금	2001년10월8일
강원도	고성군	화장장려금	2015년8월13일
	영월군	화장장려금	2014년1월1일
	삼척시	화장장려금	2013년8월2일
	양양군	화장장려금	2013년1월1일
	화천군	화장장려금	2012년9월24일
	횡성군	화장장려금	2012년8월10일
	평창군	화장장려금	2012년1월6일
	철원군	화장장려금	2011년11월15일
	양구군	화장장려금	2011년10월17일
충청북도	음성군	화장장려금	2014년6월5일
	영동군	화장장려금	2014년1월6일
	진천군	화장장려금	2014년2월1일
	옥천군	화장장려금	2014년1월1일
	단양군	화장장려금	2012년12월12일
	괴산군	화장장려금	2013년1월1일
	보은군	화장장려금	2012년1월1일
충청남도	계룡시	화장장려금	2018년1월1일
	아산시	화장장려금	2014년1월1일
	서산시	화장장려금	2009년12월31일
전라북도	진안군	화장장려금	2017년2월28일
	고창군	화장장려금	2016년1월1일
	장수군	화장장려금	2015년11월13일
	순창군	화장장려금	2010년3월31일

	완주군	화장장려금	2011년4월7일
	무주군	화장장려금	2009년8월14일
전라남도	장흥군	화장장려금	2015년11월2일
	신안군	화장장려금	2017년1월1일
	장성군	화장장려금	2016년2월5일
	보성군	화장장려금	2015년1월1일
	완도군	화장장려금	2014년7월29일
	강진군	화장장려금	2013년12월9일
	무안군	화장장려금	2013년1월4일
	곡성군	화장장려금	2012년8월20일
	진도군	화장장려금	2012년1월1일
	영광군	화장장려금	2012년 1월1일
경상북도	상주시	화장장려금	2017년7월11일
	영천시	화장장려금	2017년1월1일
	경산시	화장장려금	2017년1월1일
	청송군	화장장려금	2016년1월1일
	고령군	화장장려금	2016년1월1일
	영양군	화장장려금	2016년1월1일
	청도군	화장장려금	2015년1월2일
	칠곡군	화장장려금	2014년7월1일
	김천시	화장장려금	2014년3월13일
	군위군	화장장려금	2013년12월19일
	성주군	화장장려금	2014년1월1일
	울진군	화장장려금	2012년9월24일
	영덕군	화장장려금	2010년4월28일
경상남도	거제시	화장장려금	2016년12월29일
	함양군	화장장려금	2016년1월1일
	산청군	화장장려금	2014년4월11일
	거창군	화장장려금	2012년3월26일
	합천군	화장장려금	2001년1월12일
	하동군	화장장려금	2013년110월7일
	창녕군	화장장려금	2010년8월31일
	의령군	화장장려금	2004년10월30일
	양산시	화장장려금	2009년3월4일

요단 사역정신

"그러므로 너희는 가서 모든 민족을 제자로 삼아 아버지와 아들과 성령의 이름으로
침(세)례를 베풀고 내가 너희에게 분부한 모든 것을 가르쳐 지키게 하라
볼지어다 내가 세상 끝날까지 너희와 항상 함께 있으리라 하시니라"

1. For God and Church
   하나님의 영광과 그의 몸 된 교회의 영적 성장과 성숙을 위한 도서를 엄선하여 출판한다.

2. Prayer-focused Ministry
   기획·편집·제작·보급의 전 과정을 기도 가운데 진행한다.

3. Path to Church Growth
   건강한 교회를 세우는 축복의 통로로 섬긴다.

4. Good Stewardship and Professionalism
   선한 청지기와 프로정신으로 문서 사역에 임한다.

5. Creating a Culture of Christianity by Developing Contents
   각종 문화 컨텐츠를 개발함으로 기독교 문화 창달에 기여한다.